Ulrike Hartmann

Liebe geht durch den Garten

W0072795

Ulrike Hartmann

Liebe
geht durch den
Garten

Roman

DIANA

Verlagsgruppe Random House FSC® N001967

Originalausgabe 3/2019
Copyright © 2019 by Diana Verlag, München,
in der Verlagsgruppe Random House GmbH,
Neumarkter Straße 28, 81673 München
Redaktion: Julie Hübner
Umschlaggestaltung: Eisele Grafik Design, München
Umschlagmotive: StarJamforKids/Creative Market
Satz: Leingärtner, Nabburg
Druck und Bindung: GGP Media GmbH, Pößneck
Alle Rechte vorbehalten
Printed in Germany
ISBN 978-3-453-35991-8

www.diana-verlag.de
Besuchen Sie uns auch auf www.herzenszeilen.de
Dieses Buch ist auch als E-Book lieferbar.

Für Nils

Inhalt

1

Im Sommer am Waldesrand

Der schönste Mann auf Marthas Gartenhochzeit war ihr Cousin Marco. Und er wusste es. Er strich die Haare hinter sein Ohr. Unter der Denkerstirn sahen mich zwei große braune Augen aufmerksam an.

»Du hast wunderschöne Augen, Anna.«

Er lehnte sich vor und ergriff meine Hand.

»Wirklich. So schön …«

»… groß, ich weiß.«

Ich wischte mir mit dem Handrücken einige Haarsträhnen aus dem Gesicht. Dass diese blöden Hochsteckfrisuren bei mir auch immer nicht halten wollten.

»Ja, und grün. Wie Waldseen. Ich könnte mich darin verlieren.«

Er strich sich langsam über den gepflegten Bart und beugte sich über das weiße Tischtuch zu mir herüber. Ich roch sein herbes Aftershave durch den lauen Sommerwind. Warum waren die Tische so schmal? Schließlich war das eine Hochzeitsfeier. Wo waren die guten alten Hochzeitstafeln? Nun gut. Es war Marthas Hochzeit. Im Garten. Da konnte man nicht so streng sein. Vor allem, wenn es ein Biergarten war. Ich kicherte.

Ich sah in mein Sektglas. Lustig. Die Perlen stiegen und stiegen und hörten gar nicht auf.

»Anna, hör zu …«

»Mache ich.«

Kurze Sätze machten mir keine Mühe. Und das nach sechs Gläsern Sekt, vier Gläsern Burgunder und zwei Wodka. Respekt, meine Liebe, Respekt! Ich konnte noch, wenn ich wollte! Und das mit 38. Jawohl! Ich seufzte zufrieden.

Er beugte sich vor.

»Wollen wir zwei nicht irgendwohin gehen, wo wir alleine sind und uns besser kennenlernen können?«

Ich entwand ihm meine Hand und tätschelte seine.

»Marco, hör mal gut zu.«

Er nickte.

»Weißt du, du bist leider überhaupt nicht mein Typ. Männer sind schön oder klug. Und du, Marco, du bist schön.«

Ich strich ihm über das volle Haupthaar. Er lächelte. Dann nicht mehr.

»Schöne Männer sind nichts für mich.«

Ich nahm die Serviette und wischte mir gründlich die Hände daran ab.

»Mit euch will ich nichts zu tun haben. Verstehst du? Nie wieder! Ihr seid treulose Tomaten.«

Meine Stimme klang etwas zu laut in meinen Ohren. Ich fuchtelte mit dem Zeigefinger vor seiner süßen kleinen Nase herum.

»Es gibt Erfahrungswerte, weißt du? Erfahrungswerte. Leider. Ich wünschte, es wäre anders. Versprechungen! Große Liebe! Heirat, Kinder – und dann liegst du mit Antons Kindergärtnerin im Bett und lässt mich mit den Jungs sitzen. Ist das schön? Ich denke nicht!«

Puh, war das anstrengend. Mein Kopf war schwer. Ich musste mal kurz meine Stirn auf den Tisch legen.

Ich blickte auf. Der Platz vor mir war leer. Ein einsames Weißweinglas glänzte unschuldig im Licht der Kerze. Ich ließ meinen Kopf auf die Tischplatte zurücksinken und machte es mir auf einer Wange gemütlich. Gar nicht mal schlecht.

Ich hörte es rascheln. Weißer Satinstoff näherte sich. Es duftete. Marthas Parfüm. Jemand streichelte mir über das Haar.

»Na, Schnecke, hast wohl ein bisschen zu viel getrunken.«

Ich raffte mich auf und sah hoch. Verschwommen erkannte ich die Braut, die vor mir stand. Viel Weiß, rote Lippen, rote Locken.

»Martha! Hübsche Braut. Jetzt bist du verheiratet.«

»Ja, ich weiß.«

Martha setzte sich neben mich auf den freien Gartenstuhl.

»Ich kann es selbst kaum glauben. Ist das nicht verrückt? Und dann so ein Lieber.«

Sie wandte sich zur Tanzfläche unter den Bäumen. Ich drehte mich und folgte ihrem Blick. Rote und gelbe Lampions leuchteten über dem Tanzpodest. Die Musik schallte durch die Sommernacht. Ihr frisch angetrauter Gero schwang seine neue Schwiegermutter gekonnt über das Parkett. Er hielt sie am langen Arm und drehte sie elegant unter seiner Hand durch. Marthas Mutter hatte rote Wangen.

»Er ist ein guter Tänzer, Martha.«

Sie seufzte.

»Ich bin glücklich, Anna.«

»Ich freue mich so für dich.«

Ich beugte mich nach vorne, nahm sie in meine Arme und kuschelte mein Gesicht in ihre Haare.

»Ob es dieses Mal gut geht?«

Weinte sie?

»Hey, natürlich. Gero ist einer von den Guten. So verlässlich und lieb. Der wird dich niemals betrügen. Du wirst sehen – ihr werdet zusammen 200 Jahre alt.«

Martha schniefte.

Ich knuffte sie in den Arm.

»Und dann ein Orthopäde, Martha! Nie wieder Rückenschmerzen! Wo du doch so gern zum Arzt gehst! Wenn dir ein Wirbel rausspringt – zack, schon hast du Gero zu Hause, der dich wieder flottmacht.«

Ein Ober kam mit einem vollen Tablett vorbei. Meine beste Freundin nahm sich ein Glas Weißwein und trank einen großen Schluck.

»Das Leben ist merkwürdig, oder? Da geht man krank zum Arzt – und trifft die große Liebe.«

Sie sah zu Gero hinüber. Er drehte sich um, als hätte er es gespürt, und winkte uns zu. Marthas Mutter fächelte sich Luft zu. Sie wirkte außer Atem. Gero hielt ihr galant den Rücken und zog sie fest in eine Drehung. Martha stellte das Glas ab und ergriff meine Hand.

»Du findest auch wieder einen Mann, Anna. Wart's ab, auf einmal kommt er um die Ecke, wenn du es am wenigsten erwartest.«

Ich wandte mich abrupt ab.

»Ach, Martha.«

»Ich glaube ganz fest daran. Ich habe neulich sogar davon geträumt. Ihr wart so ein hübsches Paar. Er war groß und schlank und hatte schöne Arme …«

Ich kicherte.

»Ja, schöne Arme sind besonders wichtig.«

»Und der Po …«

Ich wedelte abwehrend mit dem Arm.

»Nee, lass mal.«

»Ach, komm schon. Lass uns träumen, so wie früher.«

Ich spürte einen Kloß im Hals. Ich würde nicht mehr träumen, nicht nach Raimund. Dieser blöde Alkohol. Spülte all so'n Zeug nach oben.

Ich stand auf.

»Muss mal frische Luft schnappen.«

»Aber wir sind doch an der frischen Luft.« Marthas Stimme klang hilflos.

Ich schlängelte mich rasch an ihr vorbei und rannte zwischen den Hortensien auf dem schwankenden Gartenweg um die Gaststätte herum auf den asphaltierten Parkplatz. Er lag im Dunkeln, am Waldrand. Der Wald! Das war meine Rettung! Ein kleiner Waldspaziergang würde mir guttun.

»Keine Sorge«, murmelte ich vor mich hin, »die Trauzeugin ist gleich zurück.«

Die Musik wurde leiser, die Beleuchtung spärlicher. Ich stöckelte über den Schotterweg. Die Steinchen knirschten unter meinen Schuhsohlen. Diese Luft. Nichts riecht wie Wald. Würzig, frisch, feucht. Ich atmete tief ein. Auf einmal war ich wieder fünf Jahre alt. Unser Garten. Ich im Sandkasten. Die großen Bäume am Zaun. Ich erzählte ihnen Geschichten, und die Äste neigten sich gütig.

Ich schob mich mit den Füßen vorsichtig durch das Unterholz voran, tastete nach dem ersten dicken Baumstamm, der mir begegnete, und lehnte mich an ihn. Ich spürte die kräftige Rinde der Kastanie durch mein Seidenkleid. Spontan breitete ich die Arme aus und umschlang den Baum. Die Borke kratzte an meiner Wange. Ich schmiegte mich fest an und roch das Harz.

Anna-Maria, tönte es in meinem Kopf, *so weit ist es also schon gekommen. Du umarmst Bäume!*

Ich löste mich und holte tief Luft. Die Welt schwankte.

»Hallo?«, rief ich und wusste nicht, wen ich eigentlich suchte. Ich lauschte. Die Blätter raschelten im Dunkeln.

Mir wurde übel. Ich wich zurück. Ich würde mich nicht an dieser schönen Kastanie übergeben. Das hatte sie nicht verdient. Ich drehte mich um. Schwer atmend stolperte ich den Weg entlang. Da war der Parkplatz. Dort die Gaststätte. Ich nahm die Vordertür und folgte den Pfeilen zu den Toiletten. Eine Vase mit rosa Trockenblumen. Ein Handtuchspender. Weiße Kacheln. Ich riss keuchend die Tür auf, verschloss sie hinter mir und sah unschlüssig in die Toilettenschüssel. Ich war offenbar nicht die Einzige, der schlecht geworden war. Darüber würde ich mich nicht beugen, so viel stand fest. Ich schwankte. Ich lehnte mich mit dem Rücken an die Tür und biss mir auf die Lippen. Ich stand da, und auf einmal liefen die Tränen. Ich rupfte große Stücke Toilettenpapier ab und drückte sie mir fest auf die Augen. Verdammt. Es hörte nicht auf. Die Tränen schmeckten salzig. Jetzt lief auch noch meine Nase.

Ich hörte eine Tür klappen.

»Anna?«

Marthas Stimme.

»Ja.«

»Ich hab dich überall gesucht. Alles okay?«

»Jaaaa, alles okay!« Ich schniefte ordentlich ins Taschentuch. »Ich habe wohl ein bisschen viel getrunken. Mir ist etwas übel.«

Und dann, wie auf Kommando, beugte ich mich vor und erbrach mich im großen Schwall in die Toilette. Es roch scheußlich und sah noch schlimmer aus. Aber das passte. Das passte schrecklich gut. Ich schluchzte.

»Anna! Mach die Tür auf.«

»Nein, Martha, lass mal.« Ich zerriss weiter Papier und schnäuzte mich, schmiss es ins Klo, nahm mir neues und drückte es mir auf die Augen.

Ich hörte draußen wieder die Tür und Stöckelschuhe klappern.

»Oh, Martha«, rief eine hohe Frauenstimme. »Alle suchen dich – der Hochzeitstanz.«

»Anna?«

Ich räusperte mich und sprach mit erstaunlich klarer Stimme.

»Geh, Martha. Ich komme gleich.«

»Bist du sicher?«

»Ja, mir geht es schon viel besser. Jetzt ist das Zeug raus.«

Ich hörte ihr Kleid rascheln.

»Na gut, dann bis gleich.« Schritte, Türklappen, Musik drang laut herein, die Tür fiel zu. Es wurde leiser.

Ich atmete tief durch, wischte mir ein letztes Mal übers Gesicht und öffnete die Tür. Ich war alleine. Ich trat ans Waschbecken und sah in den Spiegel. Auf meiner Bluse prangten Flecken. Meine Augen waren verquollen, die Nase rot. Wie lange war es jetzt her, dass Raimund mich wegen Antons Lieblings-Bettina verlassen hatte? Drei Jahre und fünf Monate. Und es tat immer noch weh.

Plötzlich fing ich an zu zittern. Jetzt war auch Martha verheiratet. Jetzt war ich wirklich allein. Ich blickte in den Spiegel, und zwei verschmierte Waschbäraugen glotzten zurück.

Macht nichts, dachte ich auf einmal trotzig und wischte wütend mit dem Klopapier unter meinen Augen herum.

Wer brauchte schon einen Mann? Ich hatte Max und Anton. Ich hatte meinen Job. Ich war eine aufstrebende Kinderbuchillustratorin. Ich hatte mein Leben im Griff. Ich sah mir fest in die Augen und bleckte die Zähne.

Die Übelkeit kam mit Macht. Ich beugte mich vor und erbrach mich ins Waschbecken.

2

Der Himmel auf Erden

»Frau Baumgarten«, sagte Frau Meyer-Oeden eine gute Woche später, und einer ihrer Zeigefinger deutete zittrig auf die Treppenstufen. »Hier haben Sie aber nicht richtig gewischt.«

Ich drehte mich um und folgte der Richtung ihres Fingers. Es roch nach Essigreiniger, Wischlappen und nach Frau Meyer-Oedens süffigem Parfüm. Meine blaue Jogginghose war nass, meine Haare klebten feucht auf meiner Stirn, und auf dem T-Shirt suppte ein großer Fleck. Der Eimer war mir in der dritten Etage umgefallen. Ich hatte die Nase voll vom Treppenhausputz. Ich stellte mich dumm.

»Wo?«

»Na, daaa!« Über Frau Meyer-Oedens runzliges Gesicht flog ein Schatten von Ungeduld. »Sehen Sie das denn nicht? Hier und vor den Briefkästen.«

»Ach ja. Das muss mir wohl entgangen sein.«

Ich biss mir auf die Lippen, löste meine Pausenstellung und fuhr mit dem Wischmopp neben der Eingangstür herum.

»Frau Baumgarten«, tönte es abermals hinter mir. »Den Ordnungssinn, den hat man, oder man hat ihn nicht! Aber ich kann nicht immer beim Mittwochsputz hinter Ihnen her sein und die Einhaltung Ihrer Pflichten überprüfen.«

Ich unterdrückte ein Seufzen. Da stand sie vor ihrer Wohnung ein paar Stufen über mir, klein, zerbrechlich, wasserblaue Augen. Ihre dünnen Oberarme hingen zart gerötet aus ihrem gebügelten weißen Top. Als wenn sie kein Wässerchen trüben könnte.

»Frau Meyer-Oeden, nun seien Sie nicht so! Das ist doch nur ein winziger Fleck!«

»Es steht alles ganz deutlich in Ihrem Mietvertrag. Alle vier Wochen das Treppenhaus gründlich wischen! Das ist ja wohl nicht zu viel verlangt!«

»Ist ja gut, ist ja gut!«

Ich drehte mich wieder um und wischte.

Hinter mir wurde es still.

»Nun denn. Kann ja mal vorkommen.«

Ich fuhr herum. Frau Meyer-Oeden lächelte von ihrem Hochparterre zu mir runter.

»Wir fahren jetzt in den Garten«, sagte Frau Meyer-Oeden.

»Wir fahren in den Garten?«, wiederholte ich.

»Ja, der Garten ist ganz wundervoll zu dieser Jahreszeit.«

Ich wischte mir mit dem Handgelenk die feuchten Haare aus der Stirn. Die Gummihandschuhe müffelten vor meiner Nase.

»Ich kann jetzt nicht in Ihren Garten fahren. Ich muss mich um die Jungs kümmern.«

»Kindchen, seien Sie doch nicht albern. Natürlich fahren nicht wir in den Garten, sondern *wir* – mein Sohn und ich!« Zwischen ihren Augenbrauen erschien eine steile Falte. »Glauben Sie, ich bin doof? Ich werde doch wohl noch wissen, ob wir verabredet sind.«

Frau Meyer-Oeden schlug die Augen ungeduldig gen Himmel und schwankte mit dem Oberkörper leicht nach hinten. Dann pendelte sie wieder nach vorn. Sie hatte sich gefangen.

»Wir fahren in unseren Schrebergarten. Wunderhübsch.«

»Ach!« Ich nickte. Natürlich. Ich wusste von dem Kleingarten am anderen Ende der Stadt. Was erwartete Frau Meyer-Oeden jetzt von mir? Offenbar nichts. Sie beachtete mich nicht weiter. Sie sah mich an und gleichzeitig durch mich hindurch. Sie hätte genauso gut zu einer Topfpflanze sprechen können. Sie wirkte sehr zufrieden und schmatzte mit den Lippen.

»Nichts ist so schön, wie in der Natur zu sein. Die Vöglein, die prächtigen Blumen, das Grün. Ein bisschen Gartenarbeit an der frischen Luft. Und dann dieser wunderbare Duft des Sommerflieders. Es ist wie ein Jungbrunnen.«

Frau Meyer-Oeden lächelte entrückt.

»Einfach mal die Seele baumeln lassen.«

Sie zupfte entspannt an ihrem Kragen.

Neidisch schaute ich auf Frau Meyer-Oeden und dann auf meinen Wischmopp. Die Seele baumeln lassen, das würde ich auch gerne mal.

In diesem Moment setzte der Presslufthammer im zweiten Stock wieder ein. Es dröhnte, dass der getrocknete Blumenkranz an Frau Meyer-Oedens Wohnungstür erbebte. Mein Kopf platzte.

»Arbeiten Sie selbst im Garten?«, hörte ich mich durch den Lärm brüllen. Und ärgerte mich über mich selbst.

Ich sollte nicht reden, ich hatte es eilig. Ich musste die Küche aufräumen, die Jungs zu den Hausaufgaben anhalten, Wäsche waschen, einkaufen, die offenen Rechnungen abarbeiten und diesen ekligen Fleck aus dem Sofastoff reiben, den Antons Schokocreme dort hinterlassen hatte. Außerdem musste ich für den Verlag neue Entwürfe zeichnen. Meine Illustrationen waren grottenschlecht. Die konnte ich so nicht abgeben. Ganz abgesehen davon, fingen bald die Sommerferien an, und ich sollte mir endlich mal überlegen, wie ich den Jungs mit wenig Geld ein paar schöne Urlaubstage bescheren konnte. Und dann hatte ich auch noch einen Termin. Ich hatte keine Zeit, den Tag mit Frau Meyer-Oeden im Treppenhaus zu verplempern.

Der Presslufthammer verstummte. Frau Meyer-Oeden nutzte die Chance.

»Ach, Kindchen, nein. Ich mache doch keine schwere Gartenarbeit. Das macht mein Sohn. Oder glauben Sie, ich schaufle Kompost mit diesen zarten Armen?«

Frau Meyer-Oeden hob mir ihre Ärmchen entgegen und sah mich kopfschüttelnd an.

»Übrigens, Sie müssen mal in die Sonne, Kindchen. Sie sind ja blass wie ein Sträfling!«

Ich pustete eine Haarsträhne aus meinem Gesicht.

»Sie würden gut daran tun, mehr auf sich zu achten!«

Frau Meyer-Oeden musterte mich in meiner ausgebeulten Jogginghose und dem Putz-T-Shirt von oben bis unten. »Treiben Sie Sport?«

Ihr Blick blieb an meinem Bauch hängen und wanderte dann über meinen Po.

»Wie alt sind Sie? 42? 44?«

»38«, sagte ich schmallippig.

»Na! Sehen Sie! Sie haben nicht aufgepasst, Frau Baumgarten! Der Abbau hat schon angefangen! Sie müssen sich ranhalten, wenn Sie im hohen Alter kein Pflegefall werden wollen. Schauen Sie mich an – 84 Jahre und topfit! Jeden Tag mache ich meine Gymnastik! Jeden Tag! Seit ich denken kann! Kein Gramm zu viel und immer noch beweglich! Und das schon seit jeher. Das können Sie natürlich gar nicht mehr aufholen!«

Sie wippte munter auf den Zehenspitzen. Dann tippte sie mit einem zittrigen Zeigefinger an ihre Stirn.

»Und achten Sie auf Ihr Hirn! Logisches Denken, mein liebes Kind, logisches Denken! Nichts ist wichtiger! Gedächtnistraining! Lesen Sie Rätsel-Krimis? Machen Sie Kreuzworträtsel? Oder Sudoku? Kann ich nur empfehlen.«

Ich kaute auf meiner Unterlippe.

»Na«, sagte Frau Meyer-Oeden und drehte sich flink zur Seite. »Jetzt habe ich aber wirklich keine Zeit mehr, mit Ihnen rumzubummeln. Mein Sohn holt mich gleich ab, und dann fahren wir zu Kaffee und Kuchen in den Garten.«

»Wie praktisch, wenn der eigene Sohn auch schon im Rentenalter ist.« Ich lächelte ihr zu.

Sie nickte zufrieden.

Von oben kreischte eine Kreissäge. Dann wurde es still. Ich beschloss, die Gelegenheit beim Schopf zu packen, müdes Hirn hin oder her.

»Frau Meyer-Oeden, wo Sie gerade da sind ...«

Ich versuchte, so logisch denkend wie möglich auszusehen.

»Wie lange dauern denn diese Umbauarbeiten in den Badezimmern noch?«

»Na, das kann man so genau nicht sagen.«

Frau Meyer-Oeden sah an sich hinab und zupfte ein Haar von ihrem Ausschnitt.

»Die haben ja erst angefangen. Die Badezimmer in der dritten und vierten Etage müssen auch noch gemacht werden. Und dann die Fenster, die Fassadendämmung ...«

Sie sah wieder auf und mich ungerührt an.

»Das dauert noch.«

Ich fühlte mein Herz schneller schlagen.

»Was denn für neue Fenster und eine neue Fassade?«

»Na, die Renovierung! Die neuen Isolierfenster, Kindchen. Das habe ich Ihnen doch alles geschrieben, vor Wochen schon. Nächsten Monat fangen Sie bei Ihnen im Dachgeschoss erst mal mit dem Badezimmer an!«

Das hatte sie nicht geschrieben. Niemals! Das hätte ich nie vergessen! Oder? Ich dachte an den Stapel ungeöffneter Werbesendungen, der sich neben dem Telefon bildete. Hatte ich einen Brief von Frau Meyer-Oeden übersehen? Ich fühlte schon die ersten Herpesbläschen am Mund jucken. Baustelle. Lärm. Staub. Krach. Auf Monate hinaus. Wie sollte ich in diesem Chaos arbeiten?

»Alle Mieter kriegen neue wunderschöne Fenster. Teuer, sage ich Ihnen, teuer.«

Frau Meyer-Oeden sah prüfend auf ihre Fingernägel und sprach unbekümmert weiter. »Isolierverglast, Wärmeschutz, das ganze Tamtam. Und dann die Fassadendämmung! Sie ahnen gar nicht, was das kostet.«

Mein Herz raste. Das bedeutete Mieterhöhung.

»Seien Sie froh, dass Sie keine Häuser haben! Nichts als Scherereien!«

Plötzlich plärrten laute Klingeltöne des *Rosaroten Panthers* durchs Treppenhaus. Frau Meyer-Oeden fuhr zusammen. Sie fummelte ein schmales weißes Handy aus ihrer vorderen Hosentasche und warf einen kritischen Blick auf das Display.

»Ah! Das ist mein Sohn. Er wartet im Auto an der Ecke. Er erträgt diesen Krach hier nicht. Ja, ja, der Lärm. Kindchen, da müssen wir eben alle durch! Na, ich muss jetzt gehen.«

Frau Meyer-Oeden lächelte beglückt, drehte sich eilig

um und verschwand in ihrer Wohnung. Ich stand unschlüssig auf der Treppe. Sollte ich auf sie warten? Wir hatten uns nicht verabschiedet. Aber da war sie schon wieder. Sie trug jetzt ein weißes Baseballcap und eine riesige schwarze Sonnenbrille. Ich musste an eine gigantische weiße Stubenfliege denken. An ihrem Arm baumelte eine große weiße Handtasche. Frau Meyer-Oeden schloss ihre Wohnungstür sorgfältig ab und lief für ihr Alter erstaunlich flink die Treppen hinunter. Als sie mich passierte, krallte sie sich kurz fest an meine Schulter, »Tschüss, Frau Baumgarten«, dann war sie auch schon weg. Die Tür fiel mit einem leisen Klacken hinter ihr zu. Ich sah ihr stumm hinterher.

»MAMAAA!«

Ich schaute hoch.

»MAMAAA! Wo bist du?«, rief Max aus unserer Dachgeschosswohnung.

»Hier, Max, ich bin hier unten.« Ich bückte mich, griff Wischmopp und Eimer und stapfte müde hinauf. Mein Großer stand im Türrahmen und kaute einen Kaugummi.

»Max, was hast du denn vor? Du sollst doch Hausaufgaben machen.«

»Anton und ich gehen jetzt zu Milan. Spielen!« Er blies eine beachtliche Kaugummiblase aus seinem kleinen Mund.

»Nein, ihr geht jetzt nicht zu Milan spielen, ihr macht erst Hausaufgaben.«

Max zog einen Flunsch. Ich gab ihm einen feuchten Kuss auf die Stirn.

»Tut mir leid, mein Großer.«

Ich schob ihn sacht mit dem Bauch in die Wohnung zurück, links und rechts baumelten Eimer und Wischmopp an meinen rosa Gummihänden. Die Tür schob ich mit dem Fuß hinter uns zu und schleuderte die Latschen von den

Füßen. Max trottete ins Kinderzimmer, und ich eilte ins fensterlose Badezimmer. Ich goss das dreckige Wischwasser im Halbdunkel in die Toilette, spülte, nahm Mopp und Eimer und lief in die Küche. Dort öffnete ich die schmale Balkontür und drängte mich mit dem Putzzeug nach draußen. Der winzige Balkon lag in der prallen Sonne. Die Luft stand. Was würde ich darum geben, jetzt unter einem Baum in einem schattigen Garten zu sitzen. Wenigstens trocknete so alles schnell. Ich stellte Mopp und Eimer ans Mauerwerk, zog die Gummihandschuhe von den Händen, legte sie über den Eimerrand und beugte mich so weit wie möglich über die beiden kleinen Blumenkästen auf der Suche nach etwas Frischluft. Ich musste sofort husten. Feiner Staub wirbelte von unten an der Mauer nach oben. Warum ließen Handwerker immer die Fenster offen? Meine Blauen Gänseblümchen und das Basilikum waren weiß bestäubt. Ich würde die nächsten Monate sicher nicht in Öl malen können. Meine Bilder würden verkrusten. Ach, war ja auch egal. Ich schaute missmutig auf die Staubwolke. Als ob ich überhaupt Zeit zum Malen hätte.

Ich zwängte mich schnell wieder in die Küche, schloss die Tür und blickte mich in diesem winzigen Raum um. Eine heftige Welle von Selbstmitleid schwappte über mich. Aufräumen und putzen. Warum immer ich? Auf dem kleinen Küchentisch standen schmierige Gläser und abgegessene Teller. In der Spüle stapelte sich Geschirr. Die Spülmaschine stand offen und war noch nicht ausgeräumt, und auf dem Herd prangten dreckige Töpfe mit Resten von Spinat und Kartoffeln. In der Pfanne lag einsam ein schrumpeliges Fischstäbchen in einer Fettpfütze. Ich starrte darauf. Ich bin dieses Fischstäbchen, dachte ich. Eben noch knusprig und frisch, jetzt vergammelt und fettig. Frau Meyer-Oeden hatte recht. Ich hatte nicht aufgepasst. Der Zug war abgefahren.

»MAMAAA!«

Ich stellte mich taub.

»MAMAA! MAMAA! Wir haben kein Klopapier mehr!«

Ich öffnete die Besenkammer, angelte nach einer neuen Rolle Toilettenpapier und ging zum Badezimmer. Ich klopfte an die Tür.

»Aber nicht gucken!«, rief Anton.

»Versprochen!«

Auf der Toilettenschüssel hockte mein Kleiner und kaute versonnen einen Kaugummi. Ich schaute diskret in die Luft und reichte ihm die Klorolle.

»Anton, wie oft habe ich dir gesagt, du sollst vorher nachsehen, ob noch genug Papier da ist.«

»Habe ich ja. Der bescheuerte Max hat mir das letzte Papier zum Naseputzen weggenommen.«

»Ist ja gar nicht wahr«, schrie es aus dem Kinderzimmer. »Da war noch was dran. Du lügst wie gedruckt!«

Anton brüllte zurück: »DU lügst, du Sau!«

»Hey!«

Ich fuhr dazwischen.

»Ich will hier so etwas nicht hören.«

Ich wich zurück. Und stand prompt auf einem nassen Badetuch. Ich hob das Tuch auf, warf es über den Badewannenrand und hastete in die Küche. Ich ließ Wasser ins Spülbecken laufen und versuchte, mit einem Messer den eingetrockneten Spinat in dem einen Topf abzukratzen. Spinat war übel. Er setzte sich überall fest. Verdammt! Dieses Zeug ging nicht ab.

»Anton, du kannst dir demnächst auch mal selbst Klopapier holen. Du bist immerhin schon acht Jahre alt«, schrie ich voller Wut.

»Max ist zehn und holt auch kein Papier«, tönte es zurück.

»Max! Hast du gehört? Du auch!« Ich kämpfte verbissen mit dem Topf.

Keine Antwort.

Mist! Ich schmiss das Messer ins Spülwasser. Angewidert starrte ich auf die dreckigen Teller und den verklebten, dunkelgrünen Spinat. Ich ließ die Hände sinken. Es hatte keinen Zweck. Ich konnte das nicht. Nicht jetzt. Überhaupt gar nicht mehr heute!

Ich drehte mich kurz entschlossen um, öffnete das Eisfach des Kühlschranks und rief meinen Kindern zu: »Wer möchte ein Eis?«

»Ich!«, schrie es aus Bade- und Kinderzimmer.

Fünf Minuten später saßen wir auf dem Wohnzimmersofa und schleckten an unseren Eishörnchen.

»Mama, dieses Eis musst du unbedingt wieder kaufen. Das ist lecker.« Anton hatte seinen Lockenkopf an meine Schulter gelehnt.

»Morgen, Anton, ich gehe morgen einkaufen und hole neues.« *Und morgen wasche ich die Wäsche,* dachte ich müde. *Und bezahle die Rechnungen. Und räume die Küche auf.*

»Bringst du mir dann auch ein neues Buch aus der Bibliothek mit?«

Ich streichelte ihm über den Kopf und atmete den Duft seiner Haare ein.

»Schon wieder eines? Gut, ich schau mal.«

Ich drehte mich zu Max neben mir. »Soll ich dir auch ein Buch mitbringen?«

Mein Großer schüttelte den Kopf und biss von der Eiswaffel ab.

»Nö, ich lese nicht so viel wie Anton. Weißt du doch.«

»Lesen ist cool!« Anton lächelte. Ich strich ihm über den Arm. Es war so schön, dass er gerne las. Er sog alles auf, was ihm unter die Finger kam, selbst die Texte auf den Milchpackungen. Ich wandte mich wieder an Max.

»Brauchst du denn etwas anderes aus der Bibliothek?«

»Vielleicht ein Computerspiel?«

»Ach, Max. Ihr sitzt schon viel zu viel vor dem Computer. Du weißt genau, dass ich das nicht mag.«

Max verdrehte die Augen. Dann biss er in sein Hörnchen und nuschelte mit vollem Mund: »Zeichenpapier. Aus dem Laden.«

Ich nickte. »Ja, das ist doch eine gute Idee. Ich brauche auch noch welches. Wann zeigst du uns denn deinen neuen Comic? Du zeichnest so schön!«

Er zuckte mit den Schultern. »Weiß nicht. Wenn er fertig ist.«

»Mach das, wie du willst. Ein Künstler muss sein Werk schützen.«

Ich küsste ihn. Max lächelte und wischte sich gespielt empört über die Wange.

»Apropos zeichnen.« Ich schluckte das letzte Stückchen Waffel und verzog das Gesicht. »Es tut mir sehr leid, aber ich muss jetzt wirklich an die Arbeit. Und ihr solltet eure Hausaufgaben machen. Danach könnt ihr zu eurem Freund gehen.«

»Was zeichnest du denn gerade?«, fragte mein Kleiner und umarmte meinen Bauch. Ich drückte ihn. Es war so schön, mit ihm zu kuscheln. Ich hätte ewig so verweilen können.

»Ich muss die Entwürfe für dieses Gartenzwergbuch zeichnen.«

»Zeigst du sie uns?«

»Wenn sie fertig sind, Anton. Aber zurzeit sind sie einfach schlecht. Ich habe gestern Abend noch so lange daran gesessen, aber sie sind nichts geworden. Vielleicht sollte Max besser den Auftrag übernehmen.«

Anton kicherte.

»Macht ihr jetzt bitte eure Hausaufgaben?«

Widerwillig erhoben sich meine Söhne vom Sofa und trotteten davon.

Ich sah das Grafiktablett und Ausdrucke meines Werks auf dem Schreibtisch gegenüber liegen. Ich raffte mich auf und besah mir den Zwerg. Wolli, der Gartenzwerg. Er hatte es schön. Er saß im Grünen und blätterte in einem Buch. Aber er sah langweilig aus mit seinen roten Bäckchen und der Zipfelmütze. Tausendmal gesehen. Missmutig schaute ich auf die dicke Schnecke mit rosa Hütchen an seiner Seite. Ich hatte überhaupt keine Lust mehr zu zeichnen.

Auf der anderen Seite lockte mein Sofa. Vielleicht noch eine winzige Pause nur für mich? Ich hatte schließlich bis spät in die Nacht hinein gearbeitet!

Ich schmiss mich rücklings auf die weiche Couch, kuschelte mich trotz der Hitze tief in die Kissen und griff nach dem Buch auf dem Couchtisch, das Martha mir gegeben hatte, »damit du mal wieder ein bisschen in Schwung kommst.« Sie hatte es in Zeitungspapier eingeschlagen und verschwörerisch gelächelt, als sie es mir überreichte. Ich hatte es noch nicht aufgeschlagen. Ich öffnete misstrauisch den Buchdeckel, blickte auf die erste Seite und las:

»Lodern der Leidenschaft.«

Ich klappte den Umschlag wieder zu. Ach, Martha. Sie

gab einfach nie auf. Bei mir loderten schon lange nur noch Kopfschmerzen. Ich schaute ins Aquarium auf unseren kleinen grauen Wels Percy, der an der Scheibe klebte und seinen bleichen Bauch zeigte. Ich dachte daran, wie ich Raimund mit Antons Kindergärtnerin in unserem Bett erwischt hatte. Es fühlte sich an, als wäre es gestern gewesen. Ich versuchte, das brennende Gefühl im Magen zu ignorieren, und öffnete erneut Marthas Buch.

Das weit geöffnete Hemd ließ einen Blick auf seine muskulöse Brust zu. Seine vollen Lippen waren geöffnet. Eine schwarze Locke fiel über seine Stirn. Ernestos Blick war dunkel vor Leidenschaft. Raffaella fühlte jede Faser ihres Körpers beben. Sie roch seinen männlich herben Duft. Er kam näher und umschlang fest ihren sehnsüchtigen Körper.

Ich schlug das Buch zu und schmiss es mit Schwung auf den Couchtisch. Es traf auf eine halb gegessene Schokoladentafel und fegte diese in hohem Bogen auf den weißen Wollteppich. Egal, wenigstens war es weiße Schokolade.

Halt! Schokolade! Mein Gehirn versuchte, sich in der stickigen Luft der Dachgeschosswohnung zu erinnern. Ein dunkelbrauner Fleck tauchte vor meinem inneren Auge auf. Ich drehte mich auf die Seite und spähte unter meinen Po. Antons dunkler Schokoladenfleck! Ich hatte vergessen, ihn auszuwaschen.

Ich ließ mich in die Kissen zurückfallen. Es hatte sowieso keinen Zweck. Ich war unfähig. Eine komplette Versagerin! Ich hatte es einfach nicht drauf! Eine durchschnittliche Illustratorin, die sich und ihre Kinder mit Brotjobs über Wasser hielt und nie nach Zeitplan fertig wurde. Ich sollte mir ein Loch im Garten buddeln und einfach vermodern.

Frau Meyer-Oedens entrücktes Lächeln kam mir in den Sinn. *Wir fahren jetzt in den Garten. Es ist immer so wundervoll zu dieser Jahreszeit.*

Mit einem Ruck stemmte ich mich hoch, beugte mich weit vom Sofa und angelte mit den Fingern nach der Schokolade auf dem Teppich. Ich stopfte mir den noch übrigen Riegel in den Mund, lehnte mich wieder zurück, legte die müden Beine auf die Rückenlehne und kaute heftig, bis die Süße meinen ganzen Mund erfüllte. In der Ferne hörte ich eine Bohrmaschine dröhnen. Wenigstens hatte Frau Meyer-Oeden nicht die beste Schokolade, dachte ich erschöpft. Die liebe Oeden hatte Diabetes. Ich wurde müde. Meine Augen brannten. Ich brauchte ein bisschen Pause, nur ein kleines bisschen. Ich drehte mich zur Seite und legte den Kopf auf den Arm. Meine Glieder waren schwer. Nur ein wenig die Augen schließen. Ich griff nach den Ohropax auf dem Couchtisch und drückte sie fest in meine Ohren. Ruhe. Ein klein wenig Ruhe …

Ich stand mit geschlossenen Augen. Gras kitzelte unter meinen nackten Füßen. Ich atmete tief ein. Frische Luft prickelte wie Champagner in meiner Lunge. Vögel sangen, Bienen surrten, ein Kuckuck rief, und irgendwo gluckerte leise ein Bach. Warm strömte das Glück durch meine Adern. Ich öffnete die Augen. Ich stand auf einer Waldlichtung, die über und über mit weißen und lila Krokussen bewachsen war. Die Sonne schien durch das lichte Blattwerk der Bäume, und der Wind ließ die Schatten raschelnd auf der Wiese tanzen. Verzaubert lief ich durch das Krokusmeer. Und plötzlich stand ich inmitten einer prachtvollen Blumenwiese. Rot, gelb, blau – herrliche große Blumen, wohin mein Auge blickte. Ich ließ die Hände vorsichtig über die Blüten gleiten. Sie schmiegten sich an mich und fühlten sich an wie Samt. Es duftete betörend nach Flieder, Rosen, Honig, Lavendel und einem Hauch von frischem Spinat. Und da – weiße Blumenkelche ragten mir bis zur Schulter. Ich beugte mich vor und schnupperte. Sie rochen – wie seltsam! – nach weißer Schokolade.

Oh, dachte ich beglückt, kann ich Farben riechen?

Ich blickte an mir herunter: Ich trug ein bodenlanges weißes Gewand aus feinstem Tuch. Staunend betrachtete ich meine gebräunten Handgelenke und wendete meine grazilen Hände vor meinen Augen. Die Fingernägel schimmerten hellrosa. Kleine rosa Muscheln auf goldbrauner Haut. Ich bin schön, dachte ich ergriffen. Wunderschön!

Plötzlich vernahm ich einen Ruf.

»Anna!«

Ich schaute auf. Vor mir im hohen Gras stand ein verwitterter Gartenzaun und dahinter lag ein kleines Holzhaus mit roten Schindeln und einer Veranda. Ich ging vorsichtig näher. Der Garten vor der Laube war prächtig. Rote Rosen und dichte Lavendelbüsche schmückten die Beete. Kraftstrotzender Rhabarber und kernige Salatköpfe prangten im saftigen Gemüsebeet. Tomaten glänzten an dicken Stauden rot in der Sonne. Orangenbäumchen verschönten die Veranda. Azaleen blühten neckisch in tiefem Purpur, und riesige gelbe Sonnenblumen neigten sich im sanften Wind.

Ich entdeckte eine offene Haustür und lachte, als wüsste ich, was mich dahinter erwartete. Im nächsten Moment erschien in der Tür eine Frau in einem weißen Kleid und mit langem Haar. Ich erschrak: Diese Frau war ich! Ich erblickte mein eigenes Antlitz! Die Anna in der Tür lächelte und winkte mit weit ausgestreckten Armen. Ihre Ärmel schwangen wie weiße Segel über dem Meer. Da erschien ein festlich gedeckter Tisch vor ihr, schwer beladen mit Hähnchen, Trauben, Äpfeln, Brot, Sushi, Torten und Eis.

»Endlich bist du da, Anna!«, rief die Frau«, »komm und iss, es

ist reichlich da! Nie wieder Fischstäbchen! Und wir können zu-
sammen malen!«

Ich rannte so schnell ich konnte an einem lachenden Garten-
zwerg vorbei, und das Letzte, woran ich mich erinnerte, waren ihre
warmen Arme um meine Schultern.

Ich blinzelte. Meine Wangen waren feucht. Der Mund war
trocken. Ich fuhr mir vorsichtig mit der Zunge über die
Lippen. Wie lange hatte ich geschlafen? Eine halbe Stunde?
Eine Stunde? Ich zog die Ohropax heraus. Es war still. Die
Handwerker hatten offenbar Feierabend. Auch von den
Jungs war nichts zu hören. Sie waren bestimmt bei ihrem
Freund Milan nebenan.

Ich wischte mir langsam über das Gesicht und drehte
mich auf den Rücken. Es rauschte in meinen Ohren. Mein
Herz schlug kräftig.

Was für ein merkwürdiger Traum.

Mir war nach Weinen zumute. Ein Garten. Das Paradies.
Frische Luft und pures Glück. Dieses Gefühl, als würde dieser Garten nur auf mich warten. Ich rang um einen klaren
Kopf und drehte mich wieder auf die Seite. Mein Blick fiel
auf die Armbanduhr. Ich fuhr hoch. Vier Uhr. Ich musste
mich beeilen. Ich hatte noch einen Termin.

3

Der Wink mit dem Zaunpfahl

Sie glitt sanft unter meine Haare, griff behutsam meinen Kopf und führte ihn nach hinten.

Hmmmm …

Ihre Hände rochen gut, zart nach Orangen. Ich schloss die Augen und genoss ihre geschickten Bewegungen. Ich ließ mich vorsichtig sinken. Das Porzellan des Beckens kühlte meinen Nacken. Dicht neben meinen Ohren rauschte es. Im nächsten Moment ergoss sich warmes Wasser über mein Haar.

Aaah …

»Ist es so recht, Frau Baumgarten?«, fragte Sonja, meine begnadete Frisörin, und knetete kraftvoll meine Kopfhaut.

»Ja.«

Ich klang heiser. Ich räusperte mich. Ich spürte das Shampoo auf meine Kopfhaut rinnen. Sonja massierte. Ich seufzte wohlig.

»Sie wissen gar nicht, wie gut das tut. Einmal nichts zu tun und sich die Haare waschen zu lassen.«

Sonja walkte eifrig.

»Sie waren ja auch schon länger nicht zum Schneiden. Es lohnt sich. Ihr Haar ist ein bisschen dünn an den Spitzen.«

Sie klang freundlich. Nicht vorwurfsvoll, wie dieser andere Frisör, dieser Lackaffe mit dem rosa Irokesenhaarschnitt und den tausend goldenen Fingerringen, die immer an der Schere geklappert hatten. *Das sieht ja aus wie KRAUT UND RÜBEN!*

Ich linste zur Seite. Der kleine *Salon Engel* war so herrlich verschroben. Pinke Plüschsessel und lila Frisörstühle, dunkellila Wände, weißer Stuck an der Decke und üppige goldene Rahmen um die großen Frisörspiegel. Vor jedem dieser Barockspiegel stand eine Glasschale mit rosa schimmernden Plastikperlen, und darauf lag ein nacktes properes Seifenengelchen und schaute versonnen gen Himmel, den Kopf in die Hand gestützt. Es roch nach Shampoo, Haarspray und Vanillearoma. Ich lächelte und drückte mich behaglich in den Frisörstuhl. Das Wasser plätscherte. Das Salonradio dudelte. Die Kundinnen plauschten über Klatsch und Tratsch. Es war eine andere Welt.

Lautstark wurde ein Föhn angeworfen. Der Salon war gut besucht. Ich blickte an die Decke. Ein Barockengelchen im Stuck lächelte freundlich auf mich herab. Ich sprach lauter wegen des Lärms. »Endlich mal nichts tun müssen …«

Ich rutschte mit den Pobacken auf dem Stuhl hin und her. Meine Füße hingen in der Luft, der Sitz war zu hoch gedreht.

»Haben Sie viel Stress?«

Sonjas Stimme klang mitfühlend durch das Gebläse des Föhns. Ich zögerte, kniff die Augen zusammen:

»Was heißt viel … Wir haben die Handwerker im Haus.«

Ich verstummte. Ich wollte eigentlich nicht über mein Leben reden. Das hier war mein halbjährlicher Wellnesstermin.

Sonja strich kräftig über mein Haar. Ich hörte sie hinter mir entspannt atmen. Wasser strömte, dann ergriffen Hände mein Haar unter dem Nacken, legten es nach oben und ein warmes Handtuch wurde mir um den Kopf geschlungen. Reflexartig hielt ich es mit einer Hand an den Kopf gepresst. Ein paar Tropfen Nass liefen mir aus den Haaren über das Gesicht.

»So, Frau Baumgarten, wenn Sie mir bitte folgen wollen.«

Sonja stand jetzt lächelnd vor mir. Sie sah so unschuldig aus in ihrem rosa Frisörkittel und den lila Gesundheitsschuhen. Sie hatte diese kleine rührende Zahnlücke zwischen den Schneidezähnen. Ihre blond gefärbten Haare waren zu einem Pferdeschwanz gebunden und passten gut zu dem anmutig geschwungenen Lidstrich. Sie guckte sanft. Wie ein liebes Kind. Oder ein kleines Mäuschen. Ich würde sie als weißes Mäuschen im lila Kittel zeichnen.

Ich hielt die Hand ans Handtuch, rutschte etwas benommen vom Stuhl, bis meine Füße den Boden berührten. Ich folgte Sonja und setzte mich auf den mir zugewiesenen Platz, drapierte den pinken Frisörumhang um mich und schaute im Spiegel zu Sonja. Sie zeigte auf die Zeitschriften an der Wand.

»Möchten Sie vielleicht einen Kaffee und etwas zu lesen? Wir haben ein paar schöne Magazine da.«

»Ja, gerne, beides. Geben Sie mir einfach irgendeine Zeitschrift.«

Schon war Sonja weg und kam im nächsten Moment mit dampfendem Kaffee und einem Magazin wieder. Sie stellte die Tasse samt Gebäck neben das Seifenengelchen und legte mir das große Hochglanzheft auf den Schoß.

»Wie besprochen, gerade schneiden, sechs Zentimeter, selber föhnen?«

Sonja schaute mich mit hochgezogenen Augenbrauen an.

»Ja, genau.«

Ich sah auf das Heft. GARTENGLÜCK stand in grünen

Lettern darauf. Mir stockte der Atem: Eine große Laube war auf dem Titelfoto abgebildet, inmitten von Lavendel und roten Rosen. Sie sah fast aus wie die Laube in meinem Traum.

»Eine Gartenzeitschrift. So etwas haben Sie jetzt auch?« Sonja nickte.

»Ja, die Leute sind ganz wild darauf. Ist ja auch schön. Die Natur, die Ruhe, die Entspannung, das Biogemüse …«

Sonja nahm Kamm und Schere und machte sich ans Werk. Ich versuchte, nicht zu wackeln, und schielte aufs Cover.

Zurück zur Natur – Idylle im Schrebergarten.

»Haben Sie einen Garten?« Sonjas Frage drang gedämpft zu mir. Ein Rasierer surrte.

»Nein, leider nicht.«

Ich bemühte mich, laut genug zu sprechen.

»Wir haben nur einen winzigen Balkon im Dachgeschoss.«

Ich war selbst überrascht, wie wehmütig ich klang.

»Und Sie?«

»Nein. Aber meine Eltern haben einen. Einen Kleingarten. Das ist wirklich schön, vor allem am Wochenende.«

Was war denn bloß heute los? Ich hatte mein Leben lang nie etwas über Kleingärten gehört, und jetzt ploppten sie im Minutentakt auf. Das konnte doch kein Zufall sein! Ich schaute auf das nackte Seifenengelchen.

»Warum suchen Sie sich keinen Garten?«

Sonja schnitt gekonnt die Haare am Ohr.

»Das ist gar nicht teuer. Und für Ihre Jungs wäre es auch prima.«

Ich spürte ein leises Flattern im Magen. Als würde ein Vögelchen sein Gefieder spreizen.

»Sind diese Gärten nicht furchtbar schwer zu bekommen?«

»Ach, i wo. Die alten Leutchen sterben ja langsam weg. Da wird immer mal wieder einer frei.«

»In so einem Gartenverein gibt es sicherlich viele Vorschriften. Kleingärtner sind pingelig, oder?«

»Nee.«

Sonja schüttelte energisch den Kopf.

»Nee, nee. Das ist gar nicht mehr so. Da gibt es solche und solche. Da müssen Sie einfach mal gucken. Es gibt doch so viele junge Familien, die heute in die Natur wollen.«

Hastig schlug ich das GARTENGLÜCK auf. Wo war der Artikel über Kleingärten? Da – *Glück im Schrebergarten.* Es waren wunderschöne Fotos. Eine Frau im weißen Kleid und mit einem großen Strohhut lachte mit einer Harke in der Hand neben prächtigen roten Tomatenstauden. Auf einem anderen stand eine alte Blechgießkanne dekorativ im hohen Gras. Ich überflog den Text.

Die neue Lust am Kleingarten … sich selbst verwirklichen … günstige Alternative … ein neues Lebensgefühl … Oase … Seele baumeln lassen … in Harmonie mit der Natur … zauberhaftes Blütenmeer … gesundes Gemüse … Arbeit mit den Händen … zur Ruhe kommen … Entspannung …

Ich schluckte. Das war all das, wonach ich mich sehnte. Wie in meinem Traum. Konnte es denn sein? So nah und nicht mal teuer? Ich sah Sonja im Spiegel an.

»Meinen Sie, dass so ein Kleingarten viel Arbeit macht?«

»Na, es ist schon Arbeit. Aber wenn man Freude daran hat …«

Mein Herz klopfte. Frau Meyer-Oeden, mein Traum, die Zeitschrift, Sonjas Frage. Und das alles an einem Tag. Das wollte mir doch etwas sagen. War das etwa ein Wink mit dem Zaunpfahl?

»Glauben Sie wirklich, ich würde in einen Kleingarten-verein passen?«

»Nö, glaube ich nicht!«, dröhnte da eine tiefe männ-liche Stimme.

Ich zuckte zusammen und stierte in den Spiegel. Hinter Sonjas Spiegelbild erkannte ich dunkle Augen hinter einer schwarzen Brille und eine große Hand, die mir lapidar zu-winkte. Darunter eine ansehnliche Nase und zwei Mund-winkel, die amüsiert nach oben gezogen waren.

»Ich habe mich schon gefragt, wie lange du wohl brauchst, um mich wahrzunehmen«, tönte der mir nur allzu bekannte Bass. Ich presste die Lippen zusammen.

Raimund saß im pinken Plüsch-Wartesessel. Er hatte seine langen schlanken Beine in schwarzen Jeans eng über-einandergeschlagen, wippte mit den großen Füßen in Tim-berlands und blätterte bedächtig mit spitzen Fingern in einer Zeitschrift, die auf seinem Schoß lag. Seine schwarze Brille und diese Nase hätte ich normalerweise aus 1000 Kilo-metern Entfernung erkannt. Wenn ich nicht gerade abge-lenkt gewesen wäre. Mist.

»Was machst du denn hier?«, entfuhr es mir.

»Ach, Sie kennen sich?«, fragte Sonja freundlich.

»Ja«, antwortete ich lahm. »Wir kennen uns.«

Ich bemühte mich, mein Gesicht in den Griff zu be-kommen. Den Gefallen würde ich ihm nicht tun. Diesen Salon würde er mir nicht vermiesen. Raimund. Ausgerech-net. Er war immer so schwatzhaft. Er nannte mich überall Chaostante und erging sich in larmoyanten Ergüssen über die Mutter seiner Kinder. Das hatte mir erst neulich wieder die Frau von der Käsetheke im Supermarkt gesteckt. Es war so peinlich. Man traute sich ja nirgendwo mehr hin. Ich aß kaum noch Käse.

Ich rief betont freundlich:

»Dass du heute auch hier bist, das ist aber eine Überraschung. Musst du denn nicht arbeiten?«

»Nein, heute nicht. Mittwochnachmittags haben wir Zahnärzte frei. Das müsstest du doch eigentlich noch wissen.« Raimund grinste. »Aber du brauchst nicht so zu schreien. Ich höre sehr gut!«

Ich lächelte süßlich.

»Da kannst du dich aber freuen. Das ist ja in deinem Alter nicht mehr so selbstverständlich.«

Raimund zuckte nicht einmal.

»Immerhin werde ich älter. Manch andere leben so chaotisch, dass man sich nur wundern kann, dass sie den nächsten Tag überhaupt erreichen.«

Raimund blätterte betont langsam in der Zeitschrift und grinste. Meine Nackenhaare stellten sich auf. Konnte dieser quasselnde Raimund nicht einfach endlich tot umfallen?

»Och, Herr Olpe, Sie sind doch noch gar nicht alt!«

Sonja schaute Raimund freundlich an. »Sie sind nicht mal 40, oder?«

Ich prustete. Raimund lächelte geschmeichelt.

»Ich werde im nächsten Oktober 52.«

»Nein! Sie lügen! Sie sehen doch höchstens aus wie Ende 30.« Sonja lachte und wedelte lustig mit der Schere.

Ich sah zu Sonja und fand sie auf einmal gar nicht mehr so niedlich. Raimund wandte sich im Spiegel wieder mir zu.

»Sag mal, habe ich das eben richtig mitbekommen, dass du dich für Schrebergärten interessierst?«

Er hob fragend eine Augenbraue.

Ich hob beide Augenbrauen.

»Und wenn?«

»Das ist doch wohl nicht dein Ernst, Annchen. Das ist nichts für dich. Da muss man regelmäßig körperlich hart arbeiten. Verstehst du? RE-GEL-MÄ-SSIG!«

»Bitte? Ich kann sehr wohl RE-GEL-MÄ-SSIG körperlich arbeiten.«

»Ach, ich bitte dich.«

Raimund schüttelte amüsiert den Kopf.

»Vielleicht mal eine Woche oder zwei. Aber doch nicht länger! Du hast ja nicht mal diesen Beckenbodenkurs durchgehalten!«

Er kicherte.

Meine Wangen wurden heiß. Ich warf einen schnellen Blick auf Sonja. Die lächelte unschuldig. Wann war sie denn endlich fertig mit ihrer Arbeit? Ich wollte gehen.

»Nenn mich nicht Annchen. Und das mit der Beckenbodengymnastik war etwas völlig anderes. Ich hatte schließlich zu Hause genug zu tun.«

»Ach ja? Aha.«

Raimund ließ seine Mundwinkel zucken und nickte gespielt anerkennend mit dem Kopf. Ich hätte ihm am liebsten eine Drahtbürste an den Kopf geworfen.

»Und was ist mit den Kleingartenregeln?« Er sah mich aus großen Augen an.

»Hast du die überhaupt schon gelesen? Da kommt eine Menge auf dich zu, meine Liebe. Ich wette eins zu hundert, dass du nicht mal weißt, dass es so etwas gibt!«

»Natürlich weiß ich das!«

Ich spürte das Blut in meine Ohren schießen.

Raimund winkte ab.

»Ach, hör auf! Das ist doch gar nichts für dich. Kleingartenvereine sind penibel und ordentlich. Und du bist eher …«

»Raimund! Ich warne dich!«

Er kicherte. Es zuckte in meinen Beinen. Ich hatte nicht übel Lust, aufzuspringen und ihm den Frisörkittel ins Maul zu stopfen. Er schwieg, schaute auf seine Zeitschrift und grinste. Meine Nasenflügel bebten.

»So, fertig! Soll ich Ihnen den Föhn bringen, Frau Baumgarten?«

Sonja sah mich fragend an und legte die Schere beiseite. Ich betrachtete meine Haare im Spiegel. Sie hingen feucht am Kopf.

»Nein, Sonja, alles in Ordnung. Ich brauche heute keinen Föhn. Es ist ja warm draußen.«

Ich griff nach hinten und zerrte an den Klettverschlüssen des Frisörumhangs. Und hielt inne. Mir fiel ein, was ich darunter trug. Ich hatte es ja nach dem Mittagsschläfchen eilig gehabt. Aber ich hatte keine Wahl. Sonja würde sich wundern, wenn ich mit ihrem Umhang hinausspazierte. Ich drehte mich um und sezierte Raimund vorsorglich mit Blicken.

»Du hast ja keine Ahnung, Raimund!«

Raimund lachte auf.

Ich bringe ihn um, dachte ich. Ich bringe ihn um und verscharre ihn in meinem zukünftigen Tomatenbeet. Ich stand auf, legte das GARTENGLÜCK auf die Ablage vor dem Spiegel, nahm mir mit einem Ruck den Umhang ab und schritt hoch erhobenen Hauptes zur Kasse. Meine Gesundheitslatschen quietschten auf dem Linoleum. Aus den Augenwinkeln sah ich Raimund meine Jogginghose und mein zerknautschtes Bugs-Bunny-T-Shirt mustern. Ich schaute betont gelassen, griff in die Seitentasche meiner ausgebeulten Hose und legte das Geld abgezählt auf den Tresen. Eine Münze warf ich in das Trinkgeld-Schweinchen.

»Danke, Frau Baumgarten. Und bis bald!«, sagte Sonja artig.

»Ja, bis bald, Annchen«, rief Raimund gut gelaunt. »Und nur Mut! Vom Outfit her würde das ja schon mal gut passen mit dem Schrebergarten.«

Er kicherte wieder. Ich schritt zur Tür, ohne den Vater meiner Söhne eines weiteren Blickes zu würdigen.

»Tschüss, Annchen!«

Raimunds Stimme drang fröhlich an mein Ohr.

»Wir sehen uns am Freitag, wenn ich die Jungs hole.«

»Tschüss, Raimundchen«, warf ich zurück und lächelte süßlich. Aber dann konnte ich es mir nicht verkneifen. Ich drehte mich um, ballte die Faust und zischte:

»Ich kann das mit dem Schrebergarten! Du blöder Affe! Du wirst schon sehen!«

Ich riss die Tür auf und stürmte hinaus. Sie fiel mit einem sanften *Plopp* wieder ins Schloss.

4

Der Traumgarten

Am nächsten Tag war viel zu tun. Ich musste all das erledigen, was zuvor liegen geblieben war.

Seitdem Max, Anton und ich das neue Zeichenpapier am Nachmittag eingeweiht hatten, war ich von meinen Gartenplänen überzeugter denn je. Max hatte mir seinen Comic gezeigt. Blutrünstige Monster in grauen Straßenschluchten. Ich ließ mir nichts anmerken, aber war das normal? Es war höchste Zeit, dass die Kinder ins Grüne kamen! Vielleicht würde er dann mal Blümchen malen!

Jetzt, nach dem Abendessen, sahen die Jungs ihre Lieblingsserie im Fernsehen. Ich konnte ungestört recherchieren, bevor ich sie ins Bett brachte. Raimund würde sich umgucken! Ich schenkte mir in der Küche ein Glas Rotwein ein und setzte mich mit meinem Laptop im Wohnzimmer aufs Sofa.

Es war viel einfacher, als ich gedacht hatte, einen Überblick über die Kleingartenwelt zu bekommen. Ich brauchte nur »Schrebergarten« in die Suchmaske einzugeben – und schon hatte ich die Verbände der gesamten Republik vor Augen. In der nächsten Unterkategorie waren die Vereine nach Städten und dann nach Stadtteilen geordnet, und viele Vereine, ob groß oder klein, hatten eine eigene Website und präsentierten dort die Anzahl ihrer freien Gärten. Es war alles ganz simpel.

Erst Raimund zum Trotz, dann zunehmend entzückt klickte ich mich durch die Homepages der Schrebergartenwelt. Diese gut organisierten Vereine hatten nichts mit dem Spießertum zu tun, das ich mit Schrebergärten in Verbindung gebracht hatte. Ein Schrebergarten, so las ich in einem Online-Lexikon, war einfach nur *ein eingezäuntes Stück Land als Garten, insbesondere eine Anlage von Grundstücken, die von Vereinen (Kleingärtnervereinen, Kleingartenvereinen, ostdeutsch auch Gartensparte) verwaltet und günstig an Mitglieder verpachtet werden.* Und diese Gärten waren offensichtlich echte Naturerlebnisse. Ein Landesverband hatte einen Kurzfilm eingestellt: Rüstige Rentner und junge Familien pflanzten Gemüse, plauderten über Ökosysteme und Kräutergärten. Wunderschöne Blumen, Obst und Gemüse, Sonnenschein und schattige Plätzchen waren zu sehen. Kinder spielten im Gras, und Alte lagen gemütlich auf Sonnenstühlen. Die Worte und Bilder rieselten sacht wie ein warmer Sommerregen auf mich herunter. Ich entspannte mich schon beim Ansehen des Filmchens, dabei hatte ich noch gar keinen Garten. Am Schluss des Filmes feierten die Gärtner munter zusammen und grillten ihr selbst gezüchtetes Gemüse. »Man vergisst alle Sorgen«, sagte eine Frau und lächelte mich warmherzig an.

Ich atmete tief ein und ließ den Laptop auf das Sofa gleiten. Wieso war ich vorher nie auf diese Idee gekommen? Hier war die Lösung meiner Probleme. Kein Stress, keine Hektik, den Alltagswahnsinn vergessen, den Krach, den Schutt, den Radau und den blöden Exmann. Frische Luft und himmlische Ruhe in netter Gemeinschaft, mit gesundem, selbst gezüchtetem Biogemüse. Und ich würde dort zeichnen können. Auch Wolli, den Gartenzwerg. Vielleicht würde er im richtigen Ambiente endlich den nötigen Schwung bekommen.

Ich sprang auf, lief in die Küche, biss in eine Möhre und rannte in der Wohnung umher. Ich kam in Fahrt. Ich würde in der Erde wühlen und Samen aussäen. Ich könnte in Öl malen, ohne Staubkruste. Die Jungs würden Salat züchten, Blumen pflücken und keine fiesen Monster mehr malen. Wir könnten im Garten Ferien machen, grillen, Limo trinken, faulenzen. Den ganzen Tag draußen sein. Ruhe! Platz! Hach! Ich nahm ein Taschentuch und schnäuzte mich ergriffen.

Plötzlich hielt ich inne. Sollte ich den Jungs von meiner Idee erzählen? Lieber nicht. Max war immer skeptisch, wenn er sich nicht gleich selbst von einer Sache überzeugen konnte, und Anton würde sich vielleicht umsonst freuen und Pläne schmieden. Erst musste ich sicher sein, dass ich einen Garten pachten konnte. Ich wollte sie nicht enttäuschen.

Und dann fiel mir etwas durchaus Wichtiges ein: Gab es so ein Paradies überhaupt in unserer Nähe? Ich hatte kein Auto. Ich lief zurück zum Laptop, rief die Internetseiten auf und klickte mich durch die Angebote der Stadt. Da, der Verein *Zur fleißigen Ameise* lag im Süden der Stadt, direkt am Wald. Er schien mit 70 Gärten nicht allzu groß zu sein. Ich gab die Adresse in meine Stadtplan-App ein. Die Anlage war gut mit Fahrrad oder Bus zu erreichen. Ich klickte auf der Internetseite auf den Link *Freie Gärten*.

Zwei freie Gärten. Nähere Angaben bitte beim Vorsitzenden erfragen! Kontakt: Erwin Kossig.

Es war nur eine Telefonnummer angegeben. Keine E-Mail-Adresse.

Mein Herz klopfte wie wild.

Ich nahm einen kräftigen Schluck Rotwein.

Sollte ich es wahrhaftig wagen?

Ich musste an Raimund denken. *Das ist nichts für dich.*

Ich knirschte mit den Zähnen, atmete tief durch und sah auf die Uhr. Es war Viertel vor acht, kurz vor der Tagesschau. Ich hatte noch ein paar Minuten Zeit, bevor ich die Kinder ins Bett brachte und wir aus dem neuen Bibliotheksbuch vorlesen wollten. Anna, sagte ich laut, wenn nicht jetzt, wann dann?

Ich griff beherzt zum Telefon, wählte die angegebene Festnetznummer und lauschte dem Tuten. Es klingelte lange. Endlich meldete sich eine raue Stimme.

»Kossig.«

»Guten Tag. Bin ich da richtig beim Vorsitzenden des Kleingartenvereins *Zur fleißigen Ameise?*«

»Jo.«

Kurzes Schweigen.

Ich hörte schweres Atmen.

»Wer ist denn da?«

»Mein Name ist Anna Baumgarten, und ich interessiere mich für einen Kleingarten.«

»Aha.«

Ich biss mir auf die Lippen. Der Gesprächigste war Herr Kossig ja nicht gerade.

»Sie haben doch freie Gärten, nicht wahr?«

»Ja, das ist richtig.«

Ich wippte ungeduldig mit den Zehen und bemühte mich, unbeirrt und mit fester Stimme weiterzusprechen.

»Kann ich die denn mal besichtigen, Herr Kossig?«

Wieder Schweigen.

»Sie sind eine Frau?«

»Ganz recht.«

Ich wartete gespannt.

Es rauschte im Hörer.

»Und Sie wollen einen Garten mit Ihrem Mann zusammen pachten?«

»Nein, Herr Kossig, nein. Das möchte ich nicht. Ich möchte einen Garten für meine Söhne und mich pachten.«

Wieder Schweigen.

»Ist das ein Problem?« Ich lachte nervös auf.

»Wie alt sind denn die Söhne?«

»Sie sind acht und zehn Jahre alt.«

Er seufzte.

»Für die Kinderchen ist ein Garten ja sehr schön.«

Ich atmete auf. Herr Kossig war kinderlieb, wenn auch offenbar nicht frauenlieb.

»Wann kann ich denn mal vorbeikommen und die Gärten besichtigen?«

»Ja, ich weiß nicht recht … Warten Sie mal … Herthaaa!« Es knisterte und raschelte im Hörer, eine Frauenstimme sprach dumpf im Hintergrund. Sie tuschelten. Dann war er wieder klar zu vernehmen.

»Ja, dann kommen Sie meinetwegen den letzten Sonntag im Monat vorbei.«

Das waren noch drei Wochen. So lange konnte ich nicht warten. Die Ferien begannen schon in einem Monat. Ich nahm all meinen Mut zusammen.

»Geht es nicht auch früher? Ich glaube, Ende des Monats ist es etwas schlecht für mich.«

»Warten Sie mal.«

Wieder Knistern, Rascheln, Tuscheln.

»Na gut, dann nächsten Sonntag, 10 Uhr.«

Mein Herz schlug mir bis zum Hals. O Gott. Sonntag. Was machte ich denn hier? Ich bekam einen Garten. Wollte ich überhaupt einen Garten? Was sollte ich überhaupt da? Ich hatte gar keine Ahnung von Pflanzen.

Irgendetwas in mir redete unbeirrt und gut hörbar weiter:

»Das ist perfekt, Herr Kossig. Wo treffen wir uns?«

»Sie kommen in die Kleingartenanlage *Zur fleißigen Ameise, Waldstraße 13.*«

Er sprach die Adresse betont langsam.

»Da ist ein kleiner Parkplatz, da können Sie Ihr Auto abstellen. Haben Sie das?«

Meine Ohren wurden heiß. Mein anderes Ich schrieb fleißig mit.

»Am Eingang ist unser Aushängekasten. Den sehen Sie dann schon. Ich warte da auf Sie.«

»Danke«, sagte ich, »ist notiert.«

»Seien Sie bitte pünktlich!«, fügte er streng hinzu.

»Ja, natürlich, Herr Kossig!«

Herr Kossig wurde auf einmal gesprächig.

»Sie wissen ja nicht, wie das ist!«

Er klang grimmig.

»Verabredungen werden nicht eingehalten, Vorgaben nicht respektiert. Ich kann ja nicht überall sein. Es muss ja schon alles seine Ordnung haben.«

Ich schwieg.

»Sie werden ja wohl wissen, dass ein Kleingarten kein Heititeiti ist.«

Ich unterdrückte ein nervöses Kichern. Heititeiti. Wann hatte ich das Wort das letzte Mal gehört?

»Hallo?«

»Ich respektiere Vorgaben«, sagte ich hastig.

»Dann ist ja gut«, sagte Herr Kossig.

»Auf Wiedersehen.«

»Auf Wiedersehen, Frau Baumgarten.«

Es klang wie eine Drohung.

Am Sonntag stand ich zeitig auf. Ich hatte kaum geschlafen, hatte mich hin und her gewälzt, von Komposthaufen, Rosenblättern und Gießkannen geträumt. Die Jungs waren seit Freitag bei Raimund auf ihrem Alle-14-Tage-Vaterwochenende. Als Ehemann war Raimund eine Niete gewesen, aber als Vater war er nicht schlecht. Die Jungs liebten die Wochenenden bei ihm und waren auch dieses Mal wieder fröhlich losgezogen. Es gab mir wie jedes Mal einen kleinen Stich, sie ziehen zu lassen, aber andererseits war ich erleichtert, denn nun konnte ich mich frei bewegen. Raimund hatte sie wie immer vor dem Haus abgeholt, sodass ich ihn nicht sprechen musste und er keine bohrenden Fragen stellen konnte.

Bei schönstem Sommerwetter trug ich mein Fahrrad aus dem Keller, stellte es auf den Bürgersteig und staubte es mit einem alten Handtuch ab. Ich betrachtete es kritisch. Ich war lange nicht mehr gefahren. Es war mal rot gewesen. Jetzt war es rostrot und machte keinen guten Eindruck. Der Keller war feucht. Aber ich konnte nicht wählerisch sein.

Ich klemmte das Bügelschloss auf den Gepäckträger, verstaute den Schlüssel in meiner Hosentasche, schwang mich auf den Sattel und radelte los. Nach einer Viertelstunde ging es bergauf. Ich strampelte kräftig. Es war anstrengend. Die Oberschenkel schmerzten. War ich diesen Weg jemals mit dem Fahrrad gefahren? Die Autos brausten vorbei. Keuchend hing ich über dem Lenker und fixierte den grauen Asphalt vor mir. Der Schweiß rann mir in den Nacken. Darauf hatten meine Haare nur gewartet. Ich würde aussehen wie ein Wischmopp. Ich hob den Blick. Die Straße dehnte sich wie Kaugummi. Dass ein kleiner Hügel so lang sein konnte! Und so steil!

Finster trat ich in die Pedale und beugte mich weiter nach vorn, aber die Räder ließen sich kaum noch bewegen. Es hatte keinen Zweck. Schwer atmend stieg ich ab, hievte mein Fahrrad auf den Bürgersteig und spähte auf meine Armbanduhr. O Gott! Es war bereits Viertel vor zehn! Ich würde zu spät kommen, ganz sicher würde ich zu spät kommen! Herr Kossig würde mir das nicht verzeihen! Aussortiert, bevor ich einsortiert wurde! Ich packte den Lenker und schob das Rad so schnell ich konnte den Berg hinauf. Endlich, nach einer gefühlten Ewigkeit, lag die Hügelkuppe direkt vor mir, und da hinten, da war auch ein Straßenschild *Zur fleißigen Ameise*. Mit letzter Kraft schwang ich mich auf den Sattel und radelte das Stückchen hinauf, dann bog ich rechts in einen kleinen Weg ein und peste eine steile Straße hinunter. Bäume und Hecken flitzten an mir vorbei. Der Wind trieb mir die Tränen in die Augen. Häuser, Vorgärten. Ein Hund bellte hinter einem Zaun. Was für eine abgeschiedene Lage! Da hinten musste es sein – da waren ein kleiner Parkplatz und ein Aushängekasten direkt vor einer ausladenden Hecke. Ich bremste mit quietschenden Reifen und sah zitternd auf die Uhr. Es war fünf Minuten vor zehn. Herr Kossig war offenbar noch nicht da. Ich fingerte in meiner Hosentasche. Mir war schwindlig. Ich durchsuchte die andere Tasche, mein Herz klopfte wild. Kein Fahrradschlüssel! Wo war der verdammte Schlüssel? Innerlich fluchend wurde mir klar, dass er mir beim Schieben aus der Tasche gefallen sein musste. Jetzt konnte ich das Fahrrad nicht abschließen, und Metalldiebe gab es überall. Ich wollte diese alte Möhre aber nicht zu Herrn Kossig mitnehmen. Das machte keinen ordentlichen Eindruck. Ich sah mich schwer atmend um. Kein Mensch weit und breit. Da hinten am Straßenrand war dichtes Gebüsch. Kurz entschlossen eilte ich zurück und stieß das Fahrrad in die Blätterwand. Es verschwand mit einem leisen Rascheln. Nur der eine Lenkergriff war noch zu sehen, und ein Stück vom Sattel. Ich rupfte hastig Zweige vom nächsten Busch und ließ sie darüber fallen. Es brachte nicht viel. Egal, ich hatte jetzt keine Zeit mehr. Ich richtete mich auf und klopfte mir die Blätter von der Kleidung.

»Kann ich Ihnen helfen?«, hörte ich eine männliche Stimme hinter mir.

Ich zuckte zusammen. Ein Mann stand vor dem Aushängekasten und sah mich mit hochgezogenen Augenbrauen an. Mir wurde heiß. Wie lange stand Herr Kossig schon da? Er kam mit federnden Schritten auf mich zu. Kossig war jünger, als ich gedacht hatte. Vielleicht Mitte vierzig. Dunkelblond, graue Schläfen. Fein geschnittene Gesichtszüge. So ein Schönling mit durchtrainiertem Körper. Eine Haarsträhne fiel ihm ins Gesicht. Er trug Jeans und T-Shirt.

»Oh, hallo.«

Ich wischte mir die Haare aus der Stirn, deutete mit dem Arm auf den Straßenrand und versuchte, ruhig zu sprechen.

»Ich wollte nur mal nachsehen, was hier im Gebüsch liegt.«

»Aha.«

Um seinen Mund zuckte es.

»Ja.« Ich schüttelte bekümmert den Kopf. »Man kann kaum glauben, was die Leute alles wegschmeißen.«

Er ging in zwei, drei Schritten an mir vorbei und linste ins Gebüsch. Er schob mit beiden Händen die Zweige beiseite.

»Ein rotes Fahrrad«, sagte er. »Ich wollte schon immer ein rotes Fahrrad haben.«

Ich wusste zwar noch nicht viel von Herrn Kossig, aber der Wunsch nach einem roten Fahrrad passte irgendwie nicht zu ihm. Ich wurde misstrauisch.

»Sind Sie Herr Kossig?«

»Nein.«

Der Mann sah auf und lächelte.

»Wieso? Sehe ich so aus?«

»Und warum stehen Sie dann vor dem Aushängekasten?«

Ich merkte selbst, dass das töricht klang.

»Ich stand vor dem Aushängekasten?«

Er kam näher. Ich sah die Lachfältchen um seine Augen.

»Ach, ist ja auch egal.«

Ich war gereizt. Warum grinste er denn so doof?

»Es interessiert mich eigentlich nicht, wenn ich es so recht bedenke.«

Ich drehte mich abrupt weg.

»Frau Baumgarten!«, rief es hinter mir. Die Stimme klang laut und fordernd. DAS war Herr Kossig, ohne Frage! Wie angekündigt, stand er vor dem Aushängekasten, um die 70 Jahre alt, klein, von untersetzter Statur. Er trug Jeans, Polohemd, Sandalen mit beigen Socken und einen Stoffbeutel in einer Hand. Mit der anderen winkte er mich herbei. Ich wandte mich wieder dem Schönling zu.

»Ich muss dann mal. Ich habe einen Termin.«

Ich ärgerte mich über meine überflüssige Erklärung, wartete keine Antwort ab und steuerte direkt auf den Kleingartenvorsitzenden zu. Ich straffte die Schultern und setzte mein freundlichstes Lächeln auf.

»Wollen Sie das alte Fahrrad haben?«, rief der unmögliche Mensch hinter mir. Ich antwortete laut, sodass Herr Kossig es gut hören konnte:

»Natürlich nicht!«

Ich wandte mich an Herrn Kossig.

»Herr Kossig, wie schön, dass Sie Zeit gefunden haben.«

»Jaja«, brummte Herr Kossig. »Muss ja. Sie sind Frau Baumgarten?«

»Kann ich das Fahrrad dann nehmen?«, schallte es hinter mir.

Ich beschloss, so zu tun, als hätte ich ihn nicht gehört.

»Jawohl, ich bin Frau Baumgarten«, sagte ich mit fester Stimme zu Herrn Kossig.

Er sah mir grimmig in die Augen.

»Und Sie wollen sich für einen Garten bewerben?«

»Ich möchte mir die Gärten gerne einmal ansehen.«

Er musterte mich mit skeptischem Blick.

»Die Größte sind Sie nicht gerade. Haben Sie denn genug Muckis für die Gartenarbeit?«

»Klein, aber oho, wie mein Kunstlehrer immer zu sagen pflegte.« Ich lachte betont munter. Herr Kossig fand das nicht witzig.

»Sie wissen schon, dass wir hier Regeln haben? Da muss der Rasen regelmäßig gemäht werden, und die Hecke braucht einen ordentlichen Schnitt. Und wir haben Gemeinschaftsarbeiten alle paar Monate.«

»Ja, natürlich. Das ist doch völlig klar.«

Ich war entschlossen, keine Blöße zu zeigen. Ich trat hier als optimale Kandidatin an. Ich konnte immer noch einen Rückzieher machen.

Er schaute mich missmutig an.

»Sie glauben gar nicht, wer sich hier alles bewirbt.«

Er beugte sich vor und fuchtelte mit seinem Zeigefinger in der Luft herum.

»Die kommen und denken, das sei hier Urlaub. Wollen nur so auf dem Rasen rumliegen oder Würstchen grillen und Bier trinken. Ich habe Sachen erlebt, sage ich Ihnen, Sachen! Das glauben Sie gar nicht!«

»Ja!«

Ich war unerschütterlich. Ich hatte gerade einen Berg bezwungen, ich würde jetzt nicht wegen solcher Kleinigkeiten umfallen.

»Das ist schon schlimm!«

Der Fahrradmensch von eben stand plötzlich neben mir. Er legte Herrn Kossig die Hand auf die Schulter.

»Mensch, die Frau macht doch einen recht patenten Eindruck. Ich glaube, die schafft das. Die weiß sich zu helfen.«

Ich sah in seinen hellblauen Augen ein belustigtes Funkeln. Er hatte mich gesehen! Er wusste, dass ich das Fahrrad ins Gebüsch geschmissen hatte. Mir wurde heiß. Ich senkte den Blick.

»Na, dann kommen Sie mal mit«, hörte ich Herrn Kossig sagen. Ich schaute auf, und da war er auch schon ein paar Schritte entfernt und lief die Straße hinunter. Hastig lief ich ihm hinterher.

»Tschü-üss«, rief der Mann. »Viel Glück!«

Ich warf einen Blick über meine Schulter. Er blieb am Aushängekasten stehen und winkte mir zu.

»Ist dieser Mann auch hier im Kleingartenverein?«, fragte ich Herrn Kossig und hoffte inständig, er wäre nur ein Passant.

»Ja.«

Herr Kossig eilte weiter, und ich bemühte mich, mit ihm Schritt zu halten. Kleingärtner waren offenbar gut trainiert. Links und rechts standen üppige Hecken, aber Herr Kossig ließ mir keine Zeit, mich umzusehen. Er schlug Haken wie ein Hase, hierum in einen Weg, darum in einen anderen. Atemlos lief ich hinter ihm her und war mir nicht sicher, ob ich den Weg jemals alleine würde finden können. Endlich blieb Herr Kossig stehen und zeigte über eine niedrige Hecke.

»Hier ist es.«

Ein schmuckloses Metalltörchen.

Dahinter lag er, der Garten. Ich fühlte meine Mundwinkel sinken. Eine dunkle Holzhütte auf öden Grasstoppeln. Ein blindes Fenster. Eine abgestorbene Pflanze im Blumentopf. Die grauen Steine vor der Hütte sollten wohl eine Terrasse sein. Nicht mal ein Stuhl stand darauf. Ein paar kahle Büsche. Nackte Erde und daneben trauriges Gestrüpp. Ein Wasserhahn ragte einsam aus dem Boden. Das Ganze hatte den Charme eines asphaltierten Parkplatzes mit Blumenkübel.

Ich schnappte nach Luft. Alles klar. So war das also. Ich bekam heiße Ohren. Wie hatte ich nur so blöd sein können? So eine Schnapsidee! Wie doof, mich von einem Traum, einer Gartenzeitschrift und einem Werbefilmchen verführen zu lassen! Nur weil Frau Meyer-Oeden so geschwärmt hatte! Ich hätte mal lieber auf die Idee kommen sollen, mir so eine Kleingartenanlage in natura anzusehen, bevor ich einen Kleingartenvorsitzenden bespaßte. Ich hatte mich mal wieder viel zu sehr von meinen Gefühlen leiten lassen. Die Ernüchterung schwappte über mich wie eine kalte Dusche.

»Hm.«

Ich zog die Schultern hoch.

Kossig bekam schmale Augen.

»Das ist ein sehr schöner Garten. Leicht zu beackern für eine Frau.«

Ich schwieg.

»Da können Sie nichts falsch machen.«

Ja, und auch nichts richtig, dachte ich. Ich bohrte die Zunge in meine Wange.

Kossig starrte in den Garten und fuchtelte mit dem Arm in der Luft.

»Der ist perfekt.«

Ich suchte nach Worten.

»Der ist … äh … übersichtlich.«

»Sage ich doch! Perfekt für Sie und die Buben.«

Ich kratzte mich am Hinterkopf und verzog das Gesicht.

»Hm. Ich weiß nicht.«

Er sah mich streng an. Es war offensichtlich, dass er keine neuen Mitglieder mochte, die wählerisch waren.

»Wir haben noch einen zweiten Garten. Aber ich sage Ihnen gleich, der macht Arbeit!«

»Ja?«, fragte ich lustlos.

Wir bogen rechts ab, wir bogen links ab, und ich überlegte, wie ich aus der Nummer wieder herauskommen sollte. Gut, dass ich den Jungs noch nichts gesagt hatte. Raimund würde ich einfach erzählen, dass gerade kein Garten frei war.

Wir passierten wieder den Aushängekasten, bogen rechts ein und liefen weiter den Weg entlang. Irgendwann hielt Herr Kossig abrupt an.

»Hier!«, sagte er.

Ich sah auf das Holztürchen mit dem ovalen weißen Emailleschild und der blauen Nummer 24. Ich hob den Blick, und da war er. Mein Garten. Üppig, grün, viel Sonne und lichter Schatten. Er lag leicht erhöht am dichten Waldsaum und hatte nur einen Nachbargarten zur Linken. Sonnenblumen blühten in strahlendem Gelb. Große Buchsbaumkugeln säumten den verwilderten Weg zur Laube. Herr Kossig hob das Törchen einen Spalt weit hoch – und schon war es offen. Ich ging wie gebannt hinein. Das hier war mein Traum. Nun gut, ich sah es gleich, die Laube war älter und nicht chic. Sie war verwittert und längst nicht so schön wie die, von der ich geträumt hatte. Aber sie hatte große Flügeltüren mit Fenstern und eine geräumige Veranda mit einer Holzbank und einem Tisch, und direkt hinter der Laube stand ein Apfelbäumchen und schmückte mit seinen Blättern das Dach. Mir schlug das Herz bis zum Hals. Mein Blick blieb an dem Beet vor dem Häuschen hängen. Diese Rosen! Große, üppige rote Rosen. Dazwischen wuchsen prächtige Lavendelbüsche. Es duftete betörend. Ich drehte mich um, sog die Luft ein und konnte mich nicht sattsehen. So viele schöne Pflanzen. Unzählige, die ich nicht kannte. Aber das würde ich noch lernen. Da, neben dem Rosenbeet, am Weg, der zur Laube führte, stand ein großer blau blühender Busch. War das eine Hortensie? Sie war denen ähnlich, die ich bisher kannte, nur kleinblättriger. Ich musste mir unbedingt ein Gartenbuch kaufen. Und hier, die kleinen, zarten gelben Blüten. Der ganze Erdboden war mit ihnen überzogen. Wie Glücksklee, nur viel hübscher. Und diese hochgewachsenen Blumen, wie bei den Häusern auf Sylt. Waren das nicht Stockrosen? Ein warmes Glücksgefühl durchflutete mich – der Garten war zauberhaft.

»Der Garten ist total verwildert«, sagte Herr Kossig. »Der Besitzer ist krank geworden. Da müssen Sie ordentlich ran.« Er zeigte auf den Rasen.

Ich folgte seinem klobigen Finger. Die Halme waren hochgewachsen und saftig. Die Beete dahinter waren mit allerlei Gestrüpp zugewachsen. Zumindest vermutete ich, dass darunter Beete waren.

»Oh«, rief ich und bückte mich. In den Beeten leuchtete es hellrot. »Das sind ja wilde Erdbeeren!«

»Ja, die wachsen wie wild, wenn man nicht aufpasst.«

Sieh einer an, Herr Kossig hatte Sinn für Humor. Ich lief zur Laube und betrat die Holzveranda. Efeu rankte vom Dach. Ein verwittertes Thermometer baumelte an der Laubenwand. Ein Holzregal, in dem Blumendraht, Zangen und Streichhölzer lagen, hing daneben. Unter dem Regal stapelten sich alte Pflanztöpfe. Auf dem Tisch standen ein Aschenbecher voller alter Zigarettenstummel, eine kleine Vase und eine Tasse aus braunem Steingut. Es sah aus, als wäre jemand vor langer Zeit aufgestanden und nicht wiedergekommen, und die Zeit hatte ihren Staub über die Dinge fallen lassen.

»Ist der Vorbesitzer schon lange krank?«

»Ja, seit einem Jahr. Aber jetzt ist er nicht mehr krank.«

»Und er will die Laube nicht mehr haben?« Ich konnte nicht glauben, dass jemand so ein Paradies freiwillig aufgab.

»Nee, jetzt ist er tot.«

Gut, das war nachvollziehbar. Ich trat an die Flügeltür und zog daran. Sie blieb verschlossen. Durch die Fenster der Tür konnte ich nichts sehen. Dicke braune Vorhänge versperrten die Sicht.

»Kann ich die Laube von innen besichtigen?«

Er grunzte.

»Ja, können Sie. Warten Sie, ich muss den Schlüssel suchen …«

Er wühlte in seiner Stofftasche.

»Ich hatte ihn letztes Mal dabei … Bei der Besichtigung …«

Ich beobachtete ihn.

»Nee, ich finde ihn nicht.«

Er sah missmutig aus und ranzte mich an:

»Sie wissen, dass Sie hier keinen Strom haben?«

»Keinen Strom?«

»Nein. Nur wenige hier haben Strom, und der Garten hier ist nicht ans Netz angeschlossen. Walter wollte das nicht.«

Mir kam ein abstruser Gedanke.

»Aber der Garten hat doch wohl fließend Wasser?«

Er deutete mit dem Kopf zu einem Wasserhahn, der neben der Laube aus der Erde ragte. Daran hing ein Wasserschlauch.

»Da ist fließend Wasser.«

Ich stutzte.

»Und eine Toilette …?«

»Nee, Frau Baumgarten, Toiletten haben wir nicht.«

Ich schaute ihn erstaunt an.

»Aber wie machen Sie das denn?«

»Pfffhhh … Die einen gehen zu Hause, andere haben ein Campingklo. Das geht schon.«

»Und der Garten hier?«

»Campingklo.«

Ich wusste nicht genau, was ein Campingklo war, beschloss aber, mir jetzt keine Gedanken zu machen. Wenn andere aufs Campingklo gehen konnten, dann konnten wir das ja wohl auch. Ich wollte diesen Garten haben. Unbedingt. Dieser Garten war mein Schicksal. Das Gefühl war so stark, ich hätte weinen können.

Aber da war noch die Sache mit dem Finanziellen. Frau Meyer-Oedens drohende Mieterhöhung schoss mir durch den Kopf. Ich nahm meinen ganzen Mut zusammen. *Lieber Gott, mach, dass es nicht zu teuer ist.*

»Wie viel kostet denn das alles?«

»Das ist gratis«, sagte Herr Kossig und schob missmutig den Unterkiefer vor. »Weil da noch viel gemacht werden muss.«

»Gratis?«, hauchte ich.

»Ja, die Laube ist gratis. Aber natürlich nicht die Pacht. Wissen Sie, wie das geht mit der Pacht?«

»Nicht direkt, ich habe gehört, man kauft die Laube, und dann bezahlt man Miete für den Garten.«

»Pacht!«, meinte er, »Pacht!«

»Das meinte ich ja!«

Er sah grimmig aus.

»Also, Sie kaufen die Laube und die Pflanzen – in Ihrem Fall kosten die nichts!«

Ich nickte eifrig und bemühte mich, nicht gierig auszusehen. Ich fühlte mich wie ein Hund, dem ein Steak vor der Nase baumelte.

»Und dann bezahlen Sie die jährliche Pacht.«

Er nahm die Unterlagen, die er sich unter den Arm geklemmt hatte, und fuhr mit dem Finger und den Augen in den Papieren herum. »In diesem Fall vom Walter hier wären das für 325 Quadratmeter Garten etwa 250 Euro.«

»Pro Monat?«, quietschte ich entsetzt.

»Pro Jahr!«

Meine Gedanken flatterten. 250 Euro jedes Jahr, auch das war nicht wenig für mich. Allerdings, auf den Monat gerechnet nur etwas über 20 Euro. Und dafür hatten wir ein Paradies auf Erden, ein Atelier, Natur pur, eine Urlaubshütte, frische Luft und wilde Erdbeeren. Max und Anton würden draußen spielen können. Eine Wohnung mit Garten! 20 Euro im Monat! Ein Spottpreis.

»Also, Frau Baumgarten. Was sagen Sie? Ich habe keine Zeit zu verschenken. Wissen Sie, ich habe hier einige Anwärter auf den Garten. Wollen Sie sich bewerben oder nicht?«

»Ich will«, sagte ich, und mir wurde ganz feierlich zumute. Ich legte meine Hand auf seinen Arm.

»Herr Kossig, ich muss den Garten haben. Kriege ich ihn? Bitte!«

»Na, wissen Sie. Das kann ich so nicht sagen. Wie ich Ihnen schon sagte, gibt es mehrere Bewerber, und das müssen wir reiflich überlegen.«

Er wich ein paar Schritte zurück.

Ich sah ihn eindringlich an.

»Ich habe doch die zwei Kinder, Herr Kossig. Die würden sich so freuen.«

Herr Kossigs Gesichtszüge wurden weich.

»Wie alt waren die Kinderchen noch mal?«

»Max ist zehn und Anton ist acht Jahre alt. Sie könnten hier im Sommer so schön spielen.«

»Nee«, sagte Herr Kossig, »das mit dem Sommer, das können Sie sowieso vergessen. Das Gartenjahr beginnt im November.«

Ich erschrak.

»Im November? Aber das ist viel zu spät. Ich brauche den Garten jetzt!«

Ich weiß nicht, was es war, aber Herr Kossig sah mir ins Gesicht und war auf einmal aufgeschlossener.

»Schreiben Sie mal einen Brief, Frau Baumgarten. Stellen Sie sich vor, und schreiben Sie, warum Sie den Garten haben wollen. Das ganze Pipapo. Und ich werde es dann mit dem zweiten Vorsitzenden unseres Vereins besprechen.«

Ich atmete auf.

»Das mache ich, Herr Kossig. Das mache ich.«

Ich nahm Herrn Kossigs Hand und drückte sie fest. Und um noch einmal sicherzugehen:

»Es würde meine Jungs so glücklich machen.«

»Schon gut. Schon gut! Aber ich kann nichts versprechen.« Und Herr Kossig drehte sich um, und zack, zack, war er aus dem Garten schon wieder hinaus.

»Kommen Sie, Frau Baumgarten! Ich habe keine Zeit zu verschenken«, rief er vom Schotterweg und winkte ungeduldig. Ich warf einen letzten Blick auf meinen Traumgarten, und dann beeilte ich mich tunlichst, Herrn Kossig nicht zu verärgern.

Kurz darauf stand ich wieder allein auf der Straße. Ich schaute mich um. Alles war anders. Das Leben war leicht. Die Welt war schön. Ich hatte mich verliebt – in einen Garten! Ich würde ganz schnell wiederkommen.

Da fiel mir ein, wie ich hergekommen war. Ich eilte zum Gebüsch. Gott sei Dank. Das Fahrrad lag noch da.

5

Eine hübsche Überraschung

Sehr geehrter Herr Kossig,
hiermit bewerbe ich mich offiziell um den Kleingarten Nr. 24 in der Kleingartenkolonie »Zur fleißigen Ameise«.

Ich bin Buchillustratorin und verfüge über ausreichendes Einkommen. Ich versichere Ihnen, dass ich alle Regeln und Vorgaben des Kleingartenvereins beachten werde. Meine beiden Söhne Max (10) und Anton (8) und ich würden uns sehr freuen, wenn Sie uns in den Kleingartenverein »Zur fleißigen Ameise« aufnehmen würden. Gerade der Jugend von heute sollte man die Möglichkeit geben, mit und in der Natur aufzuwachsen und in ihr Verantwortung für die Zukunft zu übernehmen.

Als alleinerziehende Mutter bin ich es gewohnt, Aufgaben eigenverantwortlich zu übernehmen und Probleme praktisch anzugehen. Ich bin mir darüber im Klaren, dass der Garten Nr. 24 sehr viel Arbeit bedeutet, aber ich scheue diese nicht. Meine Söhne könnten mir in den Sommerferien tüchtig zur Hand gehen, und daher würde ich mich sehr freuen, den Garten so bald wie möglich übernehmen zu können.

Wenn Sie mir diese verantwortungsvolle Aufgabe übergeben und sich für mich entscheiden, werden Sie es nicht bereuen.

Hochachtungsvoll,
Anna-Maria Baumgarten

Martha ließ den Brief sinken. Zwei Wochen nach meiner Gartenbesichtigung saßen wir am Sonntagabend in meiner frisch aufgeräumten Küche, tranken Rotwein, knabberten Partygebäck und feierten. Im Ofen brutzelte meine Spezialpizza. Es duftete nach Oregano und Knoblauch. Martha deutete auf den Brief.

»Und das hast du denen so geschickt?«

Ich nickte stolz.

»Ja.«

»Und damit hast du den Garten gekriegt?«

»Ja. Ich habe gestern die Zusage per Post bekommen.«

Ich konnte mit dem Dauergrinsen nicht aufhören. Martha starrte auf den Brief.

»Und die fanden das nicht übertrieben? Jugend von heute … eigenverantwortlich … hochachtungsvoll. Das ist doch nur ein Garten!«

»Nein!«

Ich schüttelte energisch den Kopf.

»Du musst die Menschen dort abholen, wo sie sind. Herr Kossig mag Kinder, und er mag Ordnung, und der Verein ist ihm wichtig. Mein Brief hat ihn offenbar überzeugt. Sonst hätte er mir den Garten doch nicht gegeben, oder? Nächsten Samstag kann ich den Vertrag unterschreiben und den Garten übernehmen! Volltreffer!«

Ich lehnte mich vor und goss uns beiden Rotwein nach.

»Weißt du …« Ich trank einen Schluck. »… du musst dir heutzutage einfach darüber klar werden, was du wirklich willst!« Ich griff in die Partysnack-Schale und warf mir ein Knabberfischchen in den Mund. »Fokussieren! Und handeln!« Ich schaute meine Freundin streng an. »Ist ja auch egal. Jetzt hab ich jedenfalls einen Garten!«

Martha nickte. Mit einem Zwinkern in den Augen prostete sie mir zu.

»Auf die Frau Baumgarten!«

»Auf den Garten!«

Mein Blick versank selig in meinem Rotweinglas.

Martha sah mich mit großen Augen an.

»Und du bist dir ganz sicher, dass du einen Garten haben willst? Ist das nicht ein wenig Hals über Kopf?«

»Aber natürlich bin ich sicher. Es ging schnell, aber das war doch Schicksal! Martha, schau: Erst Frau Meyer-Oeden mit ihrem Garten, dann mein Gartentraum, sofort danach die Gartenzeitschrift im *Salon Engel*, und schließlich Sonja, die mich fragt, warum ich eigentlich keinen Garten haben will. Das alles kann doch kein Zufall sein.«

Ich seufzte wohlig.

Martha sah mich prüfend an.

»Aber du hast vorher nie daran gedacht.«

»Weil ich nicht darauf gekommen bin. Deshalb! Dabei liegt das Gute manchmal so nah.«

Ich stützte meinen Kopf auf meine Hand.

»Du weißt nicht, wie schön dieser Garten ist: Rosen, Lavendel, Sonnenblumen, ein Apfelbaum, eine Veranda – und den ganzen Tag Sonne. Ich kann in der Laube zeichnen, während hier diese blöde Baustelle ist, und kann endlich meine Abgabetermine einhalten. Und die Jungs und ich haben wochenlang Ferien im Garten. Weitab von Handwerkern, Gestank, Lärm und Wahnsinn!«

»Das hört sich schön an.«

Martha sah jetzt friedlicher aus. Sie schaute versonnen vor sich hin und knabberte an einer Salzstange.

»Nicht wahr? Und erst die Luft und die Ruhe.«

Ich musste schlucken, so ergriffen war ich auf einmal.

Ich hatte nicht gewusst, wie schmerzlich ich mich nach Ruhe gesehnt hatte. Die letzten beiden Wochen waren furchtbar gewesen. Die Bauarbeiten hatten ihren Höhepunkt erreicht. Ich war kurz davor gewesen, mich vor lauter Lärm vom Balkon zu übergeben.

»Und das Beste ist – in der ganzen Anlage gibt es keinen Strom! Weißt du, was das bedeutet?«

Ich sah Martha begeistert an.

»Nein …«

»Keine lauten Rasenmäher! Keine Laubbläser! Keine Bohrhämmer oder sonstigen Dröhnwerkzeuge!« Meine Stimme klang selbst in meinen Ohren eine Spur hysterisch. »Zurück zur Natur!«

Martha dachte nach.

»Und wie kochen die Kaffee?«

»Pff. Gaskocher nehme ich an, oder? Wie beim Camping. Ganz entspannt. Oder vielleicht über dem Lagerfeuer? Total schön!«

Ich ergriff Marthas Hand.

»Wir werden einen wunderbaren Sommer dort verbringen. Die Jungs und ich! Alles im Einklang mit der Natur. Und du kommst uns besuchen, und wir liegen in den Sonnenstühlen und lassen es uns gut gehen.«

Martha nickte und lachte verschmitzt.

»Vielleicht findest du in dem Verein ja auch einen neuen Mann!«

Ich verdrehte die Augen und stöhnte übertrieben laut.

»Hör auf. Wie oft muss ich es noch sagen? Ich will keinen Mann. Damit bin ich durch. Ich will Ruhe. Mann und Ruhe schließen sich für mich völlig aus, klar?«

Martha schüttelte ungläubig den Kopf.

»Also, ich könnte das nicht. Fehlt dir da nichts?«

»Nein.«

Ich prostete ihr zu und nahm einen großen Schluck Rotwein. »Und jetzt hör auf damit.«

»Ist ja schon gut«, lenkte Martha ein und erhob ihr Glas. »Auf jeden Fall habe ich dich lange nicht mehr so glücklich gesehen.«

Sie lehnte sich zurück.

»Und was musst du im Garten machen?«

Ich winkte ab.

»Rasen mähen, Hecke und Sträucher schneiden, ein bisschen die Laube aufräumen, so was. Gemüse anpflanzen.«

Ich kicherte.

»Es kann nicht die Welt sein, wenn selbst Frau Meyer-Oedens Sohn das hinkriegt.«

»Ich helfe dir.«

»Das würdest du tun?«

»Aber sicher!«

Martha lächelte großmütig.

»Ein bisschen Gartenarbeit kann nicht schaden.«

»Das freut mich.«

Ich lächelte zurück.

»Und ich habe ja auch die Jungs, die mir helfen können.«

»Ha«, sagte Martha, »das möchte ich sehen. Deine Jungs als Gärtner. Was sagen sie denn eigentlich dazu?«

Ich kratzte mich am Ohr.

»Ich habe es ihnen noch nicht so direkt sagen können.«

»Wie – nicht so direkt?«

»Sie sind das ganze Wochenende bei Raimund, und die Zusage kam gestern. Ich will ihnen die schöne Neuigkeit gleich erzählen, wenn sie zurückkommen. Sie wissen noch nichts. Es soll eine Überraschung sein.«

Martha lehnte sich zurück und gluckste.

»Da bin ich mal gespannt, ob sie das gut finden, deine Jungs.«

Also manchmal ging mir Martha mit ihrem Pessimismus echt auf die Nerven.

»Natürlich finden die das gut! Hallo?! Garten, Fußball, frische Luft? Das sind Kinder!«

»Eben.«

Martha blieb ungerührt. »Du hast keinen Strom. Schon mal was vom Internet gehört? Die fühlen sich doch gehirnamputiert, wenn sie nicht ständig online sind.«

Ich schüttelte energisch den Kopf.

»Ach, so ist das doch nicht bei Max und Anton. Sie sind doch noch klein. Klar, sie spielen Computer und schauen Fernsehen, und dann haben sie dieses blöde Handy, aber das hält sich alles im Rahmen. Sie gehen oft zu ihren Freunden spielen. Und du solltest sie sehen, wenn wir bei meiner Mutter zu Besuch sind. Da toben sie von morgens bis abends draußen herum.«

»Hat deine Mutter nicht diese Villa mit dem riesigen Garten?«

»Das macht doch keinen Unterschied. Im Kleingarten gibt es einen Spielplatz, und die vielen Wege zwischen den Hecken sind doch ideal für Kinder. Ich war als Kind auch immer draußen. Und ich fand es toll!«

Martha schwieg.

»Ich glaube, die freuen sich wie verrückt. Du wirst es schon sehen, wenn sie nach Hause kommen. Sie müssten jeden Augenblick da sein.«

Ich biss einem Fischchen den Kopf ab. »Das wäre ja noch schöner, wenn meine Kinder nicht wüssten, was gut für sie ist!«

»Oh, Mama, das ist ja cool! Ein Garten!«

Ach, das sind meine Kinder! Ich wusste es doch! Anton stand vor mir und strahlte. Selbst Max sah erfreut aus. Vielleicht lag es auch ein bisschen an der Spezialpizza, die sie gerade verputzt hatten, aber das war ja egal. Ich betrachtete meine Jungs, wie sie da neben Martha am Tisch saßen, und wurde von Dankbarkeit und Stolz überschwemmt. Ich hatte so tolle Kinder. Martha hatte überhaupt keine Ahnung. Ich blickte triumphierend zu ihr hinüber. Sie lächelte.

Anton freute sich.

»Klasse, Mama!«

»Ja, stimmt's? Das wird toll, Anton. Wir werden die ganzen Sommerferien dort verbringen. Von morgens bis abends, gleich ab nächster Woche. Es gibt eine hübsche Laube. Ihr könnt den lieben langen Tag an der frischen Luft sein, überm Lagerfeuer Würstchen grillen und draußen spielen, und wir können vielleicht auch ein bisschen Salat für uns selbst anbauen …«

»Krass!«

Max schaute mich fragend an.

»Dürfen wir auch unsere Freunde einladen?«

»Ja, klar.«

Ich nickte und fühlte mich großzügig. Endlich Besuch von den Freunden meiner Söhne, ohne dass mir dabei der Kopf platzte. Platz, Auslauf, Natur für alle.

»Da gibt es eine Buslinie, die hält ganz in der Nähe. Da können alle hinfahren.«

»Super! Ey, Max, da können wir einen Spieleabend mit Milan machen.«

Anton sah seinen Bruder begeistert an. Max nickte.

»Ja, klar«, sagte ich und fühlte mich leicht unwohl. »Tolle

Idee! Ein Siedler von Catan-Abend! Oder eine Mensch-ärgere-dich-nicht-Nacht!«

»Ach, Mama.« Anton prustete los. »Du bist echt süß. So was doch nicht. Die neuesten Games. Das machen wir immer bei Milan.«

»Aha.« Das meinten sie also, wenn sie von »spielen gehen« sprachen? Aber jetzt war kein guter Zeitpunkt, das zu besprechen. Ich zögerte, bevor ich weitersprach.

»Es können alle kommen. Aber sie müssen mit vollem Akku kommen.«

Mann, dachte ich, *bist du blöd, warum sagst du das jetzt?* Martha räusperte sich. Max reagierte sofort.

»Wie – mit vollem Akku? Wieso ist das denn wichtig?«

Max sah mich verständnislos an. »Ist doch voll egal. Wir können doch an die Steckdose.«

»Öh«, sagte ich und strich Max ganz lieb über das Haar. »Das ist so cool da, das ist wie Wildnis. Da gibt es keinen Strom.«

»Wie – keinen Strom?«

»Eben keinen Strom.«

Max riss die Augen auf.

»Ist das eine Garage oder so was? Ein Schuppen?«

»Nein, es ist eine ganz liebliche kleine Laube. Ein wunderbares Häuschen mitten im Grünen, nur für uns.«

»Mitten im Dunkeln, meinst du wohl.«

»Ach, Anton«, versuchte ich zu lachen. An die Dunkelheit hatte ich noch gar nicht gedacht.

»Im Sommer ist es doch ganz lange hell. Und wir haben Kerzen und Taschenlampen.«

Die Jungs sahen sich an.

Ich warf einen schnellen Blick auf Martha, die gebannt zuhörte. Musste die nicht allmählich nach Hause?

»Jetzt sag nur noch, dass es keine Steckdosen gibt.«

Ich wurde langsam nervös.

»Jetzt seid mal nicht so lahm. Natürlich gibt es keine Steckdosen. Wofür denn auch, ohne Strom?«

»Oh, Mama, das ist doch voll scheiße!«

Max sah mich mit großen Augen an.

»Sag nicht, dass du so einen alten Schuppen gebucht hast.«

»Es ist kein alter Schuppen.«

Mir wurde heiß.

»Und außerdem habe ich ihn nicht gebucht, sondern ich will ihn für das ganze Jahr pachten, und wir verbringen unsere Sommerferien da! Das ist ein wunderbarer Garten mitten in der Natur.«

Anton sah glasig vor sich hin. Es arbeitete hinter seiner Stirn. Dann bekam auch er große Augen.

»Mama – aber es gibt doch wohl ein Badezimmer?«

Ich lachte nervös.

»Ja, so etwas in der Art.«

»Was soll das heißen, so was in der Art?«

Beide sahen mich irritiert an.

»Es gibt ein Campingklo.«

»Was ist denn ein Campingklo?«, fragte Anton.

»Ein Klo wie auf dem Campingplatz. Spinnst du, Mama?«

Jetzt wurde ich aber wütend.

»Als ich in eurem Alter war, fand ich Camping toll.«

»Ja, weil du nie campen warst. Gib es doch zu! Du warst nie campen!«

»Aber ich wollte immer. Ich wollte immer campen, durfte aber nie!«

»Ha!«

Max lehnte sich vor.

»Du weißt also gar nicht, was ein Campingklo ist. Du hast noch nie eins benutzt. Gib es zu!«

»Do–och.«

Ich schob den Kiefer vor.

»So eine Art … äh … Bioklo?«

»Plumpsklo!« Max sah mich wütend an. »Es ist ein Plumpsklo! Sag es ruhig!«

»Und wenn?«, rief ich. »Was ist so schlimm an einem Plumpsklo? Es gibt da bestimmt ganz moderne, hübsche Lösungen.«

»Iiihhh!«, schrie Anton und sprang auf. »Ich will auf kein Plumpsklo!«

»Kommst du aber!«, sagte Max düster.

»Mama! Sag, dass das nicht wahr ist!«

»Mein Gott«, rief ich, »nun stellt euch doch nicht so an. Es gibt bestimmt sehr hübsche Plumps … äh … Campingklos.«

»Das ist ja eklig!«.

Max verschränkte die Arme vor der Brust.

»Ich will keine so doofen Ferien mit Plumpsklo und ohne Strom. Was soll ich denn da?«

»Max.« Ich legte all meine Liebe in die Stimme und schaute so nett, wie ich nur konnte. »Guck mich an! Glaubst du, dass ich euch in etwas Furchtbares schicken würde?«

»Ja, glaube ich, Mama. Manchmal hast du echt nicht den Durchblick.«

Martha prustete. Ich warf ihr einen drohenden Blick zu. Sie verstummte und verschränkte die Arme vor der Brust.

»Anton!«

Ich drehte mich zu meinem Zweitgeborenen.

»Du glaubst mir doch, oder?«

Anton sah mich unsicher an.

»Ich weiß nicht, Mama. Das hört sich gar nicht gut an.«
Max wandte sich an Anton.

»Ey, denk an diese holländische Stinkebude, in der wir Urlaub machen mussten.«

Jetzt reichte es mir wirklich langsam.

»So«, sagte Martha, »ich glaube, ich geh dann mal. Tschüss!«

Und schon war sie raus aus der Küche. Ich hörte das Klacken der Wohnungstür.

»Ich bin es leid, dass ihr mir immer und immer wieder diese alte Geschichte auftischt. Das damals war ein Irrtum! Und erstens war es keine Stinkebude, sondern die Ferienwohnung von Tante Hertie. Und zweitens hatte ich es vorher nicht besichtigen können. Ich konnte nicht wissen, dass Tante Hertie so winzige Betten hatte und dass es dort so stank. Das hier – das ist anders. Das ist ein Garten! Da stinkt nichts! Es duftet!«

»Hast du dir das Klo angesehen?«

»Äh, nein, noch nicht. Aber es ist bestimmt in Ordnung.«

»Oh, ey, Mama! Das kannst du doch gar nicht wissen, ohne das Klo gesehen zu haben!«

Irgendwie hörte es sich logisch an, was Max sagte. Ich fing an, mit dem Knie zu wippen.

»Ihr werdet schon sehen. Ihr wisst nicht, wie gut Natur tut.«

»Doch, tun wir. Und wir wissen auch, wie gut ein echtes Klo tut.«

Ich schloss die Augen.

»Ha«, schrie Max, »pass auf, Anton, am Ende hat Mama dieses ganze Laubendings noch gar nicht von innen gesehen.«

Ich schwieg.

»Mama!«, schrie Anton. »Sag, dass du es von innen gese-hen hast!«

»Nun ja …«

»Wie – nun ja?«

»Es war nicht möglich. Der Schlüssel war gerade nicht da.«

»O nein«, brüllte Max, »das kann doch wohl nicht wahr sein. Da ist man mal ein Wochenende bei Papa, und schon machst du wieder Blödsinn!«

»Rede nicht wie dein Vater!«, sagte ich drohend.

Anton beugte sich vor und legte zart seine Hand auf meinen Arm.

»Mama, hast du uns sehr vermisst? Oder warum hast du so komische Sachen gemacht? Mama, ich habe das neulich im Internet gesehen. Das ist so ein Ersatzdings, dieses Kau-fen. Du musst nichts kaufen. Das ist nicht gut.«

»So!«, schrie ich. »Jetzt reicht es mir aber! Etwas mehr Vertrauen in meine Urteilsfähigkeit wäre äußerst ange-bracht. UND ICH HABE NICHTS GEKAUFT!«

»Huh«, sagte Anton, »jetzt wird sie förmlich. Jetzt ist sie sauer.«

»Ich ruf Oma an«, sagte Max, »auf Papa hört sie ja nicht.« Er stand auf und verschwand im Flur.

Ich legte den Kopf auf den Tisch. Anton schwieg. Ich zählte bis zehn.

»So«, sagte Max. Er kam wieder in die Küche und hielt mir das Telefon entgegen. »Oma will mit dir sprechen.«

»Ich aber nicht mit Oma.«

»Anna-Maria«, dröhnte es aus dem Hörer, »ich höre dich! Gehst du wohl gefälligst ran!«

Ich griff nach dem Hörer und verdrehte die Augen.

»Ich weiß genau, dass du gerade die Augen verdrehst.«

Meine Mutter! Es war einfach unheimlich.

»Was erzählt Max da? Du hast eine Wiese mit Plumpsklo gekauft?«

Ich ächzte.

»Nein, Mutter, keine Wiese. Und gekauft habe ich auch nichts. Ich wollte sie dir eigentlich selbst überbringen, diese schöne Nachricht.«

Ich warf Max einen bösen Blick zu.

»Stell dir vor – ich möchte einen Garten pachten. Im Kleingartenverein.«

»Du möchtest was?«

Ich tat so, als würde ich den schrillen Unterton in ihrer Stimme nicht hören.

»Einen Garten. Er ist wunderschön! Du wärst begeistert. Schade, dass du so weit weg wohnst.«

Es war alles ehrlich gemeint. Ich schwöre.

»Anna-Maria! Wie kannst du dir noch einen Garten an die Beine binden! Du hast doch gar keine Ahnung vom Gärtnern.« Ich hörte sie schnaufen.

»Du immer und deine Ideen! Du hast doch gar keine Zeit zum Gärtnern! Du hast deine Arbeit und die Kinder.«

Ich stand sofort auf und lief mit dem Hörer in den Flur.

»Ich nehme mir Zeit.«

»Aber wie willst du das schaffen? Einen Garten? Neben deiner Arbeit als Künstlerin? Und deine Hände! Wir haben immer einen kundigen Gärtner für solche Sachen gehabt. Dein armer Vater – Gott hab ihn selig! – und ich haben dich nicht …«

Ich öffnete leise die Wohnungstür zum dunklen Treppenflur und tastete an der Wand entlang.

»… auf die teure Kunsthochschule geschickt, damit du mit deinen zarten Händen in der Erde wühlst …«

Verdammt, wo war der blöde Knopf?

»… In einem Kleingarten noch dazu? Weißt du nicht, wie pingelig die da sind? Du hast doch sowieso schon kaum Zeit für den Haushalt. Was sagt Raimund dazu? Und dann keine Toilette! Anna-Maria, bist du noch bei Trost?«

Ich drückte den Klingelknopf. Das laute Bimbam der Klingel ertönte.

»O Mutter«, rief ich in den Hörer, »ich muss jetzt leider aufhören. Es klingelt an der Tür.«

»Wie, schon wieder?«

»Ja, nicht wahr? Ich rufe dich die Tage wieder an. Tschüüss!«

Ich drückte das Gespräch schnell weg und schloss die Wohnungstür. Als ich mich umdrehte, stand Max hinter mir.

»Du hast Oma angelogen.«

»Habe ich nicht. Es hat geklingelt. Hast du doch gehört.«

Mein Sohn sah mich verächtlich an.

»Du bist unmöglich.«

»Und du, mein Sohn, frag mich vorher, ob ich mit Oma sprechen will!«

Ich ließ Max stehen und ging ins Wohnzimmer. Na, das fing ja schon gut an mit meiner Gartenüberraschung. Mir war zum Heulen zumute.

Auf dem Couchtisch lag eine offene Pralinenschachtel. Ich griff hinein und stopfte mir einen Trüffel in den Mund. Dann nahm ich die Pralinen und brachte sie zu den Jungs in die Küche. Max und Anton saßen mit verschränkten Armen am Küchentisch und sahen mich finster an.

»Martha findet den Garten auch ganz toll.«

Ich bot ihnen die Schokolade an. Sie ignorierten sie.

»Hat Martha den Garten gesehen?«

»Nein, noch nicht.«

»Eben«, sagte Max.

»Eben«, echote Anton.

»Ihr werdet noch sehen, das wird super!«

Ich erntete nur verächtliche Blicke.

6

Die Hecke muss ab

Was zieht man zu einer Gartenübergabe an? Es war für Juli ungewöhnlich kühl geworden. Ich durchwühlte meinen Kleiderschrank und entschied mich für Jeans, Wanderschuhe, ein grünes T-Shirt und eine passende Steppweste. Nicht schön, aber praktisch. Ich sah bis auf Weste und Schuhe aus wie immer. Und war zufrieden. Ich war wie gemacht für einen Garten.

Natürlich kein Make-up. Wir waren Naturkinder. Etwas Wimperntusche vielleicht. Die Haare zu einem Pferdeschwanz gebunden. Ich überlegte, ob ich ein Kopftuch von der Stirn bis unter den Zopf binden sollte. Ich hatte in Fernsehfilmen gesehen, dass Bäuerinnen so etwas tragen. Aber das schien mir dann doch übertrieben.

Max und Anton brauchte ich nicht zu verkleiden. Jungs in Jeans und T-Shirts, dazu ihre Lockenköpfe. Das passte schon.

Die beiden hatten nur diesen miesen Gesichtsausdruck.

»Mensch, Leute, kommt schon!«

Ich wuschelte ihnen durch die Haare.

»Macht doch mal ein freundliches Gesicht. Wir wollen da gut ankommen und nicht wie die neuen Doofen wirken!«

»Ich will da gar nicht gut ankommen. Eigentlich will ich da überhaupt nicht ankommen.« Max verschränkte die

Arme vor seiner Brust und sah mich aus schmalen Augen an. Ich nahm ihn in die Arme.

»Ach, Max, wir hatten das doch jetzt schon so oft. Schau doch erst einmal, ob es dir gefällt.«

»Mama, Kinder sind sensibel«, sagte Anton. »Wir brauchen feste Strukturen.«

Hatte er etwa die *Eltern*-Zeitschrift im Wohnzimmer gefunden?

»Kriegt ihr ja!«

Ich schob meine Jungs aus der Wohnung, und wir gingen zur Bushaltestelle. Max und Anton trotteten widerwillig vor mir her und stiegen schweigend ein. Die Fahrt mit dem Bus dauerte eine Viertelstunde.

»Das ist ja ewig weit weg!«, maulte Max.

Anton sah mich anklagend an. Ich blickte aus dem Fenster.

Von der Bushaltestelle bis zum Garten mussten wir einen halben Kilometer zu Fuß gehen. Die Blicke der Jungs wurden immer düsterer.

»Schaut doch mal, wie hübsch es hier ist!«

Wir liefen durch eine Straße mit gepflegten Einfamilienhäusern. Es wurde grüner, der Wald kam näher.

»Seht mal! Hier wohnen Kinder.«

Fahrräder lehnten vor einem Haus. Meine Jungs muckten nicht einmal. Als wir vor dem Aushängekasten der Kleingartenanlage ankamen, stand dort schon Herr Kossig. Er trug eine schmucke Weste. Ich zupfte zufrieden an meiner.

»Guten Morgen, Frau Baumgarten!«

Herr Kossig gab mir die Hand.

»Gut, dass Sie jetzt da sind!«

Ich schielte auf die Uhr. Wir waren zwei Minuten zu spät.

Herr Kossig wandte sich an Max und Anton.

»Und ihr seid die Männer im Haus, was?«

Die beiden blickten ihn stumm an.

»Na, freut ihr euch schon?«

Sie drehten die Köpfe weg. War mir das unangenehm!

»Sie sind etwas schüchtern«, versuchte ich zu vermitteln. Max verdrehte die Augen. Ich sah ihn warnend an.

»Nun lassen Sie uns mal den Garten inspizieren und die Laube übergeben.«

Herr Kossig wandte sich um und ging mit großen Schritten den Weg entlang. Wir liefen hinterher.

»Schaut mal, Rutschen im Garten«, versuchte ich, meine Jungs aufzumuntern.

»Die sind was für Babys«, murmelte Anton nach kritischem Blick. »Da passe ich gar nicht mehr drauf.«

Ich gab es auf.

Wir kamen zu Garten Nummer 24. Ich sah die Laube hinter dem Pförtchen, und mein Herz schlug schneller. Herr Kossig fummelte umständlich in seiner Westentasche und förderte einen großen Schlüsselbund zutage. Er schloss das Törchen auf, und wir betraten das Grundstück. Da hörte ich Stimmen. Über die Hecke zur Linken ragte ein grauhaariger Kopf.

»Günther!«, rief Herr Kossig. »Grüß dich. Gut, dass du da bist. Da kannst du gleich unsere neue Gartenfreundin kennenlernen.«

»Tagchen auch«, sagte der Günther aus dem Nachbargarten.

»Guten Tag, ich bin Anna Baumgarten.«

Ich lächelte ihm zu.

»Hasenkötter«, sagte der Günther. »Günther Hasenkötter. Sehr angenehm.«

Herr Kossig verzog den Mund.

»Die Frau Baumgarten macht den Garten mit ihren Söhnen alleine.«

»Ach«, sagte Günther Hasenkötter, »wirklich?«

Er drehte sich um.

»Gitta, komm mal, die Neuen sind da. Eine alleinstehende Frau mit Kindern.«

Ich versuchte ein Lächeln und hielt mich an Max und Anton fest.

Eine üppige Frau mit kurzen, rot gefärbten Haaren schaute über die Hecke. Sie trug ein ärmelloses Top. Oder war es ein Badeanzug? Ich konnte es nicht erkennen. Sie musterte mich, dann Max und Anton.

»Tag«, sagte Frau Hasenkötter, ohne zu lächeln. Ich hob die Hand.

»Tag, ich bin Anna Baumgarten.«

Herr Kossig drehte sich um.

»Günther, gut, dass ich dich sehe. Ihr müsst die Hecke schneiden. Die ist zu hoch. Das sind doch keine 1,25 m mehr.«

»Das macht mein Günther nächste Woche«, sagte Gitta Hasenkötter und sah mich direkt an. »Aber neben so einer ollen Hecke wie der vom Walter – das macht keinen Sinn. Sieht ja trotzdem oll aus.«

Ihr Kopf wippte missmutig über dem Grün zwischen uns. Ich schaute auf meine olle Walter-Hecke und fühlte mich schuldig.

»Wann schneiden Sie die Hecke?«, fragte Frau Hasenkötter. »Die muss unbedingt gemacht werden. Und auch der Löwenzahn. Gucken Sie mal – die ganzen Samen fliegen zu uns rüber. Eine Sauarbeit ist das.«

»Jetzt lass doch die Frau Baumgarten erst einmal ankommen«, sagte Herr Kossig und schob die Jungs vor sich her, den Weg hinauf. Die schauten mit großen Augen um sich, ich konnte es von hinten förmlich sehen.

»Hören Sie nicht so viel auf die Hasenkötters«, raunte Herr Kossig mir zu. »Die regen sich schnell auf, sind aber im Herzen gute Leute.«

Na prima. Das war ja eine erfreuliche Nachricht.

»Hier entlang«, sagte Herr Kossig.

Wir kamen auf die erhöhte Veranda. Herr Kossig hatte Schweißperlen auf der Stirn.

»Wollen Sie Ihr neues Heim selbst aufschließen, Frau Baumgarten?«

Ja, wollte ich gerne. Ich nahm den Schlüssel aus Herrn Kossigs Händen. Es war ein einfacher Zimmerschlüssel. Max und Anton drückten sich an mich. Ich spürte ihre warmen Körper und fühlte mich gestärkt. Ich steckte den Schlüssel ins Schloss, drehte herum, griff nach der Türklinke, öffnete die Tür ...

»Iiiih, Stinkebude!«

Es stank entsetzlich. Max hatte recht. Es stank wirklich ganz furchtbar ... nach Mäusekot? ... oder Fäkalien? ... gammeligem Fleisch? ... Erde, ganz viel Erde ... und was war dieses Säuerliche ...?

»Ihhh«, quiekte jetzt auch Anton. Und eh ich mich versah, rannten beide weg, auf und davon, bis hinten ans Gartentörchen und starrten entsetzt herüber.

Ich linste in meine entzückende Laube, hielt reflexhaft die Hand vor Mund und Nase und kniff die Augen zusammen. Überquellende Mülltüten, verschimmelte Essensreste, angebrochene Saftpackungen, offene Bierflaschen, Tapetenreste, eine verfilzte dreckige Decke, gammelige braune Schränke, ein altes Monstrum von Tisch ...

Hinter mir hörte ich Herrn Kossig husten. Ich fuhr herum und sah ihm fassungslos in die Augen.

»Was ist denn das?«

Herr Kossig zog die Mundwinkel abschätzend nach unten.

»Ja, da muss so einiges gemacht werden.«

Ich starrte ihn ungläubig an.

»Na«, sagte Herr Kossig und wich zurück, »am besten lasse ich Sie jetzt alleine, damit Sie sich in Ruhe umsehen können. Ich komme gleich noch mal wieder. Ich hole schon mal den Vertrag und den Mitgliedsantrag für unseren Verein.«

Und bevor ich ein zweites Mal gucken konnte, hatte sich der Kleingartenvorsitzende vom Acker gemacht.

»Na, Erwin«, hörte ich Günther Hasenkötter über die Hecke schreien, als Herr Kossig den Weg hinuntereilte. »Ist es wieder so schlimm?«

»Moooo-ment!«, rief ich und peste hinter Herrn Kossig her. Ich sah seinen Kopf schon auf der anderen Seite der Gartenhecke, aber ich konnte erstaunlich schnell sprinten.

Atemlos holte ich ihn auf dem Gartenweg ein.

»Herr Kossig! Das ist eine Messie-Hütte!«

Herr Kossig hob die Hände, als hätte ich eine Pistole auf ihn gerichtet.

»Jetzt übertreiben Sie, Frau Baumgarten. Gut, es ist etwas dreckig. Aber da muss nur aufgeräumt und geputzt werden. Das geht ruckizucki. Und dafür war sie ja gratis, nicht wahr? Schauen Sie in Ruhe. Ich hole jetzt erst mal die Unterlagen.«

Sagte es, drehte sich um und eilte weiter.

Ich wandte mich verdattert zur Seite – und sah in Gitta Hasenkötters Gesicht. Sie nickte ernst.

»Das mit dem Walter, das war eine Tragödie. Ich habe

immer zu Günther gesagt, das kann nicht gut gehen. Dem Walter, dem wächst sein Müll noch mal über den Kopf.«

Ich mochte Gitta Hasenkötter in diesem Moment nicht besonders. Ich fand, sie sah nicht ausreichend mitleidig aus.

»Haben Sie schon ins Klo geguckt?«, fragte sie mich.

Ich hörte hinter mir ein Geräusch und drehte mich um. Max und Anton standen am Törchen und starrten mich an, als hätte ich gerade ihren kleinen Wels Percy filetiert. Sie schwiegen.

Ich atmete tief durch.

»Ich gucke nicht ins Klo«, sagte Max.

»Ich auch nicht«, sagte Anton.

»Müsst ihr nicht.«

Ich ging auf sie zu und nahm die beiden in die Arme.

»Hier kann man nicht Fußball spielen«, murmelte Anton in mein Ohr. »Das ist zu klein.«

»Wir können niemanden hierher einladen, nicht mit diesem Voll-Chaoten-Klo«, grummelte Max ins andere.

»Wenigstens haben wir ein Klo«, versuchte ich zu trösten. Es hörte sich selbst für mich nicht überzeugend an.

»Wisst ihr was?«, flüsterte ich. »Ich verspreche euch, dass ich das regle. Geht doch einfach mal in der Gartenanlage umher. Vielleicht findet ihr einen Bolzplatz.«

Und als hätten sie nur darauf gewartet, rissen sie sich aus meinen Armen und rannten davon. Ihre Turnschuhe prasselten auf dem Kiesweg, als wäre der Teufel hinter ihnen her. War das jetzt ein gutes oder ein schlechtes Zeichen? Ich machte mir keine Illusionen.

Ich sah mich um. Das war also mein Traumgarten. Er war wunderschön. Immer noch. Diese Rosen, der Lavendel, die Sonnenblumen, das Licht, der lichte Schatten auf der Veranda. Aber er hatte sich auch verändert. Irgendwie wuchsen die Rosen auf den zweiten Blick nicht mehr so schön wie vor zwei Wochen. Eher wuchernd. Und ungepflegt. Und der Rasen – wie sollte ich den eigentlich mähen? Da musste vermutlich eine Sense ran. Insgesamt viel Unkraut oder zumindest das, was ich dafür hielt. Hatte ich vorher gar nicht gesehen. Und die Hecke – hoch! Tatsächlich. Keine 1,25 Meter mehr, so viel war klar. Eher 1,50 Meter, gemessen an Gitta Hasenkötters Anblick über der Hecke.

Ich ging langsam um die Laube herum. Hier hinten war noch eine Tür. Als ich sie aufschloss, huschte etwas Graues aus dem Dunkeln zwischen meinen Beinen davon. Huch, eine Maus? Ich steckte meine Nase vorsichtig in die Kammer hinein. Es war dreckig, natürlich. Eine dicke Staubschicht. Spinnweben. Und es roch nach Urin. Mäuseurin, hoffte ich inbrünstig. Aber sonst – gar nicht so schlecht. Hier lagerten offenbar die Werkzeuge. Auf dem Boden standen alte Pflanzgefäße und große PVC-Taschen. An der Wand lehnte eine alte Schubkarre. Daneben hingen ein Rechen, eine Harke, eine Axt und ein Spaten. Auf einem Bord lagen offene Kartons mit Dünger, kleine Schaufeln und Handharken, sogar eine Gartenschere. Was war das dort? Eine Art Blumenspritze? Hier – eine Rolle mit Maschendrahtzaun. Und da, unter dem Bord, tatsächlich, ein Handrasenmäher. Er sah erstaunlich neu aus. Es war allerhand da, was ich gebrauchen konnte. Ich verschloss die Tür wieder, hörte ein Geräusch neben mir und erkannte durch das dornige Gestrüpp schwach Günthers Kopf im Nachbargarten.

»Die Brombeerhecke – die müssen Sie unbedingt schneiden. Die wuchert sonst alles zu. Ich kann Sie gar nicht mehr sehen.«

»Danke für den Hinweis.« Ich fand die Hecke augenblicklich sehr sympathisch.

Ich ging um die Laube herum und gelangte wieder auf die Veranda. Auf der anderen Seite der Hütte war noch eine Tür. Das musste die Toilette sein. Ich nahm all meinen Mut zusammen und schloss sie auf. Ein grün gekachelter kleiner Raum mit einem Milchglasfenster. Überall Spinnweben und Staub, aber gar nicht mal so übel. Es roch auch nicht unangenehm, nur nach Erde, sonst nichts. In der Mitte stand ein niedriger brauner Plastikkasten, vermutlich war es das Campingklo. Der Deckel lag oben drauf. Ich tippte den hässlichen Kasten vorsichtig mit dem Fuß an und schob ihn ein wenig zur Seite. Er hatte keinen Abfluss, sondern war in sich geschlossen. Ein tragbares Plumpsklo. Ich musste kichern. Ich blickte mich um. Auf einem Bord lag Toilettenpapier. Ich riss ein paar Blätter ab und wickelte sie um meine Hand. Dermaßen geschützt, öffnete ich vorsichtig den Toilettendeckel. Die Schüssel war innen beige, staubig, aber erstaunlich sauber. Keine eindeutigen Spuren. Ich atmete auf, ließ den Deckel fallen und beschloss, dass es für heute genug war mit meinem Entdeckergeist. Ich schloss die Tür von außen und ging wieder auf die Veranda.

»Wenn Sie Ihre Jungs suchen, die sind da vorne auf dem Weg«, rief Frau Hasenkötter aus ihrer Parzelle.

Ich nickte ihr zu und schaute über die Gärten hinweg. Von hier oben hatte man einen guten Ausblick auf den Kiesweg, trotz der ollen Walter-Hecke. Und tatsächlich, Max und Anton standen vor Hasenkötters Hecke, und so wie es aussah, hatte Max gerade sein Handy am Ohr, und Anton stand bedröppelt daneben. Mist. Ich stürmte auf sie zu und hörte schon von Weitem:

»Papa! Du musst uns hier abholen. Es ist ganz schrecklich. Eine echte Stinkebude. Echt jetzt! Der Typ, dem der Garten gehörte, der war krank, und alles ist dreckig. Es stinkt furchtbar. Du musst uns abholen.«

»Max!«, rief ich.

Die beiden schreckten auf und sahen mich mit aufgerissenen Augen an. Ich hörte es aus dem Lautsprecher quäken. Dann gab mir Max das Handy.

»Papa will dich sprechen.«

In Hasenkötters Garten war es merkwürdig still. Ich spürte förmlich, wie Gittas und Günthers Ohren immer länger wurden. Ich zögerte. Ich hatte keine Lust, mit Raimund zu sprechen. Ich wollte die Hasenkötters nicht gleich in alle Details meiner Familiensituation einweihen. Aber wenn ich mich weigerte, würden Max und Anton krakeelen. Ich nahm den Hörer und bemühte mich, dabei nicht in vorwurfsvolle Kinderaugen zu sehen.

»Raimund!«, flötete ich fröhlich ins Handy.

»Bist du noch ganz bei Sinnen, Anna!«, hörte ich Raimund schimpfen. »Was machst du da mit meinen Kindern?«

Die Hecke neben mir raschelte.

»Wie schön, dich zu sprechen.«

Max und Anton starrten mich fassungslos an.

»Hast du was getrunken?«, schrie Raimund. »Ich will, dass du die Jungs sofort nach Hause schaffst. Ich dulde nicht, dass du die Kinder in so eine Drecksbude bringst.«

»Das ist aber lieb, dass du helfen willst.«

»Ich will was? Sag mal, spinnst du jetzt total …?!«

Ha, wenn es nicht so eine peinliche Situation gewesen wäre, hätte es richtig Spaß machen können.

»Och, Mensch, du, ja klar, immer gerne. Komm einfach vorbei, wenn du Zeit hast. Wir freuen uns. Tschü-üss.«

Ich drückte Raimund und sein tobendes Sprechorgan

weg, machte das Handy aus, steckte es in meine Hosentasche und sagte so heiter wie möglich zu meinen Jungs:

»Der Papa lässt euch ganz herzlich grüßen. Er wünscht uns allen einen guten Tag.«

»Das stimmt ja gar nicht!«, schrie Max. »Gib mir mein Handy wieder.«

»Du, Max, du Süßer, du«, sagte ich, packte meinen Sohn am Kragen und blitzte ihn gefährlich an. »Könnten wir das bitte in unserem Garten besprechen?«

Die Hecke wackelte.

»Hier gibt es gar nichts zu besprechen«, sagte Max und verschränkte die Arme vor der Brust.

»Doch, ich glaube schon.«

»Nein!«, schrie Max. Anton stampfte mit dem Fuß auf.

Es hat keinen Zweck, blitzte es durch meinen Kopf, *sie hassen den Garten. Gib auf!*

»Jungs, wollt ihr vielleicht mal meine Kaninchen sehen?«, fragte da eine weibliche Stimme.

Ich drehte mich zur Seite, weg von Gitta und Günther Hasenkötter, und da, gegenüber, hinter einem Gartentörchen stand eine ältere Frau mit kurzen grauen Haaren und Kittelschürze, vielleicht Anfang 60. Ihre Augen waren hellwach, umrahmt von Lachfältchen. Sie sah fröhlich aus.

»Guten Tag.«

Ich wischte mir verlegen eine Haarsträhne aus dem Gesicht.

»Guten Tag.«

Sie reichte eine Hand über das Törchen. Ich beeilte mich, sie zu drücken. Die Hand war kräftig.

»Helene Kupsch.«

»Baumgarten«, stellte ich mich vor. »Anna Baumgarten. Ich interessiere mich für den Garten da hinten.«

»Ja, ich weiß. Walters Garten. So was spricht sich schnell herum.«

Sie lächelte den Jungs zu.

»Was ist nun – wollt ihr meine Kaninchen sehen, oder wollt ihr nicht?«

»Echte Kaninchen?«, fragte Anton mit großen Augen.

»Ja, ganz echte«, sagte Frau Kupsch.

»Mama, dürfen wir?«

Anton sah mich bittend an. Ich atmete auf. Ich hätte Frau Kupsch knutschen können. Max stand daneben und schaute ungnädig.

»Natürlich darfst du, Anton.«

Frau Kupsch winkte einladend.

»Alle hereinspaziert! Kommen Sie!«

Sie öffnete ihr Törchen. Und plötzlich standen wir in einem Blumentraum in Rosé und Weiß. Überall blühten Rosen. Sie dufteten betörend. Frau Kupsch fasste die Jungs an den Schultern und schob sie vor sich her, hinten in ihren Garten, an all den Blumen und der Laube und an den Beeten mit prachtvollen Salatköpfen vorbei. Ich trottete hinter ihnen her. Die Frau zeigte auf ein Drahtgehege, das auf dem Rasenstück stand.

»Hier, schaut mal – das sind Pippi und Langstrumpf.«

In der Ecke hockten zwei flauschige Kaninchen im Gras und mümmelten Salatblätter. Das eine war weiß, das andere braun gefleckt.

»Sie gehören meinen Enkelinnen. Sie sind also gerade zu Besuch.«

»Ihre Enkelinnen?«, fragte ich und sah mich nach den Mädchen um.

»Nein, die Kaninchen sind zu Besuch.«

Frau Kupsch lachte.

»Meine Enkelinnen Lilly und Lotte sind über das Wochenende mit ihrer Mutter verreist.«

Sie wandte sich an die Jungs.

»Sie sind zweieiige Zwillinge und etwa so alt wie ihr.«

»Die Kaninchen«, fragte Max, »dürfen wir die mal streicheln?«

»Ja, klar.«

Frau Kupsch lüftete vorsichtig die Maschendrahtabdeckung über dem Käfig und langte hinein. Mit sicherem Griff nahm sie das weiße Tier, und ehe Max sich versah, hatte er es auf dem Arm. Das Kaninchen strampelte.

»Halt es gut fest«, sagte Frau Kupsch. »Sonst entwischt Pippi dir.«

Sie bückte sich erneut, und im nächsten Moment hatte Anton Langstrumpf auf dem Arm. Er wurde rot. Max strahlte über beide Ohren. Ich schaute Frau Kupsch an und lächelte.

»Danke.« Ich atmete auf.

»Aber gerne«, sagte Frau Kupsch. Und zu den Jungs: »Am besten ihr setzt euch in den Stall, dann können Pippi und Langstrumpf nicht entwischen.«

Sie hob die Abdeckung erneut an, Max und Anton kletterten in das Gehege und ließen sich vorsichtig im Schneidersitz nieder. Die Kaninchen zappelten so kräftig, dass sie sich befreien konnten.

»Aua«, rief Anton und lachte, »es hat mich gekratzt.«

»Gib ihm mal etwas zu fressen.«

Frau Kupsch griff aus einem Korb neben dem Gehege zwei Möhren und gab sie den Jungs. Dann fasste sie mich am Arm.

»Möchten Sie vielleicht einen Kaffee? Ich wollte mir gerade einen frischen aufbrühen.«

Ich zögerte. »Herr Kossig wollte gleich wiederkommen. Ich weiß nicht, ob ich bleiben kann.«

»Da machen Sie sich mal keine Sorgen. Der Erwin braucht immer etwas länger. So ein Kleingartenvorsitzender ist stets im Dienst, wissen Sie.«

Sie lachte. Ich mochte es. Es gluckste so schön.

»Ja, dann gern.«

Die Flügeltüren ihrer Laube waren weit geöffnet. Auf der Veranda standen ein Tisch mit geblümter Tischdecke, ein Stuhl und eine kleine Bank. Ich setzte mich auf den Stuhl, von dem aus ich Frau Kupsch in der Laube beobachten konnte. Sie stellte einen Wasserkessel auf eine Kochplatte, nahm eine Porzellankanne, platzierte einen Keramikfilter darauf und füllte ihn mit einem Papierfilter. Dann griff sie bedächtig eine Blechdose mit Goldrand vom Regal über der Anrichte und löffelte Kaffee in den Filter. Der Wasserkessel pfiff. Frau Kupsch fasste ihn mit einem gehäkelten roten Topflappen und goss umsichtig das heiße Wasser auf. Es brodelte sacht. Augenblicklich duftete es nach starkem Kaffee. Ich sah ihr andächtig zu.

»Es riecht herrlich«, sagte ich.

»Und schmeckt erst!«, sagte Frau Kupsch zufrieden. »Nichts geht über Handgebrühten.«

Sie nahm zwei Kaffeebecher vom Regal, der eine mit Rosen, der andere mit Kräuterzweigen bemalt.

»Milch, Zucker?«

Sie stellte ein blaues Kännchen auf den Tisch und eine zierliche Zuckerdose, aus der ein kleiner Löffel ragte. Ich bediente mich bei beiden.

Sie hatte recht. Der Kaffee schmeckte hervorragend. Ich lehnte mich auf meinem Holzstuhl zurück.

»Danke.«

Ich nippte wieder an dem Getränk, und es lief heiß meine Kehle hinunter.

»Sie haben Strom?«

»Ja, habe ich. Seit ein paar Jahren. Ist ja doch ganz praktisch.«

»Ist das teuer?«

»Inzwischen nicht mehr. Am Anfang schon, weil so wenige mitgemacht haben. So ein Stromanschluss will ja gelegt und bezahlt werden. Aber jetzt sind es einige, und die Kosten werden weniger, je mehr sich daran beteiligen. Sie interessieren sich für Walters Garten?«

Ich nickte.

»Ein wunderschöner Garten«, sagte sie. »So schönes Licht. Und dann die Lage am Waldrand. Er hat am längsten Abendsonne von allen, wissen Sie das?«

Das war schön. Ich freute mich. Und gut zu wissen, fiel mir ein. So abends ohne Strom.

»Strom«, sagte Frau Kupsch, als könne sie meine Gedanken lesen, »das wollte der Walter nicht. Der wollte nur in der Natur leben.«

»Und die Hasenkötters?«, fragte ich. »Haben die Strom?«

»Ja, die schon, soweit ich weiß.«

Aha. Also doch Rasenmäherkrach. Wäre ich etwa die einzige Hinterwäldlerin ohne moderne Energieversorgung?

»Ohne Strom, das geht gut«, sagte Frau Kupsch. »Sie können mit einem Campingkocher kochen. Das ist viel einfacher, als man so denkt. Haben Sie Erfahrung mit Gartenarbeit?«

Ich trank einen Schluck und überlegte, ob ich ihr die Wahrheit sagen sollte.

»Ich muss noch einiges lernen. Ich bin Anfängerin.«

»Das waren wir alle mal«, sagte Frau Kupsch. »Das wird schon. Ganz schnell! Passen Sie mal auf.«

Ich fasste mir ein Herz.

»Frau Kupsch, kennen Sie denn sämtliche Vorgaben und Richtlinien?«

»Sie meinen im Kleingartenverein?«

Sie schmunzelte.

»Es gibt schon ein paar, die sind wichtig. Da ist der Erwin hinterher. Die Heckenhöhe zum Beispiel. Oder der Rasen. Und dann gibt es im Jahr Gemeinschaftsarbeiten. Da müssen alle mit ran. Da ist der Erwin pingelig. Aber die anderen Vorgaben, da ist das hier nicht mehr so streng wie früher. Es gibt ganz andere Kleingartenvereine. Der Erwin, der tut nur so bärbeißig. Im Grunde ist er gar kein schlechter Kerl.«

Das hatte ich heute schon einmal gehört.

»Ich weiß trotzdem nicht, ob ich den Garten nehmen soll. Die Laube ist innen völlig verkommen.«

»So schlimm?«

»Ja«, antwortete ich kurz. »Schlimm. Einfach eklig.«

Ich zögerte. Ich wusste nicht, ob es höflich war, die nächste Frage zu stellen. Dann gab ich mir einen Ruck.

»Welche Krankheit hatte Walter eigentlich?«

»Diabetes«, sagte Frau Kupsch. »Er hat zum Schluss ein Bein verloren und konnte natürlich nicht mehr so, wie er wollte. Und dann ging alles ganz schnell. Herzinfarkt. War ja auch schon alt.«

Es tat mir leid für Walter, aber ich war erleichtert, dass es keine ansteckende Krankheit gewesen war.

Sie schaute mich an.

»Wollen Sie den Garten alleine pachten?«

»Ja.«

»Gibt es keinen Herrn Baumgarten?«

»Es gibt einen Vater für die Kinder, wenn Sie das meinen, aber wir sind nicht mehr zusammen.«

»Ja, das geht heute recht schnell.«

Ich rutschte unruhig auf meinem Stuhl hin und her. Ich mochte solche Gespräche nicht. Fing sie jetzt an, über moderne Familien zu schimpfen?

»Meine Tochter, die hat sich auch getrennt. Sie hat jetzt einen Freund, eine Fernbeziehung. Da ist sie jetzt auch viel mit den Mädchen allein. Früher, da war ja so etwas nicht möglich. Es war viel schwieriger, sich zu befreien. Da musste man es mit so einem Blödkopp viel länger aushalten. Oder man ließ sich etwas einfallen.«

Sie machte eine abfällige Handbewegung und grinste. Ich lachte erleichtert auf.

»Und Sie?«, fragte ich. »Sind Sie allein im Garten, oder haben Sie einen Mann?«

»Mein Mann ist schon lange tot.« Sie winkte ab. »Und ich komme gut mit dem Garten klar. Das können Sie auch, glauben Sie mir. Holen Sie sich Hilfe für das Ausmisten der Laube. Und für die Hecke vom Walter, die ist hoch. Das andere geht schon.«

»Für die Hecke kann ich doch eine Leiter nehmen.«

Frau Kupsch schüttelte den Kopf. »Es geht nicht um die Höhe, sondern um die Dicke der Äste. Die Hecke ist sehr kräftig geworden. Der Walter hat sie gedüngt. Da war der ganz eigensinnig. Da müssen Sie mit einer guten Astschere ran. Mit einer normalen Heckenschere kommen Sie nicht mehr durch. Haben Sie eine Astschere?«

Ich zuckte mit den Schultern. »Das weiß ich gar nicht.«

»Wissen Sie was?«, sagte Frau Kupsch. »Ich kann Ihnen

erst einmal meine leihen. Aber an Ihrer Stelle würde ich mir wirklich Hilfe holen.«

»Meine beste Freundin will mir helfen«, entgegnete ich.

»Ist sie kräftig?«

Ich dachte an Marthas empfindliche Rückenwirbel und zuckte verunsichert mit den Schultern.

Sie sah mich nachdenklich an. »Sie könnten auch Paul fragen.«

»Paul?«

»Er hilft vielen hier im Verein. Das macht er gut.«

»Kostet das viel?«

Sie schüttelte den Kopf. »Da machen Sie sich mal keine Sorgen. Das passt schon.«

»Verstehen Sie mich nicht falsch. Ich würde nur niemals Hilfe von einem Fremden annehmen, ohne dafür zu bezahlen. Ich möchte keinem etwas schuldig sein. Es darf halt nur nicht zu teuer werden.«

Frau Kupsch nickte. »Reden Sie mit ihm. Ich sehe da gar kein Problem.«

Ich überlegte kurz. Die schweren Möbel. Vermutlich wäre ein kräftiger Mann nicht schlecht.

»Wo finde ich denn diesen Paul?«

»Wenn Sie aus dem Garten rausgehen, links dem Kiesweg folgen, dann links die Straße runter und dann den ersten Weg wieder links rein, Garten Nr. 69, hinten am Waldrand.«

Ich rührte unlustig in meiner Kaffeetasse. »Na, vielleicht gehe ich die Tage mal dahin.«

Ohne Max und Anton.

»Machen Sie das lieber gleich. Der Paul hat viel zu tun. Ist immer besser, ihn früh zu fragen. Dauert ja nur fünf Minuten. Dann wissen Sie, woran Sie sind.«

Sie hatte recht. »Gut«, sagte ich und stellte die leere Kaffeetasse auf den Tisch. »Fragen schadet ja nicht. Vielen Dank für den Kaffee, Frau Kupsch.«

»Lene, sagen Sie einfach Lene.«

»Ich bin Anna.«

Wir lächelten uns zu.

»Anna, das wird schön, warten Sie nur ab«, sagte Lene und stand auf.

Wir verließen die Veranda. Die Jungs hockten immer noch im Kaninchengehege. Die Tiere hoppelten um sie herum.

Max schrie: »Guck mal, sie hat die ganze Möhre von mir gefressen.«

»Mama«, rief Anton. »Können wir auch solche Kaninchen haben?«

Ich wusste nicht, was ich sagen sollte.

»Weißt du, die Kaninchen machen hier nur Urlaub«, kam mir Lene zu Hilfe. »Eigentlich dürfen hier keine Tiere gehalten werden.«

Max' Stirn verdunkelte sich wieder, und Anton zog eine Schnute.

»Aber weißt du was«, sagte Lene. »Du kannst Pippi und Langstrumpf hier jeden Tag besuchen, solange sie da sind. Die bleiben noch etwas bei mir.«

Und meine Jungs sahen etwas versöhnlicher aus.

»Wir müssen noch schnell jemanden in seinem Garten aufsuchen«, sagte ich.

»Wen denn?«, fragte Max und schaute gleich wieder ungnädig.

Lene sprang ein. »Wenn Sie wollen, können Sie die beiden bei mir lassen.«

»Ja, dürfen wir, Mama?«

Anton nahm die zappelnde Pippi auf den Schoss und streichelte sie zärtlich. Ich lächelte Lene dankbar an. Jetzt hatte sie mir schon zum zweiten Mal geholfen.

»Sagen Sie Herrn Kossig Bescheid, falls er in der Zwischenzeit kommen sollte?«

Lene nickte.

»Ich bin gleich wieder da.«

Und schon war ich raus aus dem Garten und auf dem Weg zu diesem Paul.

»Links, links, Garten 69«, rief Lene mir hinterher. Es gab schwierigere Wegbeschreibungen. Es dauerte keine drei Minuten, da stand ich vor dem hölzernen Gartentürchen. Eine Weile blieb ich einfach stehen und betrachtete dieses kleine Stückchen Grün. Der Garten sah gemütlich aus. Er lag am Rande des Waldes, so wie meiner, nur tiefer gelegen. Eine Holzlaube mit rotem Anstrich und mit einer Terrasse aus roten Backsteinen. Dieser Paul hatte ein Händchen für Gartengestaltung, das sah ich gleich. Der Gartenweg war in einem sanften Schwung zur Laube angelegt. Dazu zwei kräftige Bäume, Johannisbeerbüsche und irgendwelche niedrigen Sträucher. Und Gräser. Buschige, hohe Gräser, die sich im leichten Sommerwind zart wie Federn bogen. Aber besonders beeindruckend war das große Gemüsebeet. Rot glänzende Tomaten, Reihen von üppigem Kohl, Kopfsalat und Bohnen. Und dort – waren das Kräuter? Ich erkannte Petersilie und Lorbeer. Der Garten war nicht nur gemütlich, er war prächtig.

Die Tür der Laube stand offen. Aber es war niemand zu sehen. Ich klopfte und wartete.

»Hallo?«, rief ich. Wie dumm, dass ich nicht nach dem Nachnamen gefragt hatte. Ich konnte doch nicht einfach hier stehen und »Paul« rufen.

»Hallo?«, rief ich erneut.

»Sieh an, die Frau mit dem Fahrrad«, hörte ich hinter mir. Ich fuhr herum. Vor mir stand der Mann, der mich ertappt hatte, als ich das Fahrrad ins Gebüsch geschmissen hatte. Wie hatte er auf dem Kiesweg so lautlos herankommen können? Diese hellblauen Augen. Dieser amüsierte Blick!

»Oh, Sie!«

»Sie suchen Paul?«

»Ja.«

Ich hatte keine Lust, mit ihm zu reden. Warum grinste er denn jetzt so unverschämt?

»Sie haben ihn gefunden.«

»Sie sind Paul?«, entfuhr es mir.

Er machte eine leichte Verbeugung wie die Musketiere in den Filmen. Wollte er mich veräppeln?

»Was kann ich für Sie tun?«

»Ach, schon gut, nicht wichtig«, sagte ich schnell. Ich hatte überhaupt keine Lust, diesen Schönling in meiner Nähe zu haben.

»Na dann?«

»Ich … ich wollte nur hier im Kleingarten Hallo sagen, ich bin jetzt auch vielleicht im Verein«, haspelte ich und ärgerte mich sofort über mich selbst. Wer stellte sich denn vor, wenn er *vielleicht* im Verein war?

»Ich verstehe. Sie wollen erst mal sehen, wer noch so Ihre Nachbarn wären.«

»Ja, genau«, log ich und lächelte betont freundlich.

»Dann vielleicht willkommen«, sagte er, und er schien es ernst zu meinen. »Für welchen Garten interessieren Sie sich?«

»Nr. 24, Walters Garten.«

»Das ist ein schöner Garten. Wunderbar, so am Hang

gelegen. Er hat sehr schönes Licht. Der hätte mich auch interessiert. Er hat lange Abendsonne.«

»Ach ja?«, sagte ich und bekam ein bisschen gute Laune.

»Man hat eine schöne Aussicht von da oben.« Er lächelte. Vielleicht war er doch gar nicht so fies. Er konnte ja nichts dafür, dass er mich gesehen hatte. Irgendwie.

»Die Kowalskis sind nicht da.« Er zeigte auf den Garten neben seinem.

Ich sah ihn an und wusste nicht, was er meinte.

»Für Ihre Vorstellungsrunde – die Kowalskis nebenan. Sie kommen heute nicht.«

Seine Mundwinkel zuckten.

»Oh, danke!« Ich räusperte mich. »Ja, ich muss dann auch mal.«

Ich hob die Hand zum Gruß und drehte mich auf dem Absatz um.

»Wie heißen Sie denn?«, rief Paul mir hinterher. Lachte er etwa?

»Baumgarten! Ich heiße Anna Baumgarten!«

»Tschüss, Frau Baumgarten. Viel Spaß bei der Vorstellungsrunde.«

Ich lief mit heißen Ohren den Weg entlang, rechts auf die Straße den Abhang hinauf, rechts rein in den Kiesweg und war ganz schnell wieder in Lenes Garten.

Die Jungs saßen immer noch im Käfig bei den Kaninchen. Sie bemerkten mich nicht. Lene stand mit einer Schaufel in ihren Rabatten.

»Na, haben Sie Paul gefunden?«

»Ja«, antwortete ich knapp. Meine Wangen waren immer noch heiß.

»Das ist schön. Er war nämlich gerade hier, direkt nachdem Sie gegangen waren.«

Ich stutzte.

»Ich habe ihm schon erzählt, dass Sie Hilfe brauchen.«

Dieser Mensch hatte also gewusst, was ich von ihm wollte? Er hatte mich auf den Arm genommen. Oder nicht? Vielleicht wollte er mich auch nicht bedrängen. Ich runzelte die Stirn. War ja auch egal.

»Mama«, rief Max. »Schau mal, Langstrumpf kann auf Kommando *Sitz* machen.«

Ich war froh über die Ablenkung. Ich wollte jetzt nicht über diesen Paul reden.

»Wie schön!«

Ich näherte mich dem Käfig und sah zu, wie Max das Kaninchen auf den Boden setzte. Er sagte »Sitz!«, als das Tier hockte. Max kicherte. Ich musste mitlachen.

»Jungs, kommt ihr?«, fragte ich dann. Die beiden kletterten nur widerwillig aus dem Gehege.

»Vielen Dank, Lene.«

»Nichts zu danken«, sagte sie.

In diesem Augenblick hörte ich feste Fußschritte auf dem Kiesweg. Es war jemand im Anmarsch. Dieser Weg hatte eindeutig kommunikative Fähigkeiten.

»Frau Baumgarten!«, dröhnte wie erwartet die Stimme von Herrn Kossig. »Na, wie ist es? Haben Sie sich einen Überblick verschafft?«

»Ja.« Ich war schmallippig.

»Und? Wollen Sie den Garten haben, oder wollen Sie ihn nicht?«

Er sah mich mit hochgezogenen Augenbrauen an. Hinter seinen Stirnlappen arbeitete es sichtlich.

»Sie müssen nicht, wissen Sie? Ich werde den Garten auch so los. Wir haben eine Warteliste. Ich will Sie nicht überreden. Es ist viel Arbeit, das hatte ich Ihnen gesagt.

Aber für den Preis können Sie nichts anderes erwarten. Ich könnte Ihnen noch für das erste Jahr die Gemeinschaftsarbeiten erlassen. Aber mehr ist nicht drin. Mehr kann ich Ihnen nicht entgegenkommen. Wollen Sie, oder wollen Sie nicht?«

Na, das war ja ein Angebot. Ich dachte an den Laubendreck. Dann schaute ich auf meine Jungs und ihre frischen Wangen. Ich dachte an den Garten, den Apfelbaum, die Rosen, den Lavendel, die Sonnenblumen, die Veranda, die Abendsonne, den schönen Ausblick und an meinen Traum. Und an Lene. Wenn Lene das konnte, dann konnte ich das doch wohl auch? Ich hatte ja noch Martha.

Ein winziges bisschen dachte ich auch an diesen unverschämten Paul.

Ich spürte das Gefühl in meinem Bauch so deutlich, so klar, als könnte ich es in leuchtenden Farben malen.

»Ja, Herr Kossig, ich will.«

7

Oma in Leipzig

»Und?«, fragte meine Mutter am nächsten Tag bei unserem Sonntagmorgentelefonat. »Wie war die wundersame Gartenübergabe?«

Ich ignorierte den spitzen Unterton.

»Schön war es, Mutter. Richtig schön.«

»Hm. Und – habt ihr eine Toilette?«

»Ja, stell dir vor, die haben wir. Es gibt ein gekacheltes Gäste-WC.«

Und dann beschrieb ich die Rosen und die Veranda, das Licht, die Abendsonne und mein Apfelbäumchen, erzählte von Lene, den Jungs und den Kaninchen und dass ich später in Lenes Garten mit Herrn Kossig die Papiere unterschrieben hatte und ordentliches Kleingartenmitglied geworden war. Ich besaß jetzt einen Vertrag und eine Kleingartenordnung. Ich erzählte ihr nicht von der Messie-Laube, der ollen Walter-Hecke und den Hasenkötters und schon gar nicht von dem braunen Plumpsklo. Meine Mutter legte besänftigt, wenn auch nicht beruhigt auf, aber das war sie eh selten.

Ich zupfte mir das Kopfkissen in meinem Rücken zurecht und langte nach dem kalt gewordenen Milchkaffee auf dem Nachttisch. Die Jungs und ich hatten gemütlich im Bett gefrühstückt und rumgealbert. Wir hatten natürlich über den Garten gesprochen, und auch wenn sie sich noch nicht begeistert zeigten, hatten sie immerhin schon großmütig zugegeben, dass es in der Kleingartenanlage *ganz nett* war. Lene und den Kaninchen sei Dank! Jetzt waren sie in ihrem Zimmer, und ich konnte in Ruhe nachdenken.

Also. Wenn ich es richtig betrachtet hatte, würde unser Leben im Traumgarten noch etwas auf sich warten lassen. Ob meine Jungs und ich uns im Garten wohlfühlten, hing eindeutig davon ab, wie viel Arbeit ich in die Renovierung der Laube stecken würde. Das Ding musste blitzblank werden, und das war nicht ganz einfach.

Schon die Bestellung eines neuen Campingsklos hatte sich als knifflig erwiesen. Ich hatte gestern Abend gleich recherchiert. Im Internet gab es eine große Auswahl. Campingtoiletten waren nicht billig, und es war nicht zu glauben, wie viel Zeit man mit den Finessen eines Plumpsklos verbringen konnte. Und es machte überhaupt keinen Spaß, ein Klo zu kaufen, nicht mal, wenn es das beste aller Plumpsklos war. Ich hatte eine Werbung gesehen: Ein junger Mann trug gut gelaunt einen schnittigen weißen Plastikkoffer, die Luxusversion aller Campingtoiletten. Wer weiß, wohin er das Klo trug? Vielleicht dahin, wo man den Inhalt entsorgte? Ich wollte so einen vollen Koffer nicht tragen, egal, wohin. Beim Anblick dieser Werbung hatte ich abrupt und schmerzlich einen Mann an meiner Seite vermisst. Aber es half nichts. Es würde an mir hängen bleiben. Meine kleinen Männer würden nicht fröhlich mit diesem Koffer einherschreiten. So viel stand fest.

Aber noch mehr Sorgen machte mir die Laube selbst. Womöglich gab es in ihr gefährliche Schimmelsporen und Krankheitserreger. Es kam gar nicht infrage, meine Jungs in diese Hütte zu bringen, bevor sie nicht gründlich ausgemistet und desinfiziert war. Ergo blieben nur Martha und ich für die Entrümpelung übrig. Das war viel Arbeit, und eklig war es noch dazu. Ideal wären vermutlich Ganzkörper-Schutzanzüge, so wie sie die Menschen in den Filmen über Virenkatastrophen trugen. Aber solche Anzüge konnte ich mir nicht leisten. Sie kosteten vermutlich ein Vermögen. Wir müssten schnöde mit Mundschutz und Handschuhen agieren. Bei dem Gedanken wurde mir flau.

Ich rief Martha an und erzählte ihr von den neuen Aufgaben.

»Oh«, sagte Martha, und ich hörte durch das Telefon, dass sie an etwas kaute. Wahrscheinlich an einer Möhre. Martha war mal wieder auf Diät, und wenn sie auf Diät war, aß sie pausenlos. Immerzu Gemüse. Sie wurde einfach nicht satt.

»Ja, oh! Kannst du dir vorstellen, mir bald ein bisschen zu helfen?«

Am anderen Ende der Leitung knabberte es.

»Hm.«

Ich wartete.

»Wann soll das denn sein?«

»So schnell wie möglich. Ich will den Garten für die Sommerferien auf Vordermann bringen. Ich dachte an nächstes Wochenende. Da sind die Jungs wieder bei Raimund. Wir hätten freie Bahn.«

»Oh, Anni, das tut mir echt leid!«

Martha hörte sich so außerordentlich betrübt an, dass ich argwöhnisch wurde.

»Ich hätte dir so gerne geholfen, aber gerade nächstes Wochenende kann ich leider gar nicht.«

»Was hast du denn vor?«, fragte ich.

Das Gemüse krachte in mein Ohr. Ich hörte es hektisch schmatzen. Irgendwie machte mich das aggressiv.

»Du, der Gero und ich, wir haben das schon ganz lange geplant.«

Wieder kaute es, und ich hörte es rascheln. Wenn es nicht gerade Martha wäre, würde ich wetten, dass da jemand hektisch mit dem Hörer durch die Wohnung lief und nach einer rettenden Idee suchte. Aber doch nicht Martha. Martha war meine beste Freundin. Sie würde mich doch nicht anlügen, oder? ODER?

»Äh …«, es raschelte am anderen Ende der Leitung. »Wir besuchen am Wochenende Geros Oma in Leipzig.«

Jetzt wurde ich aber doch misstrauisch.

»Welche Oma in Leipzig?«

Martha lachte künstlich, wie ich fand.

»Na, seine Oma in Leipzig eben.«

»Davon weiß ich ja gar nichts.«

Sie lachte wieder albern.

»Du kannst ja auch nicht alles wissen.«

»Du, Martha«, sagte ich und merkte, wie ich böse wurde, »du kannst ruhig sagen, wenn du mir nicht helfen willst. Du brauchst keine wilden Geschichten von Geros Oma in Leipzig zu erfinden. Ich bin nicht sauer. Auch wenn du mir versprochen hast, mir im Garten zu helfen.«

Mist. Der letzte Satz war mir lauter entwichen als beabsichtigt.

»Du, Anna«, sagte Martha und sprach eine Spur schneller und kräftiger als sonst, »ich weiß gar nicht, was du hier redest, und um das gleich mal auf den Punkt zu bringen: NATÜRLICH helfe ich dir im Garten. Aber du kannst ja wohl nicht verlangen, dass ich all meine Pläne über den Haufen werfe, wenn du mit dem Finger schnippst.«

Ich war sofort reumütig. Martha hatte recht. Ich benahm mich unmöglich.

»Entschuldige, ich wollte dich nicht bedrängen. Ich bin einfach etwas angespannt …«

»Außerdem«, sagte Martha, und ihre Stimme klang schrill, »habe ich dir nicht versprochen, eine Sonderdeponie zu entsorgen, sondern im Garten zu arbeiten. Harken und so. Blätter, Unkraut, so was.«

Aha! Hatte ich also doch recht. Sie versuchte, sich zu drücken.

»Na, wenn das so ist«, erwiderte ich, und ich hörte mich so bescheuert beleidigt an, dass ich mich selbst kaum ertragen konnte, »möchte ich dich natürlich nicht weiter belästigen.«

Wie konnte sie nur, meine älteste Freundin?

»Schon gut«, sagte Martha, »du hast mich ja nicht belästigt. Gut, dass wir darüber geredet haben.«

Ich streckte ihr durch den Telefonhörer die Zunge raus. Gut, dass wir uns nicht sahen! Ich malte wütend einen eine Möhre mümmelnden Hasen auf den Notizblock.

»Tschüss dann, Anna.«

»Tschüss, Martha.«

Zack. Und schon hatte sie aufgelegt. Ich würde sie mindestens eine Woche nicht mehr anrufen. So viel stand fest!

Ich sprang aus dem Bett. Was sollte ich denn jetzt tun? Ich hatte unterschrieben. Ich konnte keinen Rückzieher machen. Ich ballte die Fäuste. Und ich wollte auch keinen Rückzieher machen! Dieser Garten war unser Schicksal! Er war das Beste, was den Jungs und mir passieren konnte.

Wen konnte ich jetzt noch um Hilfe bitten? In den letzten Jahren hatte ich keine Zeit und keinen Sinn für Freundschaften gehabt. Ich hatte keine Auswahl. Raimund konnte ich vergessen. Eher würde ich mir die Zunge abbeißen, als ihn zu fragen. Vielleicht würde er sogar helfen, unter Umständen, ganz vielleicht, um seine Söhne zu retten. Aber ich müsste es mir bis zum Ende seiner Tage vorhalten lassen.

Mir fielen Frau Meyer-Oeden und ihr Sohn ein, aber die Idee verwarf ich gleich wieder. Sie hatte diese zarten Arme, und ihn kannte ich kaum. Dann dachte ich an Paul. Sollte ich ihn wirklich bitten? Ich trank hektisch meinen kalten Kaffee.

Ich lief zu den Jungs hinüber. Anton lag oben im Etagenbett mit seinem Gameboy. Max saß am Schreibtisch vor seinem Monitor und spielte offenbar ein PC-Spiel.

»Wieso sitzt ihr denn jetzt schon am Computer? Ihr wisst doch, dass wir dafür feste Zeiten vereinbart haben. Ehrlich gesagt bin ich entsetzt, dass ihr bei Milan am Computer spielt.«

»Das hier ist kein Computer«, sagte Anton und sah zufrieden aus.

»Jetzt mach mal nicht einen auf oberschlau. Ich bin heute nicht in der Laune dafür.«

»Ich denke, ein Garten ist so entspannend«, sagte Max und klickte irgendwas in seinem Spiel.

Ich ging schweigend wieder hinaus. Ich hatte jetzt nicht die Nerven, auch noch darüber zu diskutieren. Im Flur rief ich: »Würdet ihr euch bitte anziehen! Wir fahren in unseren Garten!«

»Das kannst du vergessen!«

Ich kehrte zurück, stellte mich in den Türrahmen und verschränkte die Arme vor der Brust.

»Nein, das kann ich gar nicht vergessen. Auf, auf, ab in den Garten! Ihr könnt auf den Spielplatz gehen. Ich muss da was regeln.«

»Mama«, sagte Anton und schaute lieb aus seinem Etagenbett auf mich herunter, »ich glaube, ich habe eine Blasenentzündung. Ich muss dauernd aufs Klo. Können wir das alte Campingklo denn benutzen?«

Dieser Junge. Schlau oder krank? Konnten Jungs überhaupt eine Blasenentzündung bekommen? Was hatte er da wieder gelesen? Ich sah ihn prüfend an. Ich kannte Anton. Er würde niemals von seiner Behauptung abweichen.

»So plötzlich? Wie schlimm ist es denn? Hast du Fieber?« Ich ging zurück zum Bett, stellte mich auf die Zehenspitzen und beugte mich zu ihm hinüber, um ihm prüfend eine Hand auf die Stirn zu legen. Er schüttelte sie nicht ab.

»Ich habe kein Fieber. Es ist auch nicht schlimm. Ich muss nur oft auf Toilette«, entgegnete mein Kleiner freundlich.

Hm. Was sollte ich jetzt tun?

»Fahr du ruhig alleine«, sagte Anton, »und regle mal, was du regeln musst.«

»Ich kann dich doch nicht alleine lassen, wenn du krank bist.«

»Doch, das kannst du. Ich kann dich ja auf dem Handy anrufen, wenn es schlimmer wird.« Anton nickte aufmunternd.

»Geh ruhig, Mama«, mischte Max sich ein, ohne den Blick vom Monitor zu lösen. »Ich pass auf Anton auf. Du bist doch nicht weit weg.«

»Seid ihr sicher?«

»Ganz sicher. Wir sind doch keine Babys.« Max drehte sich auf seinem Stuhl um. »Sieh mal lieber zu, dass du das mit der Drecksbude regelst.«

Wer weiß, wozu es gut ist, dachte ich. Es war wahrscheinlich sowieso besser, wenn sie nicht mit diesem Paul redeten. Man wusste nie, was die beiden ausplaudern würden. Sie besaßen leider die schwatzhaften Gene ihres Vaters.

»In Ordnung«, sagte ich zögerlich. »Dann fahre ich allein. Anton, ich koche dir jetzt einen Tee und mache dir eine Wärmflasche. Du bleibst im Bett. Du musst viel trinken. Und Max, wenn irgendetwas ist, rufst du mich an, ja? Ich bin nicht lange weg. Ich muss nur kurz mit jemandem im Garten reden, ob er mir hilft.«

»Geh ruhig«, wiederholte Max und sah zufrieden aus. »Wir machen das schon.«

Ich kochte Tee und brachte Anton die Wärmflasche. Er sah wirklich munter aus. Dann lief ich ins Schlafzimmer und stand vor meinem Kleiderschrank. Ich dachte an Paul und starrte auf meine T-Shirts. Dann auf eine hübsche Sommerbluse.

Eine Stimme in meinem Kopf flüsterte:

Hallo? Sag bloß, du ziehst dich für diesen Paul an?

Pah, mich für einen Mann schön zu machen! Das wäre ja gelacht. Ich griff nach einem verknitterten T-Shirt.

Ich umarmte die Jungs zum Abschied, als würde ich auf eine lange Schiffsreise gehen. Dann lief ich zur Bushaltestelle. Ich hatte Glück. Der Bus kam nach wenigen Minuten. Es kribbelte in meinem Magen. Die erste Fahrt als ordentliche Pächterin zu meinem neuen Leben. Ich, Anna-Maria Baumgarten, war nun eine Gartenbesitzerin! Mit klopfendem Herzen schaute ich aus dem Fenster. Ob mir der Garten immer noch gefallen würde? Oder hatte ich mich nur in eine schöne Idee verrannt?

Von der Haltestelle aus lief ich zur Kleingartenanlage, und auch ohne Hilfe des Plans, den Herr Kossig mir gegeben hatte, fand ich den Weg zu Parzelle 24 sofort. Es war eigentlich ganz einfach. Am Aushängekasten links einbiegen und den Weg entlang bis zum letzten Garten am Waldrand. Ich öffnete das Törchen, schaute mich um – und war bezaubert. Es duftete, die Blumen blühten, die Vöglein sangen. Frau Meyer-Oeden hatte recht. Es war wunderschön, in der Natur zu sein. Und nein, ich hatte mich nicht getäuscht. Es war ein kleines Stückchen Paradies, auch wenn es verwildert war und viel Arbeit kostete. Dieser Garten gehörte den Jungs und mir – und wir würden uns darin wohlfühlen. Mir wurde warm ums Herz. Ich horchte. Außer sanftem Blätterrauschen und zwitschernden Vogelstimmen war nichts zu hören. Keine Motorengeräusche, keine Rasenmäher. Es war ruhig, himmlisch ruhig. Ein friedlicher Sonntagvormittag.

Ich öffnete die Laubentür. In der Stille knarrten die Scharniere laut. Ich warf einen Blick ins Innere, schnüffelte, prüfte. Nein, da gab es nichts zu beschönigen. Hier musste ich durchgreifen, und ich brauchte Hilfe. Sorgfältig verschloss ich die Tür wieder und machte mich auf den Weg zu diesem Paul. Ich ging langsam den Kiesweg zwischen den Hecken hinunter und schaute das erste Mal in Ruhe in die anderen Gärten. Sie waren sehr unterschiedlich. Hasenkötters Grundstück wirkte aufgeräumt und ordentlich. Bunte Windräder und eine kindsgroße Windmühle prangten mitten in den Beeten. Und dort – ein Gartenzwerg mit einer winzigen Laterne. Er winkte mir zu. Ich musste lächeln. Die Laubentür war geschlossen, die Markise eingefahren.

Auch Lenes üppiger Rosengarten und die Bank vor der Laube waren leer. Und der Garten daneben mit der kleinen Rutsche, der dicht mit Obstbäumen und Gemüsebeeten bepflanzt war, lag ebenfalls verwaist. Es war Sonntagvormittag, und kein Mensch war zu sehen. Ob sie in der Kirche beteten, diese Kleingärtner? Ich ging auf die Straße, dann links den Abhang hinunter und bog dann in Pauls Gartenweg ein. Ich rechnete damit, auch seine Laube verschlossen zu finden.

Doch als ich zur Nr. 69 kam, sah ich Paul. Aber er bemerkte mich nicht. Er lag mit nackten Füßen auf einem Liegestuhl, die Beine übereinandergeschlagen, und las in einem Buch. Sein Gesicht sah friedlich aus. Er war versunken in seine Lektüre. Ich wurde verlegen, als störte ich ihn bei etwas Intimem. Ich blieb vor dem Gartentor stehen und winkte zaghaft.

»Hallo.«

Er hob den Kopf und sah mich an, wie aus einer anderen Welt erwacht.

»Oh, Frau Baumgarten«, sagte er ruhig und erhob sich. Er legte das Buch auf den Liegestuhl und kam barfuß zu mir ans Törchen.

»Entschuldigen Sie, ich habe Sie nicht gesehen. Sonntagvormittags bin ich hier oft allein und lese. Die Leute schlafen aus.«

Ja, natürlich. Warum hatte ich nicht daran gedacht? Sie schliefen aus.

»Sind Sie Frühaufsteher?«

»Ich stehe mit der Sonne auf und gehe mit ihr schlafen.« Er lachte leise, und ich sah seine hübschen Zähne.

Ich wippte auf den Zehen.

»Ich wollte Sie fragen, ob Sie unter Umständen, wenn Sie nichts anderes zu tun haben, und wenn es Ihnen nicht zu viel ausmacht … Lene sagte, ich könnte Sie fragen, und es würde Sie ganz bestimmt nicht stören …«

»Ja?«

Er hob seine Augenbrauen und sah mir direkt in die Augen.

Oh, er hatte wirklich blaue Augen.

Ich kratzte mich an der Augenbraue und riss mich zusammen.

»Ich wollte Sie fragen, ob Sie mir mit meinem Garten etwas helfen könnten. Ich weiß, wir kennen uns nicht, und das geht alles etwas schnell …«

Er schaute mich fragend an.

»Äh, nicht das mit uns, das mit dem Garten, nee, ich meine, das mit meiner Frage …«

»Schon klar.«

Mir wurde heiß. »Ich wollte Sie fragen, ob Sie mir bei der Gartenarbeit in den nächsten Wochen helfen könnten. Vielleicht könnten wir uns irgendwie einigen?«

Er runzelte die Stirn.

Ich kam ins Schwitzen. Würde er ablehnen?

»Sie meinen, Sie wollen mich bezahlen?«

Warum fragte er das? Traute er mir nicht?

»Ja, natürlich, sonst würde ich Sie ja niemals um Hilfe bitten. Wir kennen uns schließlich überhaupt nicht.«

Ich lachte. Es klang künstlich.

»Wenn Sie ein paar Stunden für mich arbeiten würden, würde mir das sehr helfen. Ich dachte, so auf üblicher Stundenbasis hier im Verein. Wie Sie es einrichten können.«

Er strich sich eine dichte Haarsträhne hinter sein Ohr und sah mich nachdenklich an. Er hatte übrigens süße kleine Ohren, das musste ich schon sagen.

»Was soll denn gemacht werden?«

»Die Laube muss entrümpelt werden«, sagte ich, »und die alte Toilette muss weg. Der Garten ist verwildert. Und die Hecke muss geschnitten werden. Sie ist sehr hoch und dick geworden.«

Er schwieg.

»Wie haben Sie sich das denn vorgestellt?« fragte er schließlich. »Soll ich das alleine machen, oder helfen Sie mit?«

»Ich helfe mit. Ich brauche nur zwei weitere Hände.«

Er sah mir prüfend in die Augen. Ich hielt seinem Blick stand.

Auf einmal lächelte er. »Gut, ich helfe Ihnen.« Er streckte mir die Hand entgegen. »Hand drauf!«

»Hand drauf«, erwiderte ich und spürte seine Hand in meiner. Sie war warm und kräftig. Schnell zog ich meine zurück.

»Und wann möchten Sie anfangen?«

»So bald wie möglich. Nächsten Samstag um halb zehn?«

Er nickte. »Dann nächsten Samstag. Geht in Ordnung. Haben Sie schon einen Müllcontainer bestellt?«

Ich schüttelte den Kopf.

»Noch nicht. Das wollte ich noch tun.«

Er zückte ein Handy aus seiner vorderen Jeanstasche.

»Ich kann das für Sie machen. Ich muss bei der Stadt sowieso etwas erledigen. Und so kurzfristig würden Sie vermutlich auch keinen bekommen. Ich kenne da jemanden …«

»Würden Sie das tun …?«

»Geben Sie mir bitte Ihre Adresse und Ihre Telefonnummer für die Rechnung.«

Ich gab ihm meine Daten.

»Wissen Sie zufällig, wie teuer so ein Container werden kann?«

»Wenn Sie einen kleinen nehmen – um die 200 Euro.«

Ich unterdrückte ein Seufzen. Aber was blieb mir anderes übrig? Das Zeug musste weg. Er sah mich forschend an.

»Ist das in Ordnung?«

Ich wollte mir keine Blöße geben. Womöglich arbeitete er nicht mehr für mich, wenn er befürchtete, sein Geld nicht zu bekommen.

»Ja, natürlich.«

»Gut. Dann sehen wir uns Samstag.«

»Gut.«

Sollte ich ihm noch einmal die Hand geben? Verwirrt wich ich zurück und hob den Arm leicht zum Gruß. Er lächelte. Da drehte ich mich schnell um und lief davon.

Erst als ich im Bus war, fiel mir ein, dass ich ihn nicht nach dem genauen Stundenlohn gefragt hatte. Aber ich machte mir keine Sorgen. Wenn Lene ihn so wärmstens empfahl und er vielen Menschen im Verein half, konnte es nicht so viel sein.

8

Der Duft des Abenteuers

Es war ein Abenteuer, ohne Frage. Ich hatte einen Garten, ich hatte Hilfe – nun musste ich die richtige Ausrüstung finden. Es sollte jetzt alles schnell gehen – es war die letzte Schulwoche der Jungs. Die Sommerferien standen vor der Tür.

Im Internet bestellte ich dieses schicke weiße Plumpsklo. Im Baumarkt kaufte ich nicht nur unzählige Rollen Müllsäcke, sondern auch Arbeitshandschuhe und Staubmasken und hoffte, dass sie fiese Bakterien oder gefährliche Viren abhalten würden. Dann inspizierte ich meinen Kleiderschrank. Normalerweise machte ich mir keine Gedanken um Kleidung. Ich hatte einfach immer irgendetwas angezogen, was mir ins Auge gefallen war. Jetzt aber ging es um den optimalen Schutz. Ich kam schnell zu der Einsicht, dass meine T-Shirts und Pullover zu kostbar waren, um sie in der Laube zu tragen. Nicht weil sie zu teuer gewesen wären, sondern weil ich schlicht kein Geld mehr übrig hatte, um neue zu kaufen.

Raimunds alte Kleiderkisten im Keller fielen mir ein. Sie waren beim Umzug versehentlich bei mir anstatt in seiner neuen Wohnung gelandet. Er hatte sie stehen lassen, angeblich weil er noch keine Zeit gehabt hatte, sie abzuholen. In Wahrheit aber wohl eher, weil er keine Lust hatte, sein elegantes Reihenhaussouterrain mit diesen muffigen

Pappkartons zu verschandeln. Warum sollte er auch, wenn er stattdessen ein schickes Rennrad und edlen Wein stylish lagern konnte? Ich hatte seinen Keller nicht gesehen, aber die Jungs waren begeistert: »Papa hat sogar eine Sauna im Keller!«

Schön für Papa Raimund. Ich hatte keine. Dafür aber seine Lieblingsklamotten aus früheren Jahren, die er nicht hatte wegschmeißen wollen. Wenn das nun nicht praktisch war!

Ich rannte die fünf Stockwerke nach unten, entriegelte das Vorhängeschloss der Brettertür und suchte im Halbdunkel die drei großen Umzugskartons, auf die mein depperter Exmann mit dickem Edding und in Druckbuchstaben »Dr. Raimund Olpe – privat!« geschrieben hatte. Da standen sie, aufeinandergestapelt, gleich neben der Kellertür.

Ich hievte sie herunter, stellte sie nebeneinander und öffnete den ersten.

Nun wollten wir doch mal sehen. Ich inspizierte die vorhandenen Möglichkeiten. Da war zum Beispiel ein schwarzes Seidenhemd. Raimund hatte es sehr geliebt. Er hatte es oft beim Tanzen getragen, damals noch ohne Kinder, kurz bevor er zu mir gezogen war. Ich hätte dieses Seidenhemd gerne der Laube geopfert, aber leider war der Stoff sehr dünn und eingerissen. Das Hemd hatte außerdem einen großen Ausschnitt, selbst wenn ich es mit Raimunds breitem Ledergürtel zusammenraffen würde. Das war kein Schutz. Da konnte ich mich gleich im Badeanzug hinstellen.

Ich stöberte weiter. Ah. Ein Kaschmirpullover. Senffarben. Ich erinnerte mich an das gute Stück. Wenn Raimund gewusst hätte, dass ich diesen Pullover zum Abschuss freigeben wollte, wäre er ruckzuck hier, um ihn zu sichern. Aber ich musste auch diese Idee wieder verwerfen. Ein Kaschmirpullover saugte womöglich Flüssigkeiten auf. Ich mochte mit dem Ding nicht in die versiffte Laube gehen. Ach, schade!

Ich wühlte, sichtete und prüfte. Fast wäre es Raimunds alte Lederjacke geworden, aber die war schwer und unhandlich und hatte ein paar unschöne Risse. Letztendlich kam ich auf folgende Lösung: eine Wachsregenjacke mit passender Regenhose, beide in kreischendem Gelb. Sie waren schon einmal modern gewesen, diese Seefahreroutfits. Wir hatten Urlaub in Holland am Meer gemacht. Raimund hatte es cool gefunden damals, so als Seemann am Strand. Die Sachen waren dicht und abwaschbar. Die Jacke hatte eine Kapuze mit Gummizug und konnte an den Ärmeln eng geschlossen werden. Sie würde mir ausreichend Schutz geben. Ich entdeckte auch eine Taucherbrille, und im ersten Moment erschien mir die Idee gar nicht abwegig, sie bei der Laubenentrümpelung aufzusetzen. Aber dann fand ich es doch etwas übertrieben. Schließlich nahm ich noch Raimunds Cowboystiefel, an denen er sehr gehangen hatte. Raimund hatte kleine Füße. Wenn ich dicke Socken anzog, würde es schon gehen.

Ich packte meine Beute in Raimunds alte Sporttasche. Das Zeug brauchte ich später nicht mehr wieder nach Hause zu bringen. Entweder ging es an Raimund oder direkt in die Mülltonne.

Ich verschloss den Keller und stapfte mit der Tasche nach oben. In der zweiten Etage beschlich mich ein Fitzelchen Schuldgefühl. War ich eine Diebin? Ich überlegte zwei Stockwerke lang, dann war ich sicher: Ich war nur eine gute Mutter. Ich musste meine Kinder schützen. Sie brauchten eine gesunde Mutter. Und Raimund war der Vater. Man musste Opfer bringen. Außerdem standen die Sachen seit drei Jahren in meinem Keller. Wer weiß, ob sie nicht von Rechts wegen sowieso inzwischen in meinen Besitz übergegangen waren.

Zufrieden kam ich im Dachgeschoss an. Die Tasche verstaute ich unter der Garderobe im Flur.

Ich war schon eine ganz patente Gärtnerin.

An dem Samstag der Laubenentrümpelung wachte ich früh auf. Ich fühlte es in meinem Bauch kribbeln und musste immer wieder lächeln. Ich konnte mich nicht erinnern, wann ich das letzte Mal so viel Energie verspürt hatte. Ein Garten! Ich hatte einen eigenen Garten. Allein der Gedanke war elektrisierend. Ich tanzte in der Wohnung herum, packte Müllsäcke, Atemmasken, Handschuhe, meine Wasserflasche, etwas Obst und zwei Tafeln Schokolade in Raimunds Sporttasche, warf sie mir über die Schulter und rannte zur Bushaltestelle.

Als ich die Kleingartenanlage erreichte, war es erst halb neun. Die Luft war feucht und kühl von der Nacht, und Tau lag auf den Gräsern. Hasenkötters waren noch nicht da. Ich spazierte im Garten herum und roch hier, zupfte da. Es fühlte sich schon ein kleines bisschen vertraut an. Dann lief ich den Gartenweg hin und her, trank Wasser aus der Wasserflasche und aß einen Apfel. Ich hasste es zu warten. Wann ging es denn endlich los?

Um 9.28 Uhr entdeckte ich über den Hecken einen schwebenden blonden Schopf. Das musste Paul sein. Ich spürte mein Herz leicht hüpfen. Und ja – da stand er an meinem Gartentörchen. Er hatte einen Rucksack geschultert und lächelte mir zu.

»Hallo!«, rief er. Er hatte eine angenehme Stimme. Nicht zu hoch und nicht zu laut. Gerade richtig. So wie ich es mochte. Mein Gott, heute war ich aber wirklich albern. Das mussten die Aufregung und die frische Luft sein. Sie wirkten wie Champagner.

»Hallo«, rief ich zurück. »Kommen Sie herein.«

Er öffnete mein Törchen, und schon stand er in meinem Garten.

»Wir haben gutes Wetter heute, nicht zu heiß und nicht zu kalt. So wie ich es mag.« Dabei winkte er fröhlich. Ich nickte begeistert.

Er zeigte in Richtung Parkplatz.

»Ich habe den Container gestern liefern lassen, haben Sie ihn gesehen?«

Nein, hatte ich nicht. Vor lauter Aufregung war ich glatt daran vorbeigelaufen.

»Wollen Sie ihn sich ansehen? Ich hoffe, er ist groß genug.«

Das hoffte ich auch.

Wir inspizierten den Container auf dem Parkplatz. Er wirkte klein.

»Diese Container sehen schmaler aus, als sie sind. Da passt eine Menge rein.«

Er legte mir seine Hand kurz auf den Arm und lächelte mir zu. Ich spürte seine Wärme auf meiner Haut.

»Dann wollen wir mal.«

Und schon standen wir wieder im Garten, und ich fummelte die Laubenschlüssel aus Raimunds Sporttasche.

»Bereit?«, fragte ich ihn und zog eine Grimasse. »Ich muss Sie warnen! Es ist kein schöner Anblick.«

»Bereit, wenn Sie es sind.« Er nickte.

Ich schloss auf, öffnete die Tür und hielt mir sofort die

Hand vor den Mund. Der Gestank war übel. Ich machte eine einladende Handbewegung in Richtung Paul. Er beugte sich in die Laube.

»Oha!« Er sah mich kurz an. »Das ist heftig.« Er zog die Tür wieder zu.

Mir wurde elend. Hoffentlich sprang er jetzt nicht ab.

»Haben Sie eine Atemschutzmaske?«, fragte er.

»Ja!« Ich nickte. »Ich habe gleich mehrere gekauft.«

Ich bückte mich zu der Sporttasche, nahm die Masken heraus und gab ihm eine.

»Danke. Was ist mit Handschuhen? Haben Sie gute Arbeitshandschuhe?«

Ich packte meine Handschuhe aus und wollte ihm auch ein Paar reichen.

»Ich kannte Ihre Größe nicht«, sagte ich, warf einen verstohlenen Blick auf seine Hände und wurde verlegen.

»Schon gut.« Er nickte mir kurz zu. »Ich habe meine eigenen mitgebracht.«

Er nahm seinen Rucksack von den Schultern und zog schwere lederne Handschuhe daraus hervor.

Ich zeigte auf die Laubentür. »Ich dachte, wir machen die Flügeltüren weit auf, so dass es gut lüftet und wir Platz haben. Ich hole die Schubkarre aus der Werkzeugkammer auf die Veranda, und dann stapeln wir die kleineren Sachen gleich da rein.«

»Ja. Gute Idee.« Er musterte mich kurz. »Sie sollten Ihre Arme bedecken. Ich hoffe, Sie wollen nicht in diesem Sommertop in der Laube arbeiten?«

»Nein, natürlich nicht.« Ich bückte mich schnell und zog Raimunds gelbe Regenkleidung und die Cowboystiefel aus der Sporttasche und hielt sie ihm mit beiden Händen entgegen.

»Oh!« Seine Augen wurden groß. »Ist das Ihre Arbeits-
kleidung?«

»Ja.«

»Aha.«

Ich deutete mit dem Kopf auf die Laube.

»Ich gehe mal eben dahinter, um mich umzuziehen.«

Er nickte.

An der Rückwand der Laube schaute ich mich um. Es
war nicht viel Platz bis zum Lattenzaun. Auf der anderen
Seite wuchsen Büsche und Bäume. Dahinter lag der Spielplatz. Ich hörte hohe Stimmen. Hoffentlich blieb ich unbe-
obachtet. Ich war nicht so locker wie Martha. Ich ging ja
nicht mal in die Damensauna.

Schnell ließ ich Raimunds Kleidung auf den Boden fallen, schlüpfte aus meinen Turnschuhen und der Jeans und
hockte mich schnell in Unterwäsche hin, damit mich keiner sah. Wo sollte ich meine Sachen aufhängen? Es war alles so dreckig. Da, über den Zaun, das war die einzige Möglichkeit. Ich richtete mich auf, legte die Jeans vorsichtig
über die Latten, zog mein Top aus und drapierte es rasch
darüber. Hoffentlich kam Paul nicht um die Laube herum.
Ich griff eilig die Wachsregenhose und zog sie schnell über
meine nackten Beine und den Po, dann stürzte ich mich in
die gelbe Jacke und zog den Reißverschluss zu. Die Wachs-
jacke lag warm und schwer auf meiner Haut. Sehr warm
und schwer. Und zwar augenblicklich. Egal. Ich zog die
Zusatzsocken für die Cowboystiefel an und dann rein in
die Boots. Als ich mich aufrichtete, fühlte ich mich wie ein
Seemann auf einer tropischen Insel. Es war heiß. Vor allem
an den Füßen. Als trüge ich feuchte Backsteine.

Ich kaute auf meiner Unterlippe und überlegte, ob das
hier eine gute Idee war. Und kam mir auf einmal töricht

vor. Dummerweise hatte ich die Klamotten vorher nicht anprobiert. Aber egal. Ich hatte keine Wahl. Ich konnte nicht im Sommertop in der Laube arbeiten. Die Viren und Bazillen würden mich fressen.

Ich stapfte zur Werkzeugkammer, öffnete die Tür und holte schwerfällig die alte Schubkarre heraus. Die Räder quietschten leise, als ich sie um die Laube herum schob.

Paul erblickte mich. Er sagte nichts. Er trug nun zu den Jeans ein langärmliges T-Shirt und hatte sich ein Baseballcap aufgesetzt.

»Hier ist die Schubkarre.«

Ich versuchte, lässig auf die Karre zu deuten. Meine Wachskleidung knautschte. Er schwieg. Dann zeigte er auf meinen Kopf.

»Sie sollten Ihre Haare bedecken. Sonst krabbeln Ihnen Spinnen und Käfer hinein.«

Stoisch zog ich meine gelbe Wachskapuze hoch und zurrte die Kordeln unter dem Kinn fest. Dann bückte ich mich zur Sporttasche, nahm die Atemmaske, zog sie über den Kopf und über Mund und Nase.

Da stand ich nun – ein gelbes Ganzkörperkondom.

Gut, dass ich die Taucherbrille zu Hause gelassen hatte.

Pauls Mundwinkel zuckten. Ich sah es genau. Er drehte sich schnell weg. Aber ich sah seine Schultern beben.

Und auf einmal spürte ich meine Nase jucken und fühlte es im Bauch kitzeln. Ich musste kichern. Paul wandte sich um und war rot im Gesicht vor unterdrücktem Lachen. Er sah mir in die Augen. Ich versuchte noch, mich zurückzuhalten. Und dann prusteten wir beide los. Wir lachten so heftig, dass wir uns bogen und die Tränen liefen. Ich riss mir japsend die Atemmaske und die Kapuze herunter und wischte mir das Wasser aus den Augen.

»Hach«, rief ich und fühlte mich sagenhaft frei um die Ohren. »Ich glaube, ich sollte mich doch noch mal umziehen.«

»Ja, das solltest du!« Er lachte laut, und es klang überraschend kindlich. So frei. Es gefiel mir sehr. Ich strich mir, immer noch kichernd, die Haare aus der Stirn.

Auf einmal wurde ich still. Wann hatte ich das letzte Mal mit einem Mann gelacht? Mich beschlich ein verstörender Gedanke. Hatte ich mit Raimund überhaupt jemals so gelacht? Ich drehte mich um, damit Paul meinen Gesichtsausdruck nicht sah.

Dann wandte ich mich ihm wieder zu. Ich hatte meine Mimik wieder unter Kontrolle.

»Paul, ich glaube, ich habe nichts Passendes anzuziehen.« War es das erste Mal, dass ich seinen Namen aussprach? Es fühlte sich ungewohnt an.

»Ich habe in meiner Laube noch langärmelige T-Shirts. Soll ich dir eins leihen?«

Ich kratzte an meiner Nase. Ich wusste nicht, was ich sagen sollte.

»Sie sind frisch gewaschen, und ich habe sie sogar gebügelt. Warte, ich hole dir eins.« Und schon war er weg aus meinem Garten, und ich sah seinen blonden Schopf über der Hecke entschwinden.

Ich setzte mich in den Regenklamotten ins Gras und zupfte an den Halmen. Immer wieder musste ich lächeln. Kurz darauf war Paul zurück und hielt mir ein weißes, langärmeliges T-Shirt und ein grünes Baumwolltuch entgegen.

Seine hellblauen Augen strahlten mich an.

»Das kannst du anziehen, und das Tuch kannst du dir um den Kopf binden.«

Ich war gerührt. Paul ließ sich neben mir ins Gras sinken. Ich griff seine Sachen, stand auf und ging hinter die Laube. Ich stieg aus Raimunds Stiefeln und befreite mich aus seiner stickigen Kleidung. Pauls T-Shirt roch gut und war weich. Ich schlüpfte hinein. Ich mochte es auf meiner Haut. Es war weit und bequem, und ich musste es nur an den Handgelenken aufrollen. Ich zog meine Jeans wieder an. Das Tuch band ich mir um den Kopf und verknotete es im Nacken unter meinem Pferdeschwanz. Dann nahm ich meine Turnschuhe. Aufatmend ging ich zurück. Paul stand auf der Veranda.

»Das steht dir sehr gut.« Er zückte die Arbeitshandschuhe und reichte mir meine.

»Ich bin übrigens Anna.«

Wir lächelten und gaben uns die Hände.

»Atemmaske?«

»Atemmaske!«

»Müllsäcke?«, fragte ich freundlich und bot ihm einen Plastiksack an.

»Müllsäcke!«

Wir setzten die Atemmasken auf, zogen die Handschuhe über, und dann öffneten wir die Flügeltüren. Ich hielt die Luft an, um nicht riechen zu müssen. Seite an Seite betrachteten wir mein neues Heim. Ich sah gammelige dicke braune Vorhänge, volle Plastiktüten, dreckige Sitzpolster, leere Bierflaschen, verschimmelte Essensreste auf Plastiktellern. Mir wurde übel.

»O mein Gott!«, hörte ich da eine dunkle Frauenstimme neben mir. Ich drehte mich um – und sah genau in Gitta Hasenkötters Augen, die über die Hecke guckten.

»Guten Morgen, Frau Hasenkötter!«

»Das ist ja SCHRECKLICH!«

Ich konnte mit der Atemmaske nur langsam nicken. Mir war nicht nach reden zumute.

»Warten Sie.« Ihre Stimme klang entschlossen. »Wir helfen! Günther!«

Sie brüllte nach hinten. Und schon hörte ich Füße auf dem Kiesweg trappeln. Gleich darauf standen Hasenkötters neben Paul und mir, beide mit Arbeitshandschuhen bewaffnet. Paul drückte ihnen Müllsäcke in die Hände, und ich gab ihnen die Reserve-Atemmasken. Dann ging es los. Wir schmissen alles, was uns in die Finger geriet, in die Müllsäcke, und die vollen Säcke in die Schubkarre auf der Veranda.

Ich nahm mir den Esstisch vor, der über und über mit angeschimmelten Tetrapacks, Zeitungen, Taschentüchern und verfaulten Essensresten bedeckt war, und versenkte ein Schauerutensil nach dem anderen in meinem Müllbeutel. Paul leerte das Regal. Es war heiß, die Sonne schien auf das Laubendach. Gitta Hasenkötter nahm die braunen, stinkenden Vorhänge ab. Wir arbeiteten schweigend. Günther Hasenkötter hatte den alten Schrank ausgeräumt und stand nun davor. Er hatte Schweißperlen auf der Stirn. »Frau Baumgarten! Wollen Sie den Schrank behalten, oder sollen wir ihn entsorgen?«

Ich betrachtete das dunkelbraune Holzmöbel. Die Leisten waren gebrochen und die Bretter waren von der Feuchtigkeit verzogen. An einigen war grün-weißer Schimmel zu sehen. Ich sah zu Paul. Er nickte.

»Weg damit!«, sagte ich.

Und ehe ich mich versah, hatten Günther Hasenkötter und Paul das Monstrum auseinandergenommen, es aus der Laube getragen und zum Container gebracht. Dann machten sie sich an das Toilettenhäuschen. Paul nahm das olle braune Plastikklo und trug es zum Parkplatz, als wäre es ein schicker Koffer. Ich war ihm so dankbar, dass ich gar nichts sagen konnte. Ich lief den Weg hinunter und sah ihm hinterher. Gitta nahm die beladene Schubkarre und schob sie an mir vorbei zum Container.

»Guten Tag«, hörte ich plötzlich hinter mir, und da stand ein kahlköpfiger Mann.

»Darf ich mich vorstellen? Akin, mein Name. Ödül Akin. Ich habe den Garten neben Lene.«

Der Garten mit den Obstbäumen und der Rutsche! Ich schlüpfte aus den Arbeitshandschuhen, riss mir die Maske vom Gesicht, schüttelte ihm die Hand und nannte ihm meinen Namen.

»Ich glaube, Sie können noch Hilfe gebrauchen.«

Und schon war Herr Akin in meinem Garten verschwunden.

»Wie läuft es, Anna?«, fragte da eine weibliche Stimme, und da stand Lene. »Es geht ja richtig voran!«

Ich rang um Fassung. »Ich kann es nicht glauben. Mir helfen Menschen, obwohl sie mich gar nicht kennen.«

»Ja«, sagte Lene und schaute sehr zufrieden. »So ist das hier im Verein. Wir halten zusammen.«

Ich schluckte. Ich hatte so etwas schon sehr lange nicht mehr erlebt. Wenn überhaupt.

»Ich weiß gar nicht, wie ich mich bedanken soll.«

»Anna«, sagte sie und tätschelte meinen Arm. »Ein einfaches Danke genügt vollkommen.«

Sie legte den Kopf schief. »Ich bin nicht so fit beim Tragen und Laufen. Aber was hältst du davon, wenn ich euch guten Kaffee bringe?«

Und dann, als die Laube keine Stunde später ausgeräumt war und alle Schränke und der Tisch, die alten, vergammelten

130

Stühle, Decken, Polster, Vorhänge und die unzähligen Mülltüten im Container lagen und ich die Laube durchgefegt
hatte, standen wir alle in meinem Garten. Lene, Paul, Gitta,
Günther und Ödül. Wir tranken aus Lenes Kaffeebechern
starken Kaffee, ich verteilte meine Schokolade, und Gitta
und Günther rauchten und gaben Ratschläge. Ödül erzählte,
wie sie letztes Jahr Heumanns Laube ausgeräumt hatten.
Mir wurde warm ums Herz.

»Ich weiß gar nicht, wie ich euch danken soll«, sagte ich.
Und dann wurde mir plötzlich mulmig, denn ich wollte
keinem etwas schuldig sein.

»Och«, sagte der Günther. »Da wüsste ich schon was. Ein
Kasten Bier ist immer schön.«

So einfach war das also. Ich nickte.

Paul schulterte seinen Rucksack.

»Apropos – ihr könnt alle mitkommen – ich habe Bier
kalt gestellt. Auch alkoholfreies, Ödül. Wer möchte?«

Und bevor ich noch zwinkern konnte, waren alle auf
und davon, und ich stand auf meiner Veranda und blickte
in die leer geräumte Laube. Ich konnte nicht fassen, wie
schnell alles gegangen war.

Da lag es, mein neues Zuhause. Leer gefegt. Als wenn
ein Wirbelwind alles mit sich gerissen und Raum für mich
geschaffen hätte. Nur der Tisch und die Bank auf der Veranda waren geblieben.

So übel war es gar nicht. Walter hatte in der Laube nicht
geraucht. Das roch ich. Mit den Möbeln, den Stoffen und
dem Müll war der Gestank gewichen, und zurückgeblieben
war nur noch einen Hauch erdigen Geruchs. Den dunkel-
rot gefliesten Boden konnte ich mit verdünnter Zitronen-
säure reinigen. Wenn ich die Fenster putzte, den Tür- und
Fensterrahmen und den Wänden einen weißen Anstrich

verpasste, unseren Balkontisch, die Klappstühle, eine Kommode und ein Regal hineinstellte, wenn ich ein paar meiner Bilder aufhängte, meine Teller mitbrachte, meine Kaffeebecher, meine Kanne und meine Farben, Stifte und Blöcke, meine Staffelei – wenn ich all das tat, dann konnte ich mir vorstellen, dass diese Laube genauso wie meine Traumgartenlaube aussehen würde.

Und gestern war das nagelneue Campingklo geliefert worden. Ich konnte meine Jungs also hierherbringen.

Auf einmal merkte ich, wie mir vor Erschöpfung die Knie zitterten. Ich ließ mich auf die Bank fallen und fing an zu weinen.

9

Nachwuchs im Garten

Ich brauchte mir nichts schönzureden. Meine Söhne waren nun die größte Hürde auf dem Weg zum Gartenparadies. Ich musste die Sache geschickt angehen. Es war Montag, der erste Ferientag, und Max und Anton würden sich sicher weigern, in den Garten zu fahren, sobald sie morgens die Augen aufschlugen.

Glücklicherweise kam mir das Schicksal zu Hilfe. Wir hatten immer noch die Bauarbeiter im Haus. Und offenbar waren sie mittlerweile im Badezimmer in der Wohnung unter uns angekommen. Wenn das nicht praktisch war! Ich saß in der Küche und brauchte nur zu warten. Pünktlich um halb neun dröhnte der Lärm einer Bohrmaschine so ohrenbetäubend durch die Wohnung, dass die Wände wackelten.

»Mama!«, kam prompt ein Schrei aus dem Kinderzimmer. Ich stakste mit schmerzenden Gliedern hinüber.

»Was soll das denn?« Max saß kerzengerade im Bett und schaute mich entgeistert an. »Ich will schlafen!«

Anton, der eine Etage über ihm lag, presste seine Augen zusammen und steckte sich die Finger in die Ohren. Seine Füße lugten unter der Decke hervor und strampelten heftig.

»Ich weiß, ich weiß, es tut mir leid«, schrie ich. »Ihr wisst ja, die Bauarbeiten. Daran kann ich nichts ändern.«

»Das ist ja schrecklich! Das halte ich nicht aus!«

Die Bohrmaschine verstummte.

»Guten Morgen erst einmal«, trällerte ich. »Am besten, ihr zieht euch schnell an, und wir frühstücken im Garten. Da ist es ruhig und entspannend.«

»Nee, das kannst du vergessen.«

Max drehte sich mit Schwung auf die Seite und zog sich die Bettdecke über den Kopf.

»Mäxchen-Schätzchen«, säuselte ich und strich liebevoll über seinen von der Bettdecke verhüllten Arm. »Die Bauarbeiten dauern den ganzen Tag. Und ich habe schon alles für ein leckeres, gemütliches Frühstück eingepackt. Ich habe sogar frische Brötchen geholt.«

Max brummte. Anton öffnete ein Äuglein.

»Und Hörnchen?«

»Und Hörnchen! Ich weiß doch, was ihr mögt.«

Ich reckte mich zur ersten Etage des Doppelbetts, um meinen Kleinen zu streicheln. Ein scharfer Schmerz durchfuhr meinen Arm. Ich hatte mit dem Trolley Putzzeug und mehrere Eimer Farbe in den Garten gebracht und den Plumpsklokoffer mit einem Riemen auf dem Rücken getragen. Den ganzen Sonntag hatte ich wie eine Irre geputzt, mehrmals die Böden geschrubbt und die Wände geweißt, damit alles fertig war, wenn die Jungs von ihrem Vater-Wochenende zurückkamen. Und dann hatte ich das Klo aufgebaut.

Dieser Muskelkater! Ich konnte mich kaum bewegen. Äußerlich ließ ich mir natürlich nichts anmerken. Das wäre kontraproduktiv gewesen.

»Ihr wisst gar nicht, wie schön die Laube geworden ist. Sie ist leer und blitzsauber, und die Wände sind weiß. Sie ist jetzt eine Zitronenduft-Laube mit einem Hauch frischer Farbe. Wir können herrlich im Garten frühstücken.«

»Das glaube ich nicht«, brummte Max. »Lass mich in Ruhe!«

Anton schlug jetzt endgültig die Augen auf und zog sein Näschen kraus.

»Wir können da nicht auf Toilette.«

In diesem Moment setzte die Bohrmaschine wieder ein, sodass feiner Putz von der Decke rieselte. Wir sahen stumm und reglos zu.

»Doch«, sagte ich, als der Lärm abebbte, »das Klo ist da! Mit Papier! Es ist alles fertig. Ihr müsst euch nur anziehen.«

Jemand schlug auf die Wände. Es krachte gewaltig. Im nächsten Moment kreischte eine Säge. Ich lächelte.

So schnell waren meine Söhne selten aus dem Bett gekommen.

Eine halbe Stunde später saßen die Jungs neben mir im Bus und bissen müde in ihre Hörnchen, die ich ihnen gegeben hatte, damit sie nicht schlapp machten. Ab und an tauschten sie finstere Blicke aus. Als wir ausstiegen, wurden ihre Schritte immer langsamer. Ich lief voller Energie mit dem Trolley vor ihnen her, als würden mich meine Muskeln nicht quälen, und drehte mich um. »Das wird toll!«, sagte ich aufmunternd. »Die Laube ist sauber.«

Sie antworteten nicht. Wir bogen am Aushängekasten links ab und liefen den Kiesweg hinunter. Immer noch kein Wort. Ich schloss das Gartentörchen auf und ließ meine Jungs hinein. Die Vöglein sangen. Ich lachte.

»Ist das nicht schön?«

In diesem Moment dröhnte ein Rasenmäher von irgendwoher.

Sie sahen mich anklagend an.

Ich beeilte mich, auf die Veranda zu kommen, und schloss

schnell die Laube auf. Mit beiden Händen öffnete ich die Flügeltüren.

»Tadaaaa!«

Erwartungsvoll schaute ich Max und Anton an.

Hell und freundlich lag der Raum in der Morgensonne. Die weißen Wände strahlten. Es roch streng nach Farbe und nach Zitronenputzwasser. Vielleicht noch ein wenig nach Erde.

Max kratzte sich am Kinn. Anton schnüffelte.

»Seht ihr? Alles sauber. Und es stinkt nicht mehr.«

»Sie ist leer!« Max sah mich ungnädig an.

»Ja, natürlich ist sie leer. Wir haben sie ja ausgeräumt.«

»Und wo sollen wir sitzen?«

»Auf der Veranda. Und ich habe zusätzlich noch eine Picknickdecke mitgebracht. Morgen bringen wir dann unsere Klappstühle mit. Und dann suchen wir uns einen Tisch. Passt mal auf, das wird schön.«

»Und das Klo?«, fragte Max, ohne zu lächeln. »Was ist mit dem Drecksklo?«

»Wenn die Herrschaften mir bitte folgen wollen?«

Wir schritten zum Badezimmer. Ich öffnete die Tür und wies mit großartiger Geste in den Raum. Die grünen Kacheln und das Milchglasfenster glänzten im einfallenden Licht. Keine Spinnweben weit und breit.

»Alles blitzsauber!«

Sie schauten skeptisch. Anton zeigte auf den glänzenden weißen Plastikkasten auf dem Boden.

»Ist das das neue Superklo, von dem du erzählt hast?«

»Ja, es gibt nichts Besseres auf dem Markt.«

»Was, dieser Plastikkasten?« Max stieß ihn mit dem Fuß an.

Anton trat näher und hob den Deckel. Die Toilettenschüssel wurde sichtbar.

»Das sieht doch gut aus!«, versuchte ich zu motivieren.

»Da sollen wir drauf?«

»Ja, schaut mal ...« Ich hockte mich davor. »Ihr setzt euch auf die Brille wie zu Hause, und wenn ihr fertig seid, pumpt ihr hier an der Seite mit diesem Knopf, und Spülwasser kommt, und dann zieht ihr diesen Hebel ...«

Ich zeigte ihnen die Handgriffe.

»... und dann verschwindet alles im unteren Teil des Kastens, ihr drückt den Hebel wieder rein, und alles ist weg.«

»Wie weg?«, sagte Max. »Das ist doch alles noch in dem Ding unten drin.«

»Ja, aber da wird so ein Biozeugs mit Wasser hineingegeben, und dann zersetzen die Bakterien alles. Und die ganze Chose ist aufgelöst. Hier ist eine kleine Anzeige. Wenn das Klo voll ist, ist sie rot, dann muss man es leeren.«

»Ööööh«, sagte Max, »das stinkt doch bestimmt.«

»Nein, gar nicht«, sagte ich und bemühte mich, meinen Ekel nicht durchklingen zu lassen. »Dieses Biozeugs ... ähm ... duftet.«

»Und wer leert das dann aus? Ich will nicht wissen, wie das aussieht.« Max stemmte die Hände in die Hüften. »Ich leere das ganz bestimmt nicht aus.«

»Das mache ich, Max«, antwortete ich tapfer, stand auf und schüttelte mich innerlich. »Das Klo kann man ganz super tragen. Siehst du, hier ist ein Griff.«

Ich verschwieg, dass ich schon Mühe gehabt hatte, das Klo nach dem Auffüllen mit den paar Litern Wasser zu bewegen. Ich wollte gar nicht wissen, wie schwer es im vollen Zustand war. Ich klopfte auf das Plastikklo.

»Seht ihr? Ganz einfach. Es gibt sogar Entsorgungsstellen dafür.«

»Ihh«, sagte Anton, »da schwappt beim Wegtragen doch sicher was raus, oder?«

Ich schüttelte den Kopf und versuchte, die aufsteigenden dunklen Bilder in meinem Hirn wegzuschieben. »Das bleibt alles hübsch drin.« In der Bedienungsanleitung hatten sie dringend zur intensiven Pflege der Dichtungen geraten. Das fand ich verdächtig. Aber das mussten die Jungs ja nicht wissen.

»Wo ist die Anleitung?«, fragte Anton. »Ich will die Anleitung lesen.«

»So, wollen wir jetzt nicht erst einmal frühstücken?«

Ich hatte jetzt genug von dem Toilettenthema. Ich schob meine Jungs schnell auf die Veranda.

Wenige Minuten später saßen sie neben mir auf der Bank, aßen lustlos ihre Brötchen von den Papptellern und tranken Kakao aus Flaschen.

Ich wies auf den Garten.

»Ist das nicht schön, dass wir im Grünen sitzen?«

Der Rasenmäher dröhnte.

»Milan fährt mit seinen Eltern in den Ferien nach Spanien.« Max biss düster in sein Brötchen.

»Ich glaube, ich muss mal«, sagte Anton und verschwand aufs Klo. Es plätscherte. Wir hörten ihn rumoren. Wenig später kam er zurück. Er sah unglücklich aus. Ich fragte nicht.

»Ich muss auch!« Max seufzte und stand auf.

Dieser blöde Koffer würde schneller voll werden, als mir lieb war.

Kurze Zeit später war Max wieder da.

»Wenn das das Beste auf dem Markt ist …« Immerhin meckerte er nicht weiter. Er stellte sich vor mir auf. »Und was sollen wir jetzt hier machen?« Er stemmte seine Hände in die Seiten. »Das ist doch voll langweilig hier.«

Ich schlürfte mit dem Strohhalm Kakao aus meiner Flasche.

Bleib freundlich, Anna, sagte ich mir. *Immer schön freundlich bleiben. Sonst hast du verloren.*

»Möchtet ihr mir beim Streichen helfen? Ich möchte noch eine Wand sonnengelb streichen. Oder alle Wände bis zur Mitte gelb und oben weiß, sodass der Raum offener wirkt. Was meint ihr?«

Sie schüttelten die Köpfe.

»Nee.«

»Aber ihr streicht doch sonst so gerne!«

Sie schwiegen.

»Okay.« Na, das lief ja hier sehr bescheiden! Ich atmete tief durch. Wann hörte denn endlich dieser dämliche Rasenmäher auf zu nerven?

»Dann lasst uns gemeinsam gärtnern. Das macht Spaß!«

Max verdrehte die Augen. Anton sackte auf der Bank in sich zusammen.

Ich begann, leise mit den Zähnen zu knirschen. Mein Gott, war es schwer, diese Kinder zu begeistern. Nun gut, dann musste ich eben meinen letzten Trumpf ausspielen. Ich stellte meine Kakaoflasche ab, stand mit schmerzverzerrtem Gesicht auf und klopfte mir die Brötchenkrümel vom T-Shirt.

»Ich habe was für euch.«

Sie horchten auf.

»Wartet.«

Ich ging um die Laube zum Geräteraum, griff die Tüte mit den Präsenten und humpelte mit steifen Beinen zurück zur Veranda. Ein Utensil nach dem anderen legte ich auf den Tisch.

»Da! Für euch! Für meine fleißigen Gärtner.«

Max und Anton starrten auf die Geschenke.

»Ist das dein Ernst, Mama? Gießkännchen, Harke, Schaufel, Eimer? Das ist ja wie im Sandkasten.«

»Gar nicht! Das ist eine Gärtnerausrüstung für Kinder! Schaut doch mal, und diese Handschuhe. Extra klein!« Ich nahm die Handschuhe und hielt sie ihnen entgegen. »Ist das nicht toll? Das ist doch süß!«

»O Mann«, sagte Max und rieb sich müde die Stirn.

Anton schmiss theatralisch den Kopf in den Nacken und stöhnte.

Ruhig Blut, sagte ich mir, *ruhig Blut. Werd jetzt bloß nicht wütend!*

»Ach kommt, Leute. Gärtnern ist schön! Mir zuliebe könnt ihr es doch mal versuchen.«

Meine Stimme klang flehender, als ich beabsichtigt hatte. Max sah Anton an. Anton sah Max an. Anton zuckte mit den Schultern.

»Na gut. Weil du es bist.« Max seufzte. »Was sollen wir tun?«

Ich zeigte auf mein Rosenbeet und nahm dann die Handschuhe, eine Harke und einen Eimer vom Tisch.

»Ich habe mir gedacht, ihr säubert ein bisschen zwischen den Rosen? Dort duftet es schön, auch nach Lavendel. Ihr müsst nur auf die Dornen aufpassen. Kommt mal mit!«

Max und Anton schlurften hinter mir her.

Ich ließ mich vor dem Rosenbeet auf die Knie fallen. Meine Oberschenkel schrien. Ich unterdrückte ein Stöhnen, streckte meine schmerzenden Arme aus und fummelte in der Erde herum.

»So, hier greift ihr das Unkraut und lockert es mit der Harke, und dann zieht ihr es raus. Und dann werft ihr es in den Eimer. Und wenn der Eimer voll ist, kommt er auf den Komposthaufen dahinten.«

»Wie, wenn der Eimer voll ist? Wie lange sollen wir das denn machen?«, rief Anton entsetzt.

Ich schloss die Augen und zählte innerlich bis zehn.

Anton stupste mich an. Ich sah auf und reichte ihm stumm seine Ausrüstung. Er nahm sie mit hängendem Kopf entgegen und streifte die Handschuhe über, als wäre er auf dem Weg zum Schafott. Mit einem Plumps ließ er sich auf die Knie fallen. Und dann berührte er sachte, ganz sachte die obersten Erdkrumen. Es war mehr ein Streicheln.

»Was machst du?«, fragte ich Anton. Ich sah auf seinen kleinen Rücken.

»Ich arbeite.« Mein Kind klang trostlos, als hätte ich es für alle Zeiten in eine dunkle Zelle gesperrt. Ich biss mir auf die Lippen, um nicht zu lachen.

»Gut. Ich grabe dann dahinten die kleinen Kastanien aus. Schau mal. Es haben sich unzählige Bäume vom Wald her ausgesät.«

Er sah sich nicht um. Ich wandte mich an meinen Großen.

»Max, soll ich dir dein Werkzeug bringen? Du kannst an der anderen Seite anfangen.«

»Nein, danke.« Max starrte auf das Beet. Dann drehte er sich um und ging zur Veranda. Mit Todesverachtung im Blick schlüpfte er in die Handschuhe, griff die Harke und sah mich finster über das Beet hinweg an. Mein Gott, sah er süß aus! Aber das durfte ich mir auf keinen Fall anmerken lassen. Ich nickte ernst. Er begab sich an seinen Gärtnerplatz, hockte sich hin und haute die Harke wild zwischen die Pflanzen.

Ich holte den Spaten aus dem Geräteraum und begab mich an das Beet mit den Kastanientrieben. Ich hieb den Spaten in die Erde und versuchte, die Wurzeln zu lösen.

Aber es war nicht zu glauben! Diese biestigen Dinger! Sie waren nicht mal einen halben Meter hoch und kaum zu bewegen. Sie hatten sich fest in die Erde gekrallt. Ich zog an den Pflanzen, rammte den Spaten in den Boden und stellte mich auf den Trittsteg. Meine armen Muskeln! Das würden sie mir nie verzeihen. Morgen würde ich keinen Finger mehr heben können. Und dies hier – waren das etwa Ableger der Hecke? Dieser verfluchte Walter mit seiner Düngerei!

»Mann!«, stöhnte Max. »Ist das bescheuert.« Ich sah auf. Im selben Augenblick ließ sich Anton rückwärts ins Gras fallen und streckte Arme und Beine von sich.

»Das ist ja sooooo langweilig!«

Ich stieg von meinem Spaten.

»Jetzt stellt euch doch nicht so an!«

»Ach, Mama!«, schrie Max. »Wir haben Ferien! Wir wollen nicht in der Erde rumharken!« Er warf die Harke ins Gras.

»Also gut!«, rief ich. »Dann lasst es. Ich habe es nur gut gemeint. Ich dachte, es würde euch Spaß machen!«

Ich klang beleidigt. Wie meine Mutter. Ich ließ den Spaten fallen. Das hier war ein Desaster. Alles lief völlig aus dem Ruder. Ich musste das Steuer herumreißen. Wenn die Kinder nicht hier sein wollten, konnte ich meinen Garten vergessen.

»Okay, ihr habt recht.« Ich riss mich zusammen und versuchte zu lächeln. »Lasst uns was Schönes machen. Wollen wir vielleicht mal schauen, ob Lene und die Kaninchen gerade da sind?«

Anton rupfte sich die Handschuhe herunter und warf sie hinter sich. Er starrte in den Himmel.

»Müssen wir dann noch gärtnern?«

»Nein, Anton, ihr müsst nicht mehr gärtnern, wenn ihr so gnädig seid, euch die Kaninchen anzusehen.«

Anton kicherte, rollte sich auf die Seite und sah mich an.

»Vielleicht sind ja auch ihre Enkelinnen da«, fiel mir auf einmal ein. »Das wäre doch prima. Dann könnt ihr zusammen spielen.«

»Nee, Mama«, sagte Max, »wenn das Mädchen sind, dann ist das gar nicht prima. Dann will ich da nicht hin.«

»Max!« Also langsam war meine Geduld am Ende. »Jetzt wird es mir zu bunt. Du hast echt immer was zu nörgeln!«

»Was sollen wir denn mit denen anfangen?« Mein Ältester hockte sich ins Gras und verschränkte die Arme vor der Brust. »Das sind MÄDCHEN! Die spielen nicht mal Fußball.«

»Mädchen!«, tönte Anton. »Da wollen wir nicht hin.«

»Na …«, sagte ich, und meine Stimme wurde gefährlich leise. Jetzt hatte ich genug. »… das ist ja sehr schön, dass ihr nicht gehen wollt. Dann können wir ja jetzt wunderbar zusammen im Garten arbeiten. Wir haben den ganzen Tag Zeit.«

Die Jungs schwiegen.

»Boah«, sagte Max schließlich und stand auf. »Komm, Anton. Dann gehen wir eben zu Lene.« Er warf mir einen bösen Blick zu, streifte die Handschuhe ab und warf sie zu seiner Harke auf die Erde.

Ohne ein weiteres Wort stapfte er an mir vorbei zum Gartentörchen. Anton sprang auf und folgte seinem Bruder. Ich ging hinter ihnen her. Sie hatten ihre kleinen Fäuste geballt. Wir kamen zu Lenes Garten. Ich warf einen Blick über die Hecke. Lene saß auf ihrer Bank und las Zeitung.

»Huhu, Lene«, rief ich.

»Anna! Und Max und Anton! Das ist ja schön, dass ihr mich besuchen kommt.« Sie legte die Zeitung auf den Tisch.

»Wir dachten, wir schauen mal, ob deine Enkelinnen da sind.«

»Kommt rein«, sagte Lene und stand auf. »Lilly und Lotte sind hinten bei den Kaninchen.«

Max drehte sich zu mir um und warf mir einen vernichtenden Blick zu.

»LILLY! LOTTE!«, rief Lene.

»Ja?«, schrien hohe Stimmen unisono zurück.

»BESUCH!«

Im nächsten Moment standen zwei Mädchen in Sportschuhen vor uns. Sie trugen große blaue Fußballtrikots und kurze Hosen, und die Größere hatte einen Fußball unter dem Arm. Die Kleinere hatte ihre langen blonden Haare zu dicken Zöpfen geflochten. Sommersprossen überzogen beide Gesichter. Sie musterten meine Jungs.

»Ah, die Neuen.« Die etwas Größere stützte sich lässig auf die Schulter ihrer Schwester.

Ein Ruck ging durch meine Jungs.

»Max, Anton, das ist Lilly«, sagte Lene und zeigte auf das größere Mädchen, »und das hier ist Lotte.« Lotte legte den Kopf schief, lächelte, und eine große Zahnlücke wurde sichtbar. Anton starrte sie an.

»Wie alt seid ihr?«, fragte Lotte. »Wir sind schon neun.«

»Anton ist acht, und ich bin zehn«, sagte Max. Anton straffte seine kleinen Schultern.

»Na, dann geht es ja«, sagte Lilly. »Wir spielen nämlich nicht gerne Babysitter.« Sie lachte auf.

Anton sah sie verdattert an.

»Nanana«, sagte Lene. »Lilly, sei mal nicht so frech.«

»Und wir spielen nicht gerne Babysitter für Mädchen.«
Max reckte sich.

»Ach ja?« Lilly ließ ihre Schwester los und stemmte den freien Arm in die Seite. »Das wollen wir doch mal sehen, wer hier für wen Babysitter spielt.« Sie kam einen Schritt näher und sah Max direkt in die Augen. Sie war eine Spur größer als er.

»Wir gehen jetzt auf der Wiese Fußball spielen. Ihr könnt ja mitkommen. Und ihr seid besser keine Gurken auf dem Feld. Wir spielen nämlich im Verein.«

»Ja, genau«, sagte Lotte und stemmte beide Arme in die Seiten. »Wir spielen im Verein.«

»Aber ihr seid Mädchen!«, rief Anton.

»Eben! Los!«, rief Lilly. »Mädchen gegen Jungs. Wer zuerst da ist!«

»Attacke!«, schrie Lotte.

Und im nächsten Augenblick stoben sie an uns vorbei. Max und Anton starrten sich an. In ihren Augen lag pure Begeisterung! Ohne mich eines Blickes zu würdigen, rasten sie den Mädchen hinterher.

»Na, wartet!«, krähte Anton. »Wenn wir euch kriegen!«
Die Füße trappelten wüst auf dem Kiesweg – und schon waren sie verschwunden.

»Was war denn das?« Ich sah Lene verblüfft an. »Wo sind sie denn hin?«

»Oben an der Straße ist doch die große Wiese. Da spielen sie immer Fußball.«

Ich konnte es nicht fassen.

»Die scheinen sich gut zu verstehen.« Lene räumte ihre Zeitung vom Tisch. »Komm, nimm Platz. Ich mache uns einen Kaffee. Wir haben jetzt Zeit. Die kommen so schnell nicht wieder.« Sie verschwand in der Laube.

Ich ließ mich auf der Bank nieder. Max und Anton. Sieh mal einer an! Diese faulen Gärtner! War es tatsächlich möglich, dass meine Jungs gerade an etwas im Garten Gefallen gefunden hatten?

Ich hob den Kopf, sah in den strahlend blauen Himmel und lächelte.

10

Der perfekte Mann

Rein mit der Hacke, lockern, Wurzel greifen, feste ziehen, loslassen. Und wieder rein mit der Hacke, lockern, greifen, ziehen, loslassen.

Die Erde war noch feucht von der Nacht. Die Rosen und der Lavendel dufteten. Die Vögel zwitscherten. Ich hörte meinen Atem, und die Erdkrumen rieselten warm zwischen meinen Fingern hindurch. Ich hatte die Gartenhandschuhe abgelegt. Ich wollte die Erde spüren. Dass Unkrautziehen so beruhigend sein konnte. Es hatte etwas Meditatives.

Ich richtete mich auf meinem Kniekissen vor dem Rosenbeet auf und wischte mir mit dem Handrücken den Schweiß von der Stirn. Paul arbeitete mit dem Spaten ein paar Meter weiter im Gemüsebeet. Das T-Shirt hatte er in der Hitze ausgezogen. Seine Muskeln glänzten in der Sonne. Er stieß kräftig zu. Und bewegte sich dabei sehr geschmeidig.

Als ob er meinen Blick gespürt hätte, schaute er auf. »Wie klappt es mit dem Hahnenfuß?«

»Er krallt sich in die Erde, als würde er spüren, dass ich ihn erwischen will.«

Paul lachte. »Kriechender Hahnenfuß ist hartnäckig. Aber wenn der Boden wieder locker ist und sich die Nässe nicht mehr so staut, wächst er nicht mehr stark nach. Schau zu, dass du ihn an der Wurzel erwischst.«

Ich sah bedauernd auf die vielen kleinen ausgerupften gelben Blüten neben mir im Gras. »Und dabei ist er so hübsch!«

»Hübsch, aber leicht giftig, und er wuchert.« Er griff nach dem Spaten und beugte sich wieder über das Beet. Ich sah ihm verstohlen zu.

Paul war heute so selbstverständlich in meinem Garten aufgetaucht, als wäre er schon immer jeden Samstag gekommen. Wir hatten noch nicht sehr viel geredet. Er hatte sich gleich an die Arbeit gemacht. Jetzt hob er die kräftigen Birken- und Kastanientriebe aus, die sich vom Wald her über die Hecke in meinem Garten ausgesät hatten. Mein Gott, war ich froh, dass ich sie nicht selbst beseitigen musste! Ihm schien es nichts auszumachen. Seine geschmeidigen Muskeln spielten bei jedem Spatenhieb. Ich bekam auf einmal Lust, ihn zu zeichnen. Ein schlanker blonder Löwe. Mit hellblauen Augen und dichter Mähne, bereit zum Sprung.

Ich lächelte. Lecker, würde Martha sagen.

Er sah wieder auf und lächelte mir zu. Schnell nahm ich die Harke und beugte mich konzentriert über mein Beet.

Es war eine schöne erste Ferienwoche gewesen. Seit Ewigkeiten hatten wir nicht mehr so gut geschlafen. Die viele frische Luft tat uns gut. Wenn morgens die Bohrmaschinen im Haus zu dröhnen anfingen, waren wir schon auf dem Weg zum Garten. Lene kam während der Woche früh ins Grüne, und Max und Anton verbrachten fast die gesamte Zeit mit den Kaninchen und mit Lilly und Lotte. Mittags aßen wir unsere mitgebrachten Butterbrote, tranken das Wasser aus der Leitung und dösten ein wenig in der Sonne auf der Veranda, bevor die Jungs wieder davonliefen, zu den

Mädchen und zu den Tieren. Die Zwillinge spielten gut Fußball und konnten Hütten bauen. Max und Anton waren begeistert. Ich hörte die Kinderrufe manchmal vom Spielplatz. Und mein Körper hatte sich an die Gartenarbeit gewöhnt. Hier und da zwackte es noch, aber die schlimmen Anfangszeiten waren vorbei.

Verliebt betrachtete ich meine Laube. Es sah alles so friedlich aus. Die Flügeltüren standen weit offen, damit der Geruch der Farbe verflog. Ich hatte die Wände bis zur Mitte gelb gestrichen und hatte ein paar von meinen schönsten Baum- und Blumenbildern aufgehängt. Lene hatte einen runden Tisch aus ihrem Schuppen übrig gehabt, und wir hatten unsere Holzklappstühle vom Balkon im Bus mit hergebracht. Auf den Tisch hatte ich die gelbe Decke gelegt, die ich vor Jahren genäht hatte, und ein Glas mit frischen Rosen aus dem Garten darauf gestellt. Aus alten Weinkisten hatte ich ein Regal gebaut, in dem all unsere Gläser, Tassen und Teller Platz fanden. Irgendwann würde ich noch passende Vorhänge nähen und vielleicht einen kleinen Flickenteppich auslegen. Es war ein bisschen wie Puppenstube spielen. Alles hatte seinen Platz. Alles war schön übersichtlich und einfach.

Ich warf einen langen Blick auf den schönen Paul. Vergnügt summte ich vor mich hin. Ich beugte mich vor und machte mich wieder an die Erdarbeit. Rein mit der Hacke, lockern, greifen, ziehen, loslassen.

Da hörte ich ein Knirschen auf dem Kiesweg.

»Anni, huhu, Anni!«

Ich wandte mich um, und dort stand Martha hinter der Hecke und wedelte mir wild und lachend zu. Die treulose Tomate! Ich presste die Lippen zusammen. Ich hatte sie seit unserem Streit nicht mehr gesprochen. Martha tat unschuldig, als hätte sie meinen Gesichtsausdruck nicht gesehen, und rüttelte an dem Gartentörchen.

»Du musst nur die Klinke runterdrücken.« Ich betrachtete sie aus schmalen Augen. »Es ist offen.«

Martha betätigte die Klinke und sah verwirrt auf die Mechanik.

»Huch«, sagte sie, »diese alten Türchen, ganz schön wackelig, was?«

Im nächsten Augenblick war sie drin. Und starrte auf Paul, der gerade einen größeren Trieb aushieb und von ihr abgewandt stand. Ihr Blick wanderte von seinem Po über seinen durchtrainierten nackten Rücken nach oben, und ihre Augen wurden immer größer. Sie schnalzte mit der Zunge. Ich sah sie entsetzt an und zeigte ihr einen Vogel. Martha grinste breit und klapperte unschuldig mit den Wimpern. Paul drehte sich um.

»Guten Tag«, grüßte er freundlich.

»Einen wunderschönen guten Tag«, flötete Martha mit lauter Stimme, ging mit großen Schritten auf Paul zu und streckte ihm ihre Hand entgegen. Sie schüttelte seine herzlich.

Ich räusperte mich.

»Das ist Martha, meine beste Freundin. Und das ist Paul, mein …«

»Gärtner!«, sagte Martha und lachte hell.

»Nein.«

Ich fühlte, wie meine Wangen heiß wurden. »Paul ist auch hier im Verein und so lieb, mir zu helfen. Ich habe ihn sozusagen gebucht. Auf Stundenbasis, weißt du.«

»In der Tat, in der Tat, wie lieb.«

Martha lächelte Paul herzlich an.

»Da kann die Anni sich aber freuen. Sind Sie allein hier?«

Paul blickte sie amüsiert an.

»Ja.«

»Und Ihre Frau ist auch in der Nähe?«

»Äh …«, sagte ich und sprintete zu ihr, »… Martha, lass dich doch mal drücken.«

Ich riss die verblüffte Martha fest in meine Arme und raunte in ihre wilden roten Locken dicht an ihrem Ohr: »WEHE!«

Martha befreite sich atemlos und richtete ihr Haar. Ich griff sie fest am Arm.

»Soll ich dir die Kleingartenanlage zeigen?«

Meine Stimme klang zuckersüß. Sie blickte mir verdattert in die Augen und nickte langsam.

»Dann komm mal!« Zack, schon hatte ich sie am Arm gepackt und aus dem Garten bugsiert.

»Wir sind gleich wieder da!«, rief ich nach hinten zu Paul.

»Kein Problem«, antwortete er und beugte sich wieder über das Beet.

Eiligen Schrittes schob ich Martha davon.

»Sag mal, bist du noch bei Trost?«, zischte ich ihr ins Ohr, sobald wir außer Hörweite waren. »Willst du meinen – Gärtner verschrecken?«

Wir entfernten uns immer weiter von der Laube in Richtung Eingang, für Martha wohl der Ausgang. Langsam hatte sie sich wieder im Griff.

»Spinnst du?«, fragte sie schnippisch zurück. »Ich habe doch gar nichts getan.«

»›Ihre Frau ist auch in der Nähe?‹«, äffte ich sie nach.

»Ja, und?«

Sie sah mich trotzig an. »Das ist doch eine ganz harmlose Frage.«

Ich schnaubte meine Haare aus dem Gesicht.

»Aber Anni, der ist doch so süß!« Marthas Gesichtszüge hellten sich schlagartig auf.

»Der perfekte Mann für dich. So kräftig und durchtrainiert. Diese Muskeln. Und dieser Po! Und dann die Augen. Hast du seine Augen gesehen? Himmelblau! Diese Wimpern würde ich mir glatt ankleben, so lang sind die. Und diese hübschen Haare. Wie sehen denn seine Hände aus? Hast du seine Hände gesehen?«

»Martha, hör jetzt auf. Paul ist doch nur mein Gärtner.«

»Also doch ein Gärtner!«

Sie wippte begeistert auf den Zehen.

»So eine Art eigener Poolboy!«

»Nein. Natürlich nicht«, empörte ich mich. »Und woher willst du eigentlich wissen, ob er der perfekte Mann für mich ist? Du kennst ihn doch gar nicht! Du kannst doch einen Mann nicht nach dem Aussehen beurteilen.«

»Kann ich ganz locker«, sagte Martha, »erst das Aussehen, dann die Prüfung. Er muss schon lecker aussehen, bevor man reinbeißt.«

»Du bist unmöglich.«

Martha stupste mir den Ellenbogen in die Rippen.

»Komm, Anni, gib es zu. Du findest ihn doch auch süß!«

Ich stupste zurück. »Nein, überhaupt nicht! Es ist ein rein geschäftliches Interesse. Abgesehen davon ist deine Bemerkung sexistisch. Du darfst Männer nicht mit Nahrungsmitteln vergleichen.«

Ich klang sehr überzeugend. Unruhig sah ich mich um, ob einer der Gartennachbarn unser Gespräch belauschen konnte. Ich beschloss, das Thema ein für alle Mal zu beenden.

»Was willst du eigentlich hier?«

»Ich wollte dich besuchen, das will ich hier. Wie es sich für eine gute Freundin gehört.«

Jetzt war es an mir, ein Ach loszuwerden. »Ach, tatsächlich? Eine gute Freundin?« Ich schnaubte verächtlich. »Macht das eine gute Freundin, erst ihre Hilfe zusagen, um sich dann schnöde vom Acker zu machen?«

Martha warf ihre roten Haare zurück. »Wir waren in Leipzig.«

»Jaja, bei Geros Oma.«

»Ja, genau.«

»Und, war es schön?«

»Ja, sehr schön. Sie ist schon etwas alt und schwerhörig, aber sie ist ganz reizend.«

»Kann sie denn überhaupt noch reden?«, fragte ich und ballte die Fäuste.

»Ja, stell dir mal vor«, sagte Martha, und ihr Gesicht verfinsterte sich. Sie trat einen Schritt zurück.

»Weißt du was, Anni, ich glaube, ich gehe jetzt besser.«

Sie drehte sich auf dem Absatz um und ließ mich stehen. Ich sah ihren weiten Rock energisch um ihre Beine schwingen, als sie den Kiesweg gen Ausgang hinunterpreschte.

Auf einmal tat es mir leid.

»Martha!«

Sie würdigte mich keines Blickes.

»Es tut mir leid.«

Sie blieb abrupt stehen und wandte sich um. Mit großen Augen sah sie mich an. Ihr Kinn zitterte. Ich rannte zu ihr und nahm sie fest in die Arme.

»Du blödes Huhn, du. Warum sagst du denn nicht einfach, dass du nicht helfen willst?«

»Tut mir so leid, Anni, ich hätte Geros Oma absagen können.«

Ich zögerte. Dann sagte ich:

»Ja, hättest du! Aber gib es zu, das wolltest du gar nicht.«

Martha kicherte. Sie löste sich aus meinen Armen.

»Aber vielleicht war es auch besser so. Es war dreckig und eklig, und du hättest dir sicher fiesen Lippenherpes geholt.«

Sie verzog ängstlich den Mund. Ich konnte Martha nicht länger böse sein. Martha, die Panik vor den Bakterien des Paketboten hatte. Wie hatte ich das vergessen können? Ich nahm sie noch einmal fest in die Arme.

»Lass uns ein anderes Mal darüber sprechen. Ich muss jetzt zurück in den Garten.«

»Soll ich dir helfen?«

»Nein«, sagte ich und meinte es auch so. Bloß nicht wieder Martha auf Paul loslassen. »Das klappt schon alles ganz prima. Die helfen mir alle hier.«

Martha lächelte erfreut. Dann wurde sie ernst. »Rufst du mich wieder an?«, fragte sie.

»Ja, klar. Gleich heute Abend.«

Ich schob sie sachte, aber bestimmt in Richtung Parkplatz vor ihr kleines blaues Auto. Ich küsste sie herzlich auf die Wangen und winkte ihr nach, als sie mit quietschenden Reifen davonfuhr.

Ich atmete auf. Das war noch einmal gut gegangen. Es wäre peinlich geworden, hätte Paul Marthas Leidenschaft bemerkt, mich verkuppeln zu wollen. Martha, die treue Seele, kam gar nicht auf die Idee, dass ein Mann an mir kein Interesse haben könnte.

Langsam ging ich zurück zum Garten. Vom Törchen aus erblickte ich ihn, meinen Gärtner Paul. Er war konzentriert bei der Arbeit. Ich schaute auf seinen Po. Und seine starken Arme. Und ich riss mich zusammen. *Anna-Maria!,* schalt

ich mich stumm. *Hör auf mit dem Schwachsinn. Komm runter!*
Denk an Raimund! Ich ging zu meinem verlassenen Arbeits-
platz im Beet, ließ mich auf die Knie nieder und griff zu
meiner kleinen Harke. Nichts als Ärger hatte man mit den
Männern, vor allem mit den schönen! Wie konnte ich das
auch nur für einen Moment vergessen?

Plötzlich hieb ich die Harke voller Wut in den Boden,
dass die Wurzeln in alle Richtungen flogen. Und auf einmal überkam es mich. Ich richtete mich auf den Knien auf.
»Paul«, sagte ich und sprach eine Spur zu hoch, »ich weiß ja
gar nichts von dir. Erzähl doch mal – was machst du denn
so?«

Er hielt inne und schmunzelte. »Was willst du denn wissen? Wo meine Frau ist?«

»Nein«, sagte ich und lachte gezwungen. »Nein, das
nicht, aber zum Beispiel: Was arbeitest du denn so?«

»Ach, mal hier und mal da«, antwortete er ausweichend,
lächelte und fing wieder an zu graben. Er warf mir einen
schnellen Blick zu. »Gerade jetzt zum Beispiel arbeite ich
für ein neues Kleingartenmitglied.«

Aha. Wahrscheinlich war er arbeitslos, und es war ihm
peinlich, das zuzugeben. Er hielt sich vermutlich mit diver-
sen Jobs über Wasser.

»Haha«, lachte ich. »Und kommst du hier aus der Stadt?«

Er grub weiter und presste beim nächsten Spatenhieb
zwischen den Zähnen hervor: »Ja, bin hier aufgewachsen.«

Musste ich ihm jedes Wort aus der Nase ziehen? Das
sollte ich gleich mal Martha erzählen. Von wegen der perfekte Mann und so. Eloquent war Paul offenbar schon mal
gar nicht. Ich beschloss, weiter auf den Busch zu klopfen.

»Und, hast du deinen Garten schon lange gepachtet?«

Er richtete sich auf und stützte sich auf dem Spaten ab.

Er bohrte die Zunge in die Wange. Dann sagte er langsam: »Etwa drei Jahre.«

»Wie bist du denn dazu gekommen?« Ich tat so, als bemerkte ich seinen amüsierten Gesichtsausdruck nicht. »Ist das nicht ungewöhnlich, so als Mann Mitte 30 alleine einen Garten zu pachten?«

Ich fand mich sehr geschickt.

»Ha, da muss ich dich leider enttäuschen, ich bin 42.«

Ich frohlockte. Das hatte ich natürlich gemutmaßt. Gut sah er aus, der Paul, aber jung nicht.

»Also dann, mit Anfang 40?«

Gleich würde er mir sicherlich erzählen, dass das nicht sein eigener Garten war, sondern der seiner Eltern, und dass er ihn geerbt hatte. So einer war das bestimmt. Einer von diesen Schönlingen, die sich ins gemachte Nest setzten. Ich quetschte den Harkengriff.

Er fing wieder an zu graben.

»Ich wollte meine Frau hier verbuddeln.«

Ich fuhr auf.

»Ach Quatsch«, sagte er und richtete sich lächelnd auf, »das war nur ein Witz. Ich habe gar keine Frau.«

Ich ächzte. Und kicherte. Und dann fragte ich mit betont harmloser Stimme:

»Hast du denn nie geheiratet?«

»Nope.«

Er fing wieder an zu graben.

Ich kratzte mich am Ohr und war unschlüssig, ob ich weiterfragen sollte. Womöglich war es doch auffällig. Aber meine Neugier war stärker.

»Hast du denn nie die Richtige gefunden?«

»Ach«, sagte er und lächelte breit, »das will ich so nicht sagen. Es gab schon die eine oder andere. Aber es waren so viele. Irgendwie konnte ich mich nicht so recht entscheiden ...«

Aha. Ich wurde plötzlich wieder wütend. So einer war das also. Ich griff die Harke mit Wucht. Ein Hallodri! Hatte ich es doch gewusst.

»Du, Anna«, sagte Paul da und stützte sich auf seinen Spaten. »Ich finde unser Gespräch ja sehr interessant. Aber ich muss jetzt weg und ein paar Sachen erledigen. Nächsten Samstag gegen Mittag könnte ich wiederkommen. Und dann habe ich Urlaub und wäre auch wochentags da.«

Er lächelte mich an, und meine Wut verflog. Er hatte so ein offenes Lächeln. Es war entwaffnend.

»Okay. Dann nächsten Samstag. Halb zwölf?«

Er nickte, griff nach seinem T-Shirt und zog es sich über den Kopf. Ich schaute mit leichtem Bedauern zu.

»Wie viel bekommst du denn jetzt eigentlich von mir für deine Arbeit, Paul?«

Er warf mir einen schnellen Blick zu. »Es ist noch nicht so viel. Ich glaube, um die 80 Euro? Ich weiß es nicht genau. Ich habe mir die Stunden zu Hause aufgeschrieben.«

Ich sah ihn erstaunt an. Ich hatte mir die Stunden natürlich auch notiert. Das war wirklich preiswert. »Bist du sicher?«

»Ganz sicher. Das sind die üblichen Preise hier im Verein. Oder willst du sie hochtreiben?« Er grinste. »Wir rechnen das zum Schluss ab, ja?«

Er kam auf mich zu und reichte mir die Hand.

»Bis nächste Woche.«

Und weg war er.

Etwas unschlüssig stand ich auf und wusste nicht, was ich tun sollte. Dieser Paul verwirrte mich. Und man bekam überhaupt nichts aus ihm heraus. Wieso tat er so geheimnisvoll? Eben noch ein guter Kumpel, und dann? Ich setzte mich auf den Rasen und riss missmutig ein paar Grasbüschel heraus.

»Mama!«, rief Anton.

Er stand mit Max am Gartentörchen. Lilly und Lotte standen neben ihnen und winkten mit langen Armen: »Halloooo, Frau Baumgaaarten! Wir geben Ihnen Ihre Jungs zurüüüück!«

Im nächsten Augenblick stoben sie kichernd davon, dass ihre Zöpfe nur so flogen.

»Wartet nur, wir kriegen euch!«, rief Anton begeistert und reckte seine kleine Faust in die Luft.

»Die Lillylottes gehen jetzt zu Lene essen, und dann müssen sie zu ihrer Mutter. Und wir haben auch Hunger«, sagte Max. Die beiden kamen in den Garten und ließen sich rücklings neben mir ins Gras fallen.

»Die Lillylottes, soso.«

»Oder die Lottelillys«, sagte Anton und hatte glänzende Augen. Ich schob meine Gedanken an Paul zur Seite. Wie schön, dass es meinen Jungs so gut ging.

Und dann holte ich meinen Picknickkorb aus der Laube. Wir suchten uns ein Plätzchen auf dem Rasen unter den Bäumen und breiteten die Picknickdecke aus. Ich verteilte bunte Pappteller, Becher und Servietten und reichte jedem eine gebratene Hähnchenkeule. Es gab Baguette und frische Äpfel. Wir saßen da und hörten unser eigenes Schmatzen, die Vögel sangen, und die Sonne schien warm, aber nicht zu heiß im Schatten der Bäume. Zum Nachtisch verteilte ich Mousse au Chocolat und die urigen Löffel aus Oma Erikas Nachlass, die mit den kleinen Stadtwappen darauf.

Es schmeckte so gut an der frischen Luft. Es störte auch nicht, dass Ameisen um uns herumkrabbelten und Bienen uns umschwirrten. Wir lagen im hohen Gras auf der Picknickdecke, Max' Kopf auf meinem Bauch, Anton in meinem Arm. Unsere Bäuche waren schön satt und warm, da waren wir uns einig. Wir schauten in den Himmel, und ich kraulte Max' Haare, und wir überlegten, was die Wölkchen wohl für Tiere waren.

Kein Spaziergänger kam und quatschte uns zu, und keine Horden anderer Menschen liefen um uns herum wie im Stadtpark. Weit und breit keine Bohrmaschinen oder Rasenmäher. Schließlich sprang Anton auf, nahm eine Gartenharke und spielte in unserem zugewucherten Gartenbeet Archäologe in Ägypten.

Das hier, das war ein kleines Stück vom Paradies.

»Boah! Mama!«, rief Anton. Seine Stimme klang hellauf begeistert.

Max fuhr hoch. Ich hob die Hand gegen die Augen, um nicht von der Sonne geblendet zu werden, und sah Anton über uns stehen. Ein Schatten gegen den blauen Himmel. Er hielt etwas Längliches, Gebogenes in der Hand.

»Ist das nicht cool, Mama? Schau mal, was ich gefunden habe. Ich wette, so was haben die Lottelillys nicht.«

Im nächsten Moment landete das coole Etwas dicht neben mir auf der Picknickdecke. Es war ein verrosteter Wasserhahn.

»Und hier«, schrie Anton schon wieder aus dem Beet. Ich hörte ein »Kling« des Spatens auf Stein. »Hier ist noch was, vielleicht ein Schatz. Komm mal, Max, komm mal.«

Und während Max aufsprang, dachte ich nur: Man soll nicht glauben, was die Leute alles wegschmeißen. Und plötzlich schoss mir durch den Kopf: Nächsten Samstag kommt Paul. Ob ich für ihn vielleicht auch mal ein Picknick zubereiten sollte?

11

Ein schönes Picknick

Ich schlug die Augen auf – und war sofort hellwach. Heute war wieder Samstag. Heute waren die Jungs bei Raimund. Heute würde ich Paul mit einem Picknick überraschen!

Ich hatte mir die Sache in der letzten Woche gut und lange überlegt. Und ich war zu dem Schluss gekommen, dass ich meine persönlichen Abneigungen gegen schöne Männer in diesem Fall beiseiteschieben musste. Denn ohne Zweifel war Paul eine große Hilfe im Garten. Er tat viel mehr, als er tun musste. Nicht nur die körperliche Arbeit, sondern sein Rat, ja, seine Expertise – im Grunde war er unbezahlbar. Er konnte ja nichts dafür, dass er so aussah, wie er aussah, und es war nur recht und billig, ihn auch einmal nett, ganz ungezwungen und harmlos im Garten, quasi öffentlich und unter Aufsicht aller Gartennachbarn, zum Essen einzuladen. Ein paar Häppchen, ein schönes Getränk – das gehörte sich einfach so, der Höflichkeit halber. Selbst meine Mutter würde darauf bestehen. *»Anna-Maria«*, würde sie sagen, *»du musst dich erkenntlich zeigen, wenn dir jemand zu Diensten ist. Knausere nicht am Trinkgeld. Das fällt immer auf dich zurück.«*

Und ausnahmsweise musste ich meiner Mutter recht geben. Also brauchte ich sie auch gar nicht erst zu fragen. Es war eine kleine Garteneinladung unter Nachbarn. Und nichts anderes. Und jetzt musste ich mich ranhalten.

Ich sprang auf, lief in die Küche, trank schnell einen Kaffee und aß einen Marmeladentoast. Dann band ich mir die Küchenschürze um, steckte die Haare fest im Nacken zusammen und machte mich ans Werk. Ich goss Olivenöl in die Pfanne, nahm das Rinderhack aus dem Kühlschrank und warf es in das brutzelnde Fett. Ich plante eine *Lasagne Speciale à la Anna*, in meinem roten französischen Schmortopf gegart, schön scharf mit Orangenpfeffer abgeschmeckt, Crème fraîche und einem deftigen Gruyère. Ob es ihm schmecken würde? Ich hatte alles gut geplant. Die Lasagne konnte ich im Einkaufstrolley mitnehmen. Es gab frische Feigen zum Nachtisch, und gestern Abend hatte ich noch einen Apfelkuchen gebacken, mit Streuseln und Zimt. Er stand auf dem Küchentisch und duftete himmlisch.

Mit Schwung rührte ich das Fleisch und summte vor mich hin. Ich musste immerzu lächeln.

Die letzte Woche war sehr erfolgreich gewesen. Die Jungs und ich hatten mehr oder weniger die ganze Zeit im Garten verbracht und waren bei dem schönen Wetter richtig braun geworden. Ich hatte den kriechenden Hahnenfuß restlos aus dem Boden gezogen. Es war mir anfangs unmöglich erschienen, alle Pflanzen auszustechen, so fest und weiträumig hatten sie sich in die Erde gekrallt, aber es war mir tatsächlich gelungen. Dann hatte ich den Rasen mangels Sense mit einer alten Heckenschere vorgeschnitten und anschließend mit Walters Handrasenmäher bearbeitet. Er sah jetzt nahezu ordentlich aus. Und schließlich hatte ich den Schuppen aufgeräumt. Die Pflanztöpfe standen jetzt ordentlich gestapelt und jedes Werkzeug hatte seinen Platz. Ich fand meinen Garten wunderschön. Er hatte sich sehr verändert, und ich konnte es kaum abwarten, Paul alles zu zeigen. Er war schließlich eine Woche nicht mehr bei uns gewesen.

Ich hantierte eifrig. Als alles zubereitet war, duschte ich, cremte mich ein und zog mich um. Zur Feier des Tages wählte ich ein luftiges Baumwollkleid und Sandaletten mit Absatz, legte etwas Lippenstift auf und tuschte mir die Wimpern. Eine fremde Frau schaute mir aus dem Spiegel entgegen. Ich hatte mich länger nicht mehr so gesehen. Ich gefiel mir.

Zum Schluss schlug ich den Schmortopf in dicke Lagen Zeitungspapier ein, bepackte den Trolley mit den Leckereien und fuhr mit dem Bus zu meinem Garten. Die letzten Meter wäre ich am liebsten gerannt. Schon von Weitem sah ich, dass Hasenkötters noch nicht da waren. Die Markise war eingefahren. Welch ein Glück! Paul und ich würden ungestört reden können. Vielleicht würde er sich dieses Mal ein bisschen öffnen?

Liebevoll deckte ich den Tisch auf der Veranda, öffnete den Rotwein und stellte den Schmortopf mit der Lasagne, die Feigen und den Apfelkuchen dazu. Ich schnitt Rosen aus dem Garten und gab sie in eine Vase. Dann setzte ich mich in die Ecke der Laube an den Tisch und zeichnete mit meinen Buntstiften auf gefaltetes Papier lustige Tischkarten. Für Paul malte ich einen sportlichen Gärtner mit Schubkarre und für mich eine Gärtnerin mit Schlapphut. Ich musste lächeln.

Da! Ich hörte Pauls Stimme. Und eine weibliche. Er hatte offenbar Gitta getroffen und musste sein obligatorisches Pläuschchen über die Gartenhecke hinweg halten. Ich sprang auf.

»Anna?«

Voller Freude riss ich die Laubentür auf. »Paul?«

Ich blickte in ein schönes weibliches Gesicht. Groß, blond, dichte Wimpern, roter Mund, ein gebräuntes Dekolleté, Shorts, hübsche schlanke Beine und zierliche Füße in schmalen Ledersandalen. Fußkettchen. Lackierte Fußnägel.

»Oha!«, sagte der rote Mund und wich ein Stück zurück. »Da kommt aber jemand gepoltert!«

»Hallo, Anna«, grüßte Paul freundlich.

»Hallo«, antwortete ich und kam mir dumm vor.

»Anna, das ist Sabine Rodenberg. Ich wollte sie dir kurz vorstellen. Sie hat den Garten dir gegenüber gepachtet.«

Sabine streckte ihre Hand aus. Eine hübsch gebräunte Hand. An ihrem Handgelenk baumelte ein zierliches silbernes Armband. Aus irgendeinem Grund machte mich das wütend.

»Hallo«, sagte Sabine Rodenberg und schaute auf mich herab. »Freut mich, Sie kennenzulernen.«

»Hallo.« Meine Stimme klang eine Spur zu hoch. »Anna Baumgarten.«

Hatte Paul eine Freundin? Ich spürte meine Wangen heiß werden.

»Wir möchten Sie nicht stören, der Paul und ich«, sagte Sabine Rodenberg. »Sie erwarten ja offenbar Besuch.«

Sie deutete auf den gedeckten Tisch.

Wieso sagte sie »wir« und »der Paul und ich«?

»Stören wir, Anna?«, fragte Paul. »Wir können auch später wiederkommen.«

Ich schüttelte den Kopf.

Sabine Rodenberg ließ den Blick über meinen Garten wandern.

»Ich wusste ja, dass Walters Garten völlig verwildert war. Aber das ganze Ausmaß des Malheurs war mir nicht bewusst. Sie Arme! Wie schade, dass der Garten so verkommen ist, nicht wahr, Paul? Da ist ja gar keine Ordnung mehr. Da ist ja immens viel zu tun.«

Ich holte tief Luft. »Möchten Sie vielleicht etwas trinken?«, fragte ich betont höflich.

»Nein«, sagte Paul. »Ich wollte dir nur schnell Bescheid sagen, dass ich etwas später komme, weil Sabine noch Fragen zur Gartengestaltung hat. Sie will einen Gartenteich anlegen.«

Aha. Sabine. Interessant. Später kommen. Aha!

»Das passt mir ganz gut«, erwiderte ich kühl, »ich habe ja auch viel zu tun.«

»Wirklich?«, sagte diese Sabine. »Das ist prima. Dann habe ich kein so schlechtes Gewissen, dass ich Ihnen den Paul entführe. Wo er Ihnen doch den Garten macht. Dann kannst du gleich bei mir bleiben, Paul?«

Paul sah mich fragend an.

»Klar«, sagte ich und ärgerte mich über mich selbst. »Klar, geh nur, Paul. Ist schon in Ordnung.«

»Ist das wirklich in Ordnung?«

Ich fuchtelte mit dem Arm. »Ja, natürlich. Wieso denn nicht? Kommt mir ganz gelegen. Ich bekomme ja Besuch.«

Er deutete auf den Tisch. »Wer kommt denn heute?«

»Kennst du nicht«, antwortete ich knapp.

»Gut«, sagte er und runzelte die Stirn. Er stemmte die Hände in die Seiten. »Dann helfe ich Sabine.«

»Mach das mal«, sagte ich so freundlich, wie ich nur konnte.

»Wenn Sie mich dann bitte entschuldigen wollen«, wandte ich mich an Frau Rodenberg.

»Ja, natürlich«, sagte diese Trulla und zupfte Paul am Arm. »Paul, kommst du?«

»Tschüss, Anna«

»Tschüss.«

Paul zögerte, dann drehte er sich um und folgte Sabine Rodenberg den Gartenweg hinunter. Ich tat so, als wollte ich hinter die Laube gehen, blieb aber stehen und sah, wie diese Sabine lustig gestikulierte, Paul aus meinem Garten führte und in ihren Garten gegenüber lotste. Sabine Rodenberg lachte glockenhell. Mein Gott, klang die blöd! Was sollte ich denn jetzt machen? Ich hatte überhaupt keine Lust, hier zu sitzen und zuzuhören, wie die beiden sich amüsierten. Wie bestellt und nicht abgeholt.

Ich setzte mich auf die Bank und starrte auf meine Hecke. Wenn mich keiner besuchen würde, würden sie merken, dass ich gelogen hatte. Das war peinlich. Mehr noch. Womöglich durchschaute Sabine Rodenberg, dass ich für Paul gekocht hatte, und lachte über mich. Ich zerknüllte die Tischkarten in meiner Hand.

Ich musste jemanden finden, der mein Picknick aß. Nur wen? Ich konnte Martha anrufen. Aber der Gedanke gefiel mir nicht. Das war zu einfach. Ich wollte Paul ärgern. Zumindest wollte ich versuchen, ihn zu ärgern, auch wenn es ihm vermutlich egal war. Es musste ein Mann sein, der mein Picknick aß. Nur kannte ich ja gar keine Männer mehr. Wen also konnte ich anrufen?

Ah! Marthas Cousin fiel mir ein. Der schöne Marco! Er sah prima aus. Ich nahm mein Handy vom Tisch und wählte die Nummer aus der Gästeliste, die mir Martha zu ihrer Hochzeit geschickt hatte.

»Ja?«, hörte ich.

»Hallo«, rief ich freundlich in den Hörer. »Spreche ich mit Marco?«

»Jaaa?«, hörte ich ihn misstrauisch antworten.

»Hier ist die Anna, von Marthas Hochzeit!«, rief ich so begeistert, wie ich nur konnte, in den Hörer.

Zack! Er hatte aufgelegt. Ich hatte Marco unterschätzt. Er war schlauer, als ich dachte.

Mein Handy klingelte. Und wer war dran? Meine Jungs.

»Hey, Mama, wir kommen gleich.«

»Wieso gleich? Ihr bleibt doch bis morgen bei Papa!«

»Papa sagt, er kann heute Nachmittag nicht. Er hat einen Termin.«

Na super. Jetzt hatte auch noch mein blöder Exmann eine Verabredung. Nur ich nicht. Meine Laune wurde immer schlechter.

»Das passt jetzt aber gar nicht, Max, denn ich bin gar nicht zu Hause.«

»Ach, Mama, du bist doch bloß wieder im Garten.«

Ich hörte es rauschen und knistern und dumpfe Stimmen. Offenbar hielt Max den Hörer zu. Im nächsten Augenblick hatte ich Raimund im Ohr.

»Anna! Du musst die Kinder nehmen. Mir ist was dazwischengekommen.«

»Ah – dazwischen. So nennt man das jetzt also …«

Ich wusste auch nicht, warum, aber Raimund machte mich einfach wild.

»Nun werd nicht geschmacklos. Ich hab heute eine geschäftliche Verabredung, und ich muss dir die Jungs vorbeibringen.«

»Was hast du denn für eine geschäftliche Verabredung? Du bist Zahnarzt!«, fauchte ich ins Telefon. Mist, das war etwas laut gewesen. Ich sah, wie sich Sabine und Paul zu mir umdrehten. Ich winkte fröhlich, wandte mich ab und zischte in den Hörer: »Wieso hast du eine geschäftliche Verabredung – am Samstag?«

»Ich habe keine Lust, mit dir zu streiten. Bitte nimm einfach die Jungs.«

Gegenüber hörte ich die blöde Sabine wieder lachen. Mein Gott, war das nervig. Da fiel mir etwas ein.

Ich sagte so freundlich, wie es mir gerade möglich war: »Du hast recht, Raimund. Warum sollen wir uns streiten? Weißt du was? Bring doch die Jungs im Garten vorbei. Ich habe Apfelkuchen gebacken. Den magst du doch so gern.« Ich musste mich sehr bemühen, nicht sarkastisch zu klingen. Raimund war gewieft. Er ging mir nicht leicht auf den Leim. Aber ich war offenbar gut.

»Apfelkuchen?«

Ich hörte ihn aufmerken.

»Etwa deinen tollen mit Krümelkruste und Zimt?«

Ich blickte in Sabine Rodenbergs Garten, konnte aber nichts erkennen. Sie hatten das Törchen verlassen, und meine Hecke war noch nicht geschnitten. Das wollten wir ja eigentlich heute machen. Der Paul und ich. Ich fing an, mit dem Fuß auf dem Holzboden zu wippen. »Ja, genau der.«

»Hm …«, hörte ich Raimund. Ich hatte ihn an der Angel. Er war versessen auf Süßes, vor allem auf Selbstgebackenes.

»Willst du Geld?«, fragte er misstrauisch.

»Raimund!«, rief ich empört. »So ein Quatsch! Du kennst mich doch.«

»Eben, Anna-Maria. Ich kenne dich gut genug. Das machst du doch nicht ohne Grund! Du hast mich schon seit Jahren nicht mehr eingeladen, nicht mal zu einer Tasse Kaffee.«

Mein Hirn arbeitete auf Hochtouren. Ich musste Raimund von meiner Harmlosigkeit überzeugen, sonst würde er nicht kommen. Ich hatte eine Idee.

»Ja …«, gab ich mich einlenkend und verdrehte die Augen, weil es mich gleichzeitig so anwiderte, mich bei ihm einzuschleimen. »Du hast recht, ich gebe es zu.«

Ich hielt schnell den Mund. Zu dick aufgetragen war auch nicht gut.

»Ich hätte da eine kleine Bitte.« Ich musste grinsen. Ich wusste, dass er genau das erwartete. Mann, war ich gut.

»Wusste ich es doch!«, rief er triumphierend.

»Tja«, sagte ich, »du kennst mich halt doch sehr gut.« Gleich müsste ich würgen.

»Also, Annchen, was soll es denn sein?«

Dieser gönnerhafte Ton. Wenn ich ihn jetzt nicht dringend bräuchte …

»Könntest du mir die Hecke schneiden?«, flötete ich in den Hörer und spazierte an mein Gartentörchen. Mein Blick weilte auf dem Garten der Rodenberg. Die Laube konnte ich nicht einsehen, sie lag mit dem Rücken zum Kiesweg. Ihre Hecke war allerdings geschnitten. Ob Paul da schon tätig gewesen war?

»Ach, Annchen«, sagte Raimund, und ich wusste genau, was jetzt kam, »du hast dir wieder zu viel aufgehalst, was? Bist schon völlig fertig, oder? Du würdest das doch sonst nicht fragen. Ich kenne dich doch! Wie damals, als du diese doofe Idee hattest …«

Ich hielt den Hörer vom Ohr und hörte ihn unverständlich brabbeln.

»Also, was ist jetzt?«, konnte ich nicht umhin, in den Hörer zu fauchen.

»Na gut. Gib mir die Adresse. Ich gucke mir das mal an. Ich kann aber nicht lange bleiben.«

»Schon klar, Raimund«, gab ich mich bescheiden. Ich diktierte ihm die Adresse, verabschiedete mich und setzte mich dann auf die Veranda. Paul war immer noch bei dieser Sabine. Was machten die denn da so lange?

Wenn mir jemand erzählt hätte, dass ich mal hinter einer

Hecke stehen und versuchen würde, durch die Zweige einen Mann und eine Frau in Nachbars Garten zu beobachten, hätte ich ihn für verrückt erklärt. Ich kam mir ausgesprochen blöd vor. Doch ich hatte nichts zu tun. Es bot sich an. Ich hatte keine Lust, in meinem Kleidchen im Garten zu arbeiten.

Aber sie waren verschwunden. Irgendwann gab ich es auf, suchte nach einem Kamm in meiner Tasche und kämmte mir verbissen die Haare.

Nach einer halben Stunde war Raimund mit den Jungs endlich da. Ich hörte sie schon von Weitem den Weg entlangkommen.

»Papa, und dieses Stinkeklo, du kannst es dir nicht vorstellen.« Max' Stimme war laut und deutlich zu hören. Nur gut, dass Gitta und Günther heute nicht da waren. Paul und Sabine gegenüber waren immer noch in der Laube, wie ich feststellen musste, als ich auf den Kiesweg kam, um meinen Besuch zu empfangen. Der Garten war leer, soweit ich das erkennen konnte. Aber da – jetzt kamen sie aus der Hütte. Sie hielten Kaffeetassen in der Hand. Hatte diese Frau etwa auch Strom?

»O Raimund«, sagte ich so laut und herzlich, wie ich nur konnte, und ehe sich mein Exgatte versah, nahm ich seinen Kopf in beide Hände, zog ihn zu mir runter und gab ihm einen Kuss mitten auf den Mund. Da ich die Augen offen hielt, konnte ich den Schreck in Raimunds Augen gut sehen. Max und Anton standen mit offenen Mündern da.

Raimund versuchte, mich auf Abstand zu halten, aber ich tat so, als wenn seine Arme mich umschlossen statt mich wegzudrücken, und kuschelte mich schnell an seine Brust, den Kopf zur Seite geneigt.

»Hallo?«, sagte er völlig perplex. Ich sah auf und lächelte

ihn strahlend an, denn hinter seinem Kopf sah ich, wie Paul uns anstarrte, und Sabine stand daneben und guckte erstaunt. *Ja, siehste wohl! Das hättest du nicht gedacht, Frollein!* Man konnte über Raimund sagen, was man wollte, aber er war ohne Zweifel ein gut aussehender Mann. Groß, schlank, volles Haar, griechische Gesichtszüge. Von außen sah er prima aus. Den ganzen Mist in seinem Kopf konnte man ihm wahrlich nicht ansehen.

»Schön, dass ihr da seid!«, flötete ich, und dann nahm ich meine Jungs in die Arme und knutschte sie auf die Wangen. Anton lächelte. Max wischte sich mit dem Handrücken das Gesicht ab, als hätte Tante Hertie ihn erwischt.

Raimund war sprachlos! Tatsächlich! Was für ein Glück! Wenn ich das vorher geahnt hätte, hätte ich ihn in den letzten Jahren öfter geküsst. Er schaute mich noch mal an, sein Blick wanderte von meinen Haaren über mein Kleid bis runter zu meinen hohen Sandalen.

»Anna«, sagte er und pfiff leicht durch die Lippen. »Du siehst – so anders aus.«

Ich sah Pauls Augen schmal werden und fragte neckisch: »Gefällt es dir?«

Und dann lachte ich und tat so, als wenn Raimund nicht so dämlich gucken würde, wie er es tat. Die anderen konnten seinen Gesichtsausdruck ja nicht sehen.

»Kommt, ihr Lieben, ich habe Picknick. Und frischen Apfelkuchen.«

»Aber Mama«, meinte Anton, »woher wusstest du denn, dass wir kommen?«

Ich lächelte Paul und Sabine herzlich an und lotste Anton schnell den Weg hinauf zu unserer Laube. Ich stöckelte auf den hohen Sandalen den Weg hinauf und fühlte förmlich, wie Raimund mir auf den Po guckte. Das wiederum fand ich äußerst ärgerlich. Ich drehte mich um und sah ihn grinsen. Oh! Wenn wir alleine gewesen wären, hätte ich ihn in die Beete geschubst.

Wir hatten die zehn Meter Weg zurückgelegt und waren nun auf der Veranda. Ich konnte Paul und Sabine nicht mehr sehen wegen der Hecke. Er war wohl immer noch bei ihr. Gereizt drehte ich mich zu Raimund.

»Wenn du noch einmal auf meinen Hintern starrst, verpasse ich dir eine.«

Er sah mich erstaunt an. »Was ist denn jetzt wieder los?«

»Kuchen?«, fragte ich spitz.

Er blickte auf die liebevoll gedeckte Tafel.

»Ännchen, das sieht aber lecker aus.«

Er ging zum Tisch, hob den Deckel vom Topf und schaute hinein. Er hob den Zeigefinger und wedelte damit vor meiner Nase herum.

»*Lasagne Speciale*! Hey, das ist ja wie früher. Willst du mich verführen, du kleine Frau?«

»Was ist verführen?«, fragte Anton.

»Frag bloß nicht«, antwortete Max düster.

»Raimund, sei nicht albern!«, fauchte ich. »Das sind Nudeln mit Soße. Komm runter! Und sag nie wieder ›kleine Frau‹ zu mir.«

»Schade.« Er grinste. »Du siehst heute so appetitlich aus.«

Ich verdrehte die Augen. Max und Anton sahen sich an.

»Mann, seid ihr peinlich.«

Max lief die Treppen der Veranda hinunter. »Komm, Anton, wir gucken in der Siedlung, ob die Lillylottes da sind.«

»Aber wir essen doch gleich.«

»Keinen Hunger«, antworteten sie unisono.

Ich nickte. »Ja, geht nur.«

Ich war erleichtert. Die Jungs mussten diesen ganzen

Blödsinn nun wirklich nicht mitbekommen. Ich sah ihnen hinterher. Raimund stand auf der Veranda, stützte die Arme in die Seiten und schaute mit erhobenem Kinn über den Garten.

»Gar nicht schlecht.« Er nickte anerkennend. »Nicht so spießig, wie ich dachte.«

Ich bemühte mich, höflich zu bleiben.

»Nicht wahr?«

»Das kann was werden. Pass mal auf, wenn ich erst die Hecke geschnitten habe.«

Er setzte sich an den gedeckten Tisch und goss Wasser in ein Glas.

»Anna«, sagte er, und es klang richtig freundlich. »Ich finde es schön, dass du mal wieder für uns kochst. So für die ganze Familie, fast wie früher.«

Ich sah Raimund mit hochgezogenen Augenbrauen an. Was waren denn das für Töne? Hatte er etwa Sehnsucht nach uns? Ich setzte mich ihm gegenüber auf den Holzstuhl.

»Seit wann hast du denn so schöne Gefühle für die Familie? Ich dachte, du fühlst dich eingeengt?«

»Ach, Annchen, komm, nicht die ollen Kamellen. Lass uns Frieden schließen, ja?«

Er nahm den Deckel und legte ihn auf dem Tisch ab, nahm den großen Servierlöffel und drückte ihn mitten rein in die Lasagne. Er hievte sich eine ordentliche Portion auf den Teller. Und fing an zu essen. Ich sah ihm zu. Es war lange her, dass ich für ihn gekocht hatte. Ein Gefühl von vor Ewigkeiten, und doch so vertraut. Ich beobachtete, wie seine feinen Hände das Brot brachen und wie sich seine vollen Lippen um den Löffel schlossen. Ich schüttelte unwillkürlich den Kopf und riss mich zusammen. Ich griff über den Tisch, nahm mir etwas von der Lasagne und etwas Brot und aß ohne Appetit. Gegenüber im Garten war nichts zu hören.

»Lecker!« Raimund schürzte anerkennend die Lippen. »Du hast dich selbst übertroffen. Das macht dir so schnell keine nach.«

Ich wusste nicht, ob ich mich über dieses Kompliment freuen sollte. Und überhaupt, noch vor ein paar Tagen hätte ich Raimund gerne einfach nur die Suppe versalzen. Jetzt lächelte ich nur müde. Ich kannte mich selbst nicht mehr. Plötzlich war ich erschöpft. Meine Beine und Arme wurden schwer. Die Anspannung wich aus meinen Knochen. Was machte ich eigentlich hier? Ich kochte für den einen Mann, der mir nichts, dir nichts in den Garten einer anderen lief, mein Exmann aß das gekochte Essen, und ich waberte in alten und neuen Gefühlen. Ich hätte gern jemanden gekniffen. Vielleicht am besten mich selbst.

»Du hast eine geschäftliche Verabredung heute Nachmittag?«, fragte ich, nur um irgendetwas zu sagen. Ich blickte lustlos auf meine olle Walter-Hecke.

»Ja.«

»Wer ist es denn?«

»Kennst du nicht.«

Er kaute mit Genuss seinen letzten Bissen Lasagne, pulte mit dem Zeigefinger nach Fleischresten zwischen den Zähnen, nahm die Serviette und putzte sich energisch den Mund und das Kinn, während er noch leicht schmatzte.

Ich hatte vergessen, wie abstoßend er aß. Auf einmal war ich wieder klar im Kopf.

»Mann oder Frau?«, fragte ich automatisch. Wir waren elf Jahre zusammen gewesen. Manche Mechanismen waren einfach drin.

»Frau.«

Aha. Ich wurde ein wenig wacher. Das war ja interessant. Ich sah Raimund zum ersten Mal heute aufmerksam an. Und schwieg.

»Du musst gar nicht so schauen, Anna«, sagte Raimund und griff nach dem Rotwein.

»Fährst du? Dann keinen Rotwein.«

Ich nahm die Flasche freundlich, aber bestimmt aus seinen Händen. »Wir wollen doch nicht, dass du keinen Unterhalt mehr zahlen kannst.«

Er grinste schief.

»Du bist ja immer so besorgt um mich.«

»Ja, nicht wahr?« Ich lächelte mechanisch. »Vielleicht gebe ich dir ein bisschen Rotwein, wenn du ein bisschen mehr erzählst.«

»Erpresserin.«

Ich zuckte gleichgültig mit den Schultern und sah wieder in die Ferne über meine Gartenhecke.

»Nun gut. Mensch, du bist aber neugierig.«

Er lehnte sich zurück und verschränkte die Hände hinter seinem Kopf. Er zog Luft durch die Mundwinkel und sah auf einmal sehr satt und zufrieden aus. Ich bereute meine Frage augenblicklich. Er hatte mich provoziert. Wie immer. Er hatte Spaß daran, mir von seinem neuesten Fang zu erzählen, und ich blöde Kuh hatte ihn auch noch dazu eingeladen. Ich ging ihm immer wieder auf den Leim. Jetzt konnte er hier sitzen und prahlen, und ich durfte ihm nicht einmal mehr den Mund verbieten.

»Da ist eigentlich gar nicht viel zu erzählen«, sagte Raimund, und seine Grübchen in den Wangen wurden tiefer. »Ich habe sie bei einem Termin kennengelernt, und wir haben uns gut verstanden. Heute sehen wir uns einfach mal wieder.«

Soso. Geschäftlich! Er hatte also gelogen.

»Wie alt?«, fragte ich und trommelte mit den Fingern auf die Tischplatte.

»Och, das weiß ich gar nicht so.«

»Sag schon, wie alt?«

»24.«

»Oh, 24«, entfuhr es mir, und ich hasste mich im selben Augenblick für mein kindisches Verhalten. Ich mochte mich selbst nicht leiden, aber ich fuhr unerbittlich fort: »24. Sie ist ja schon fast so alt wie Bettina. Glückwunsch, Raimund! Erst die eine, dann die andere. Die jungen Frauen scheinen dich immer noch zu mögen. Du bist ja ein wahrer Held.«

Meine Stimme troff vor Zynismus. Er grinste mich an.

»Ja, nicht wahr? Ich finde, das ist für mein Alter nicht schlecht. Wenn ich andere sehe, so mit über 50, da bin ich eigentlich ganz zufrieden.«

Ich sah weg.

Er schwieg einen Augenblick. »Können wir nicht einfach die alten Sachen vergessen?«

Ich schaute ihm ins Gesicht, sah seine Falten und müden Augen, seine weichen Lippen und hohen Wangenknochen. Ich hatte dieses Gesicht einmal so geliebt. »Es tut mir leid«, sagte ich. »Ich kann dir nicht verzeihen, wie du mich verlassen hast. Nach elf Jahren.«

Er beugte sich vor und zeigte mir erbost einen Vogel. »Mensch, Anna, nicht wieder diese alten Geschichten. Wir haben das schon tausendmal besprochen. Das ist ewig her.«

»Für dich vielleicht«, zischte ich. »Das ist dreieinhalb Jahre her.«

»Du bist so was von nachtragend!«

So. Jetzt hatte er mich wieder so weit. Ich hätte ihn würgen können.

»Nachtragend! Bist du noch bei Trost? Was glaubst du eigentlich, wie vergesslich ich bin? Und dann mit Antons Kindergärtnerin! Weißt du, wie schwer es war, einen guten Kindergartenplatz in dieser Stadt zu kriegen? Und all die anderen Mütter! Was das für ein Spießrutenlauf war!«

Er rutschte unruhig auf seinem Sitz hin und her. Ich sah es mit Genugtuung. Jetzt hatte ich ihn. Wieder mal. Aus dieser Schuld würde er sich nie befreien können. Niemals.

Plötzlich war ich es leid. Diese ewig gleichen Unterhaltungen. Dieselbe Leier immer und immer wieder.

»Lass uns doch Freunde sein, Anna. Ich hatte mich einfach in Bettina verliebt. Was sollte ich denn machen?«

Ich bekam einen trockenen Hals. Das wollte ich nicht hören. Nicht damals, nicht jetzt, nicht morgen. Ich blickte auf meine verkrampften Hände in meinem Schoß. Die Knöchel traten weiß hervor.

»Schöne Liebe«, antwortete ich gepresst. »Hat ja nicht mal drei Jahre gehalten.«

Er blickte mich an und war tief verletzt. Ich biss mir auf die Lippen.

»Sie hat mich verlassen, nicht ich sie.«

»Tja, hat sie einen neuen Papi in der Kita kennengelernt?«

Raimund drehte sich weg und sah weit in den Garten. Ich riss die Augen auf.

»Nein. Echt? Wieder einen Vater aus der Kita?«

Raimund sprang auf. Seine Augen waren klein und dunkel vor Wut.

»Weißt du was, Anna, das muss ich mir hier nicht antun. Ich dachte, wir hätten mal einen schönen Mittag zusammen, aber da habe ich mich wohl getäuscht. Du wirst mir nie verzeihen, und wir werden nie Freunde werden.«

Er stand da und schaute auf mich herab.

»Schade. Schade auch wegen der Kinder.«

Ich sah ihn eisig an.

»Hau doch einfach ab«, sagte ich.

»Deine Hecke kannst du alleine schneiden.«

Er ging, ohne sich umzudrehen. Ich hörte das Gartentörchen klappern, als er es hinter sich schloss. Ich saß da, hatte die Arme über der Brust verschränkt. Mein Magen verkrampfte sich. Mir war kalt trotz der Sommerhitze. Ich hatte überhaupt keine Lust mehr, im Garten zu sein.

Da tat sich gegenüber etwas. Pauls Haarschopf erschien. Ich schaute erwartungsvoll auf mein Törchen, aber es blieb leer. Der Kopf verschwand gleich hinter der Hecke in Richtung Ausgang.

Verlasst mich doch alle, dachte ich und stocherte im Apfelkuchen herum. Ihr seid sowieso alle nur treulose Mistkerle.

Was sollte ich eigentlich noch hier im Garten? Für heute war es genug. Ich musste die Jungs finden und dann nach Hause fahren.

Lustlos räumte ich mein schönes Picknick zusammen. Hätte ich mir auch sparen können. All die Arbeit. Nur weil ich höflich sein wollte. Ich nahm meinen Trolley, packte alles wieder hinein und schloss die Laube ab. Da stand ich nun und schaute mich unentschlossen um. Ich roch die würzige Sommerluft. Sah den leichten Wind durch das Gras wehen. Ich stellte den Trolley ab, nahm ein kleines Schäufelchen, das vor der Laube im Werkzeugkorb lag, und grub ein wenig im Rosenbeet, zog Löwenzahn heraus. Es gab viel davon. Ich buddelte tiefer. Die Wurzeln waren kräftig. Die Erde duftete. Ich fühlte sie warm unter meinen Händen. Ich hielt inne und betrachtete die Rosen. Dann ließ ich mich auf meine Knie nieder und machte mich an die Gartenarbeit. Und allmählich, ganz allmählich wurde ich ruhiger.

12

Gute Kartoffeln

Raimund saß in der dunklen Ecke meiner Laube und weinte. Er trug die gelbe Wachsregenjacke und hatte sich die Kapuze über den Kopf gezogen. Sabine Rodenberg stand neben ihm, strich ihm über den Kopf und blickte mich vorwurfsvoll an. In ihrem gebräunten Dekolleté baumelte eine zierliche Kette mit einem kleinen Namensanhänger. Paul *las ich und wich zurück. Raimund schluchzte. Sabine schrie: »Schäm dich! Der arme Mann!«. Ich rannte aus der Hütte. Unter meinen Füßen kreischte der Kiesweg wie Kreide auf einer Tafel. Ich presste die Hände auf die Ohren. In der Ferne sah ich Pauls Haarschopf über der Hecke verschwinden. Ich wollte nach ihm rufen, aber aus meinem Mund kam kein Laut. Sein Kopf wurde kleiner und kleiner. Bald war er nur noch ein winziges Pünktchen am Horizont. Dann war er verschwunden.*

Schweißgebadet wachte ich auf. Es war heiß. Der Vollmond schien durch das Dachfenster. Ich stützte mich auf meinen Ellenbogen und tastete im fahlen Licht nach dem Wasserglas auf dem Nachttisch. Ich trank mit großen Schlucken, warf die Bettdecke zurück, lief in die Küche, riss die Tür nach draußen auf und stellte mich auf den Balkon. Laue Nachtluft. Große Schatten. Blätter raschelten. Mein Herz schlug wild. Ich hatte verloren, wieder einmal. Ich hatte nie Glück mit Männern. Sie würden alle davonlaufen so wie Raimund. Früher oder später

181

taten sie es alle. Ich starrte in die Finsternis, und die Tränen liefen.

Anna-Maria, reiß dich zusammen!

Leise zog ich mich in die Wohnung zurück und schaltete das Telefon auf stumm, damit meine Mutter mich später nicht wecken konnte. Schwer warf ich mich auf meine Matratze. Lange wälzte ich mich hin und her. Schließlich schlief ich erschöpft ein.

Ich erwachte am Sonntagmorgen. Ein Blick zum Wecker: Es war bereits 11 Uhr. Die Jungs hatten mich schlafen lassen. Das war kein gutes Zeichen. Wahrscheinlich saßen sie vor den Computern und zockten.

Ich war zu müde, um aufzustehen. Alle Glieder taten mir weh. Forderte die Gartenarbeit etwa wieder ihren Tribut? Missmutig raffte ich mich auf und schlurfte ins Kinderzimmer. Meine Jungs waren nicht da. Die Betten waren leer, die Decken zurückgeschlagen. Ich schlappte in die Küche. Auch hier keine Kinder. Aber ein Zettel mit krakeliger Schrift klebte an der Kühlschranktür.

Liebe Mama,
wir sind im Garten bei den Lillylottes.
Mach dir keine Sorgen.
Wir können schon alleine Bus fahren!
Max & Anton

Ich starrte auf das Papier. Meine Söhne waren im Garten. Sie waren glücklich. Und selbstständig. Sie fuhren ohne mich los. Max und Anton hatten Freundinnen. Wie sehr ich ihnen das gönnte. Und wie mutterseelenallein ich mich auf einmal fühlte.

Ich drehte mich um und setzte Kaffee auf. Mir war nicht nach Garten und Licht und frischer Luft. Mir war nach Gruft und mich verbuddeln und für immer schweigen.

Es klingelte an der Tür. Laut, fordernd, schrill. Einmal, zweimal. So klingelte nur ein Mensch an meiner Tür, und dieser Mensch würde niemals aufhören zu klingeln, selbst wenn ich mich tot stellte. Dieser Mensch wusste, dass ich da war, weil er die Haustür im Blick hatte. Ich schlurfte ins Badezimmer, warf mir einen Bademantel über, ging zur Wohnungstür und öffnete sie. Es war keine Überraschung.

Frau Meyer-Oeden sah mich prüfend an. Sie hatte für den Tag Kanariengelb gewählt. Gelbe Hose, gelbes Poloshirt, gelbes Cappi. Es tat mir in den geschwollenen Augen weh.

»Guten Morgen, Frau Meyer-Oeden«, sagte ich und versuchte, nicht allzu garstig zu gucken.

»Wie sehen Sie denn aus?«, fragte Frau Meyer-Oeden und musterte mich von oben bis unten. »Sind Sie nicht ins Bett gekommen?«

»Doch, bin ich. Es ist Sonntagvormittag, und ich habe einfach mal ausgeschlafen.«

»Na, wem's gefällt«, sagte Frau Meyer-Oeden und schüttelte den Kopf. »Ich bin schon seit den frühen Morgenstunden auf den Beinen. Bewegung, sag ich immer, Bewegung. Würde Ihnen auch guttun!«

Ich fasste mir an die Stirn und schloss die Augen.

»Deshalb bin ich aber nicht hier«, sagte Frau Meyer-Oeden.

Ich seufzte. »Ist es wieder das Treppenhaus?«

»Nein, das ist es nicht. Sie sind erst in zehn Tagen in der Pflicht.«

Gereizt verdrehte ich die Augen.

»Zum einen wollte ich Ihnen den Brief mit den Ankündigungen geben, dass die Heizung, die Fenster und die Fassade erneuert werden.«

Sie hatte also doch vergessen, mich rechtzeitig zu informieren. Wusste ich es doch! Ich sah sie böse an. Sie ignorierte es.

»Zum anderen wollte ich Sie daran erinnern, dass ab morgen die Handwerker in Ihr Badezimmer müssen. Sie sind ja tagsüber jetzt immer weg. Sie müssen um acht Uhr da sein.«

Ich atmete tief ein.

»Das heißt, unser Badezimmer ist ab morgen nicht mehr benutzbar?«

»Nun, so würde ich das nicht sagen.«

»Und wie sollen wir uns waschen?«

»Herrgott, Frau Baumgarten, seien Sie doch nicht so schwerfällig. Ich würde vorschlagen, Sie nehmen eine Schüssel, füllen sie in der Küche mit Wasser, und dann nehmen Sie einen Waschlappen und Seife und …«

»Schon gut, schon gut.«

Was half es, wenn ich mich wehrte? Gar nichts.

»Wie lange dauert das Ganze?«

Sie wiegte den Kopf. »Das ist immer schwer zu sagen. Sie wissen ja, wie das mit Handwerkern ist. Gehen Sie von ein bis zwei Wochen aus.«

Also drei bis vier Wochen.

»Die Toilette funktioniert ja noch in der Zeit«, sagte Frau Meyer-Oeden, und zum ersten Mal sah sie etwas verlegen aus. »Sie müssen halt die Handwerker bitten, ab und zu den Raum zu verlassen.«

Welch eine angenehme Vorstellung. Gut, dass ich einen WC-Ersatz hatte.

»Ich habe ein Campingklo.« Ich wusste nicht, warum ich ihr das sagte. Aber es war eine Tatsache.

Frau Meyer-Oeden blieb unbeeindruckt. »Na, wie schön.

Dann ist ja alles geritzt.« Sie starrte suchend in meinen Wohnungsflur. »Wo sind denn die Buben?«

»Die Buben sind weg.«

»Ach ja?«

»Ja, stellen Sie sich vor«, sagte ich und versuchte zu lächeln. »Männer verlassen mich gerne. Wenn es sein muss, frühmorgens mit dem Bus.«

»Was reden Sie denn da für einen Unsinn?«

Frau Meyer-Oedens Kopf wackelte empört.

»Jetzt sagen Sie doch nicht so komische Sachen.«

»Aber«, protestierte ich, und Hitze schoss mir in die Ohren, »das war nur ein Witz! Das war nicht ernst gemeint.«

»Ach, hören Sie auf!«, sagte Frau Meyer-Oeden. »Komischer Witz! Ich merke doch, dass Sie das ernst meinen. Ihnen geht es nicht gut! Sehen Sie sich doch an, wie Sie armes Würmchen da in Ihrem Bademantel stecken! Und diese dicken Augen!«

Ich starrte auf die kleine Greisin. Das war zu viel. Das war jetzt definitiv zu viel.

»Was ist los mit Ihnen?« Sie nahm einen ihrer dürren Zeigefinger und pikste mir damit hart auf die Brust.

Im nächsten Moment schossen Tränen aus meinen Augen. Ich öffnete den Mund. Ein merkwürdiges Gurgeln entwich mir.

»Was ist passiert?« Frau Meyer-Oeden schnellte über meine Türschwelle und fasste mich fest an den Armen.

»Ni–ichts«, schluchzte ich. »A-a-alles okay. Ich bin nur mü–ü–de.«

»Nein«, sagte Frau Meyer-Oeden streng, »dann sehen Sie anders aus.«

Sie zögerte kurz, dann schob sie mich energisch in Richtung Küche. Sie blieb bemerkenswert gefasst angesichts des

Chaos. Ich hatte gestern nach dem Kochen nicht mehr aufgeräumt. Nach meiner *Lasagne Speciale à la Anna*. Für Paul. Ich fing wieder an zu weinen.

»Hier, setzen Sie sich!«, befahl Frau Meyer-Oeden und schubste mich auf einen freien Holzstuhl. Sie schaute sich suchend um.

»Wo ist der Schnaps?«

»Ich habe keinen Schnaps.«

Sie schnalzte missbilligend mit der Zunge.

»Haben Sie irgendwas Hochprozentiges da?«

Ich deutete stumm auf den Küchenschrank. Frau Meyer-Oeden stellte sich auf die Zehenspitzen, reckte ihre Ärmchen hoch, griff beherzt in das obere Fach, förderte eine Flasche Cognac und zwei Gläser zutage und goss uns zwei ordentlich ein. Sie nahm die Gläser und drückte mir eins in die Hand.

»Prost!«

Sie kippte das Glas mit geübter Handbewegung.

Ich roch daran, und es schüttelte mich.

»Seien Sie nicht albern«, sagte sie drohend.

»Prost«, nuschelte ich und stürzte das Zeug herunter. Es brannte in der Kehle. Augenblicklich wurde mir heiß. Frau Meyer-Oeden setzte sich an den Tisch und sah mich eindringlich an.

»So, jetzt Tacheles.«

»Es ist nichts, wirklich nichts«, versuchte ich zu beteuern, aber die Tränen liefen schon wieder.

»Papperlapapp!« Sie hob ihren Zeigefinger. »Ich sehe doch, dass Sie was haben. Man muss den Kummer rauslassen, sonst setzt er sich in den Eingeweiden fest. Lassen Sie sich das von einer Frau mit Lebenserfahrung gesagt sein.«

»Ich habe ja gar keinen Kummer.«

Ich fand auf dem Küchentisch ein sauberes Taschentuch und schnäuzte mich ausgiebig. Frau Meyer-Oeden wich zurück.

»Es ist nur so, dass ich von Zeit zu Zeit eben immer wieder mal auf die Tatsache stoße, dass ich offenbar in keinster Weise für Männer geeignet bin. Ich passe nicht zu ihnen, und sie passen nicht zu mir, und ich bin vollkommen unfähig, einen netten Mann zu finden. Wie denn auch, es gibt ja keine. Und wenn man mal einen findet, haut er gleich wieder ab, bevor man ihn auch nur richtig kennenlernen kann, weil eine andere hübscher ist. So oder so wird man enttäuscht. Männer und Frauen passen einfach nicht zusammen!«

Frau Meyer-Oeden hob die Augenbrauen.

»So einen Blödsinn habe ich ja noch nie gehört.«

Ich schwieg beleidigt und versteckte meine Augen hinter einem Taschentuch.

»Wer hat Sie enttäuscht?«

»Kennen Sie nicht.«

Sie schüttelte verärgert den Kopf. »Und was hat dieser große Unbekannte gemacht?«

Ich holte tief Luft und stieß sie stoßweise wieder aus.

»Er ist mit einer anderen Frau weggegangen.«

»Aha, und wohin?« Sie trommelte mit den Fingern auf der Tischplatte. »Vielleicht muss ich Ihnen nicht jedes Wort aus der Nase ziehen?«

»In ihre Gartenlaube.«

»Oh.« Sie sah verblüfft aus. »Und da haben sie es dann getrieben?«

Ich starrte Frau Meyer-Oeden indigniert an. »Natürlich nicht!«

»Was haben sie denn gemacht?«

»Ich weiß es nicht«, antwortete ich verdattert.

»Ja, und weswegen regen Sie sich dann auf?«

»Weil er gegangen ist, obwohl ich für ihn gekocht hatte.«

»Das ist natürlich eine ganz widerliche Angelegenheit, wenn ein Mann Ihr Essen nicht zu schätzen weiß.«

Ich war mir nicht sicher, ob sie sich über mich lustig machte.

»Er wusste nicht, dass ich für ihn gekocht hatte«, erwiderte ich verschnupft.

Sie wackelte mit dem Kopf. »Das ist ja alles ganz schön wirr, was Sie erzählen. Was ist denn jetzt das Problem?«

»Ja, sehen Sie das denn nicht?«, schrie ich. »Das Problem ist, dass Männer mich verlassen!«

»Ach!«

»Ja, ach! Kommen und gehen und nutzen nur aus und bringen Ärger. Und dann lassen sie einen im Stich.«

Frau Meyer-Oeden schüttelte skeptisch den Kopf. »Nein, ich weiß nicht. Das kann ich nicht bestätigen. Gut, wenn ich so nachdenke, mein erster Ehemann war ein Lump, aber zwei und drei waren doch sehr nett ...«

»Sie waren dreimal verheiratet?« Ich ächzte ungläubig.

»Ja, natürlich. Wissen Sie das denn nicht? Ich hatte Ihnen doch davon erzählt.«

»Nein, das haben Sie nicht.«

»Kindchen, Sie sind jetzt nicht in der Verfassung zu wissen, was ich Ihnen erzählt habe oder nicht.«

Ich nickte eingeschüchtert.

»Es gibt gute Männer, und es gibt schlechte Männer. Wie es gute und schlechte Kartoffeln gibt. Nur weil eine faul ist, sind es doch nicht alle.«

Ich sackte entkräftet auf meinem Stuhl zusammen. »Ich war verheiratet. Ein einziges Mal. Und es war eine Katastrophe. Ich ziehe das Unglück an.«

Ich sprach offenbar zu leise. Sie drehte mit gerunzelter Stirn ihr Ohr nach vorne. Ich versuchte es lauter:

»Er hat mich betrogen. Mit unserer Kindergärtnerin. Und dann ist er mit ihr zusammengezogen.«

Ich warf ihr einen schnellen Blick zu. Das konnte sie jetzt nicht niederreden.

»Das müssen Sie zugeben – das ist eine Schweinerei.«

Sie nickte ernst.

»Da haben Sie recht. Das ist natürlich höchst unnötig. Und peinlich. So ein Lump!« Sie wackelte missbilligend mit dem Kopf. »Und wie lange ist diese Chose jetzt her?«

»Dreieinhalb Jahre.«

Sie schaute mich streng an. »Liebes Kind! Dreieinhalb Jahre? Also noch bevor Sie hier eingezogen sind! Dann ist es doch wohl mal langsam Zeit, die Sache zu vergessen.«

»Das kann ich niemals vergessen. Niemals.« Ich kniff den Mund zusammen und fing wieder an zu schluchzen.

»Na«, sagte Frau Meyer-Oeden, »das ist aber dumm von Ihnen. Sie können doch nicht ihr Leben lang einem üblen Mann hinterhertrauern. Sie verpassen ja die ganzen guten Kartoffeln.«

Ich konnte nicht glauben, was ich da hörte.

»Aber ich traure doch meinem Exmann nicht hinterher! Ich bin nur schlauer geworden! Ich schütze mich!«

»Ach ja? Glauben Sie? Für mich sieht das anders aus. Irgendwann muss man ja mal loslassen und weitergehen, nicht wahr? Aber vielleicht tun Sie sich ja auch nur selbst leid. Dann viel Spaß. Nur zu. Versinken Sie im Unglück.«

Sie tippte sich an die Stirn. »Sehen Sie es mal so, Kindchen: Wer weiß, wozu 's gut ist, dass Sie ihn losgeworden sind? Vielleicht wird es mit dem nächsten Mann viel schöner?«

Ich starrte sie an.

Sie schüttelte den Kopf. »Jetzt stehen Sie auf, hören auf mit diesem Opfergetue, putzen sich die Nase – und dann fahren Sie hin zu dem großen Unbekannten und fragen, ob er mit Ihnen essen will. Dann geht er vielleicht auch nicht mit einer anderen in die Laube.«

Sprach es, stand auf und wackelte aus der Küche. Ich hörte hinter ihr die Wohnungstür krachend ins Schloss fallen.

Ich starrte ihr entgeistert hinterher. Wie konnte sie es wagen, so mit mir zu reden! Ich jaulte auf. Sie hatte keine Ahnung, gar keine! Ich lief ins Schlafzimmer und schmiss mich bäuchlings auf das Bett.

Ich verfluchte heulend die Meyer-Oeden und Raimund und Paul und mich – und Sabine Rodenberg, die ganz besonders. Die alte Schlange! Ich würde sie in Kotzgelb und Eitergrün malen, ohne ihre langen braunen Beine! Ich flennte und fluchte und war nur froh, dass die Jungs noch nicht wieder da waren.

Irgendwann lag ich nur noch da und schniefte leise. Und wurde still. Da hörte ich sie, die Stimme in meinem Kopf. *Du blöde Nuss*, dachte es auf einmal in mir. *Steh auf, putz dir die Nase, und hör auf, dich zu bemitleiden.*

Vielleicht hatte Frau Meyer-Oeden recht. Vielleicht musste der Kummer gründlich rausgelassen werden. Vielleicht hatte ich um Raimund und mich einfach nicht genug geweint. Vielleicht würde ich auch immer wieder um uns weinen.

Ich starrte an die Decke.

Jetzt jedenfalls war es endgültig genug. Ich musste ihn gehen lassen. Sonst würde ich nie wieder gute Kartoffeln essen.

13

Kaffeeklatsch

»Guten Morgen«, trällerte ich fröhlich vom Kiesweg in alle Richtungen. Ich hatte Max und Anton weiter vorne in Lenes Garten bei den Lillylottes gelassen. Sie säuberten das Tiergehege und wollten einen Abenteuerspielplatz für die Kaninchen bauen. Das würde dauern. Ich war frei für jegliche Aktivitäten.

Gittas Kopf blitzte rot hinter ihrer Hecke auf. Sie buddelte im Garten.

»Guten Morgen«, brummte es zurück.

Ich zögerte vor Sabine Rodenbergs Garten. Es war Montag, zehn Uhr, und wie wir alle wussten, hatte Paul nun zwei Wochen Urlaub und gedachte, in der Schrebergartenanlage zu verweilen. Vielleicht war es gut, den Garten dieser Rodenberg einmal zu inspizieren. Ich trat an das Gartentörchen.

Sabine Rodenberg lag bäuchlings auf dem Rasen. Bei genauem Hinsehen lag sie nicht. Sie schwebte. Ihr Körper war bretthart und wurde von schlanken Unterarmen und Zehen in die Luft gestemmt. Sie trug enge weiße Shorts, die ihre hübschen gebräunten Beine betonten, und ein knappes pinkes Top. Die blonden Haare waren gekonnt zu einem Knoten gebunden. Eine zierliche silberne Halskette. Der Body – ein einziger Muskel. Ein Hauch Schweiß schimmerte dekorativ zwischen den Schulterblättern.

Ich zupfte an meiner weiten Sommerhose.

»Hallo!«

Sie hob den Kopf.

»Oh!«

Mit einer kontrollierten Bewegung ließ sie sich auf den Rasen gleiten, rollte blitzschnell zur Seite und stand im nächsten Moment am Gartentor. Sie stützte die Arme in die Seiten und lächelte auf mich herab.

»Ich habe Sie gar nicht kommen sehen. Ich habe gerade die Plank trainiert, wissen Sie. Die effektivste Übung für einen definierten Körper, sage ich immer. Gutes Core-Training.«

Ich lächelte zurück, als wüsste ich, wovon sie da faselte. »Macht doch nichts.«

»Frau ... äh ...«

»Baumgarten. Anna Baumgarten. Und wie war Ihr Name noch mal?«

»Rodenberg, Sabine Rodenberg. Eigentlich Doktor Sabine Rodenberg.«

Sie wedelte abwehrend mit ihrer Hand.

»Aber sag doch einfach Sabine und du zu mir.«

»Gerne. Sabine. Ich bin Anna.«

Wir lächelten uns höflich zu.

»Möchtest du vielleicht hereinkommen und einen Kaffee trinken? Aber nur, wenn du nicht zu viel zu tun hast? Ich möchte dich nicht aufhalten.«

»Gerne«, flötete ich. Es war immer gut zu wissen, mit wem man es zu tun hatte. Ich drückte die tadellos geölte Klinke des frisch gestrichenen Gartentörchens herunter, und schon war ich auf ihrem Territorium. Sabine Rodenbergs Garten war ordentlich. Sie hatte keinen Obstbaum, aber Johannisbeersträucher und Stachelbeeren. Ein Strandkorb stand auf einem gepflegten Rasenstück, und edle Kissen waren darauf drapiert. Üppiger Salat, Tomaten, Rhabarber und Kräuter wuchsen in den Beeten. Alles sah sauber und frisch aus.

Sabine griff nach einem Handtuch, das über einem Liegestuhl lag, fuhr sich energisch über Gesicht, Nacken und Dekolleté und bot mir dann den Liegestuhl an. »Nimm doch bitte Platz. Ich hole uns Kaffee.«

»Bitte mach dir keine Umstände.«

»Aber nein, gar nicht.«

Sie lief mit dem Handtuch in die Laube. Zwei Sekunden später stellte sie einen Aluminium-Hochlehner auf den Rasen. Ich setzte mich in den Liegestuhl und zog die Armlehnen hoch, damit ich aufrecht saß. Ich wollte nicht gemütlich liegen. Das war nicht angebracht bei einer Inspektion. Meine Gastgeberin verschwand erneut, und im nächsten Moment hielt ich eine dampfende Kaffeetasse in der Hand. Sabine nahm im Hochlehner Platz und nippte an ihrem Kaffee.

»Hast du Strom?«, fragte ich freundlich und versuchte zu ignorieren, dass ich keine Milch im Kaffee hatte und vermutlich auch keinen Zucker. Ich würde nicht nach Zucker fragen.

»Ja, seit letztem Jahr.« Sie nickte. »Es ist doch viel schöner, wenn man auch mal das Licht anmachen kann oder einen elektrischen Rasenmäher. Oder eine Espressomaschine. Du hast keinen Strom, nicht wahr?«

»Nein. Hab ich nicht. Aber zurzeit finde ich es noch ganz romantisch.«

Wir lächelten uns betont fröhlich zu und tranken dann intensiv aus unseren Tassen.

»Ich hatte dich vorher noch gar nicht in der Anlage gesehen«, nahm ich das Gespräch wieder auf.

»Ich war im Urlaub«, sagte die Rodenberg. »Eine Woche Fuerteventura. Kennst du die Insel?«

»Vom Hörensagen.«

»Ganz wunderbar. Diese Strände, vor allem an der Costa Calma. Ich gehe dort surfen. Natürlich muss man sehr wählerisch sein bei der Hotelauswahl.«

»Natürlich«, sagte ich.

»Leider überschwemmen immer mehr All-inclusive-Touristen die Hotels. Du kannst dir gar nicht vorstellen, was da gegessen und getrunken wird.« Sie schüttelte sich.

»Tatsächlich?«, fragte ich. Ich erzählte ihr nicht, dass meine Jungs all-inclusive sicherlich heiß und innig lieben würden, hätten wir das Geld dafür.

»Fährst du diesen Sommer noch in Urlaub?«, fragte sie mich.

»Nein, ich bleibe diesen Sommer zu Hause. Ich möchte mit den Kindern den Garten genießen.«

»Oh, du hast Kinder? Wie nett. Wie alt sind sie denn?«

»Max ist zehn, und Anton ist acht Jahre alt. Du hast sie vielleicht am Wochenende gesehen. Sie sind jetzt in Lenes Garten.«

»Ach ja, natürlich. Wo habe ich nur meinen Kopf?«

Sie lachte amüsiert. *Ja, wo hast du ihn nur, Sabine Rodenberg?*, dachte ich grimmig. *Vermutlich bei Paul.*

»Hast du auch Kinder?«, fragte ich.

»Nein, leider nicht. Ich hätte gerne welche gehabt, aber dann das Studium, die Promotion, meine eigene Kanzlei. Irgendwie war nie Zeit dazu. Und auch nicht der passende Mann.«

Sie lachte unfroh.

»Und nun ist es ja schon fast zu spät, so mit 42.«

Aha. *Fast.*

»Du bist Anwältin?«

»Ja. Ich bin Arbeitsrechtlerin.«

»Das ist sicherlich interessant.«

»Mal so, mal so. Und du? Bist du beruflich tätig?«

»Ich bin Illustratorin, hauptsächlich für Kinderbücher.«

»Das ist ja schön.«

Sabine Rodenberg war eigentlich ganz sympathisch. Was machte ich eigentlich hier? Ich kam mir auf einmal kindisch vor.

»Meine kleine Nichte ist fünf Jahre alt und malt auch sehr schön«, sagte Sabine Rodenberg da. »Sie hat auch gerade ihr erstes eigenes Kinderbuch gemalt. Ganz süß.«

Das war es dann gewesen mit dem sympathisch. Ich beschloss, das Thema zu wechseln.

»Hast du den Garten schon lange?«

»Ich habe ihn von meinen Eltern übernommen. Die beiden können das gesundheitlich nicht mehr so gut.«

»Und jetzt möchtest du den Garten umgestalten? Paul soll dir helfen, nicht wahr?«

»Ja, Paul ist immer so geschickt mit seinen Händen.«

Sie lächelte. Mein Magen verkrampfte sich.

»Ich überlege, einen Gartenteich anzulegen.«

»Wie schön.« Das fand ich wirklich. Es war nichts daran auszusetzen. Ein eigener Teich war wunderschön. Doch dann überkam es mich.

»Allerdings bin ich mir nicht sicher …«, sagte ich und konnte selbst nicht glauben, was ich da mit hoher Stimme von mir gab, »… das Quaken der Frösche, das muss man mögen, nicht wahr?«

»Frösche?«

»Ja, die hat man immer, oder nicht? Und die Mücken. Wo Wasser ist, sind Mücken. Millionen von Mücken. Und dann hat man überall diese unangenehmen Quaddeln. Aber es gibt ja Menschen, die so etwas nicht stört.«

Sie schaute mich aus schmalen Augen an.

»Darüber sollte ich noch einmal nachdenken«, sagte sie langsam.

»Vielleicht solltest du das«, sagte ich, »bevor du die ganze Arbeit hast.«

»Paul würde das ja für mich machen.«

Sie lächelte frostig und nippte an ihrem Kaffee.

Eben, dachte ich grimmig, *eben*.

»Aber vielleicht hast du recht«, sagte Sabine und stellte die Kaffeetasse auf dem kleinen Tisch zwischen uns ab. »Ich hatte auch daran gedacht, keinen Teich, sondern lieber zwei Hochbeete anzulegen mit Kräutern und Salat und eigenem Gemüse, aber das bedeutet eventuell noch mehr Arbeit, als einen Teich auszuheben.«

Sie spielte mit ihrer zierlichen Halskette und sah mich offen an.

Ich schwieg. Eine Anna in mir hatte unbändige Lust, ihr diese blöden arbeitsintensiven Hochbeete auszureden. Die andere Anna fand das ganz und gar nicht klug. Sabine witterte etwas. Das war klar. Und die Dritte in mir schämte sich zutiefst. Was war nur in mich gefahren? Ich war die eifersüchtige Zicke vom Garten gegenüber.

Ich riss mich zusammen.

»Das ist doch eine gute Idee! Das wird bestimmt wunderschön!«

Entschlossen trank ich den letzten Schluck Kaffee.

»Ich muss jetzt los! Die Jungs warten auf mich.«

Und ehe Sabine sich erheben konnte, hatte ich die Tasse auf dem Rasen abgestellt und war schon auf dem Weg nach draußen.

»Tschü–üss!«, rief ich vom Gartentörchen und winkte. »Und danke für den Kaffee.«

Mit heißem Kopf lief ich davon. Wie konnte ich nur so reden? Ich mochte mich selbst nicht leiden. Es war alles ein Fehler. Ich musste aus dieser Sache heraus, bevor ich weiter zum Monster mutierte. Männer brachten immer das Schlimmste in mir zum Vorschein. Ich reagierte offenbar irgendwie allergisch.

»Hallo, Anna«, tönte es da hinter mir.

Ich drehte mich um. Auf dem Weg stand Paul, und seine himmelblauen Augen sahen mich warm an. Mir wurde heiß.

»Hallo, Paul.«

Verlegen strich ich mir eine Haarsträhne aus dem Gesicht. Er hatte ein T-Shirt und Jeans an und trug Flip–Flops. Ich wusste nicht einmal, warum ich das bemerkte, denn er trug immer T-Shirt und Jeans, aber heute kamen sie mir besonders präsent vor. Ich sah auf seine Hände. Martha hatte nach seinen Händen gefragt. Sie waren kräftig, und er hatte lange Finger. Fast wie die Hände eines Klavierspielers. Ich holte tief Luft.

»Hast du jetzt Urlaub?«, fragte ich, um irgendetwas zu sagen.

»Ja, zwei Wochen.«

»Wie schön.« Ich schwieg.

»Ich könnte heute deine Hecke schneiden, wenn du willst. Aber nur, wenn es dir heute recht ist.«

»Ja, natürlich, gerne.«

»Oder kommt dein Mann noch und schneidet sie?«

Ich schaute ihn verständnislos an. Dann verstand ich. »Ach, du meinst Raimund. Raimund ist mein Exmann. Wir sind geschieden.«

Und auf einmal beschloss ich, mit den Spielchen aufzu-
hören.

»Ehrlich gesagt, war das Essen am Samstag für …«

»Paul!«, rief es da neben mir, und Sabine Rodenberg öffnete schwungvoll das Gartentörchen. Im nächsten Moment hatte sie Paul umarmt und schmatzte ihm Küsse auf
beide Wangen. »Wie schön, dass du da bist.«

Ich wich zurück.

Paul lächelte Sabine an.

»Das ist ja mal eine Begrüßung.«

Sie lachte auf und wedelte mit dem Finger vor seiner
Nase herum.

»Gewöhn dich ruhig daran, du Held meines Gartens.«

Meine Laune fiel schlagartig auf den Nullpunkt. Ich
stand da und wusste nicht, was ich sagen sollte. Ich konnte
nicht mit Sabine Rodenberg konkurrieren und hier albern
kokettieren. Ich wollte das auch nicht. Sollte ich ihm jetzt
knutschend um den Hals fallen? An seinem Arm ziehen?
Meine Hand auf seine Brust legen und »*Meiner*!« brüllen?
Es war alles so erbärmlich.

Da fiel mir etwas ein.

»Paul, noch eine Sache«, sagte ich und war augenblicklich wieder obenauf, weil ich überhaupt nicht lügen musste.
»Du wirst es nicht glauben, aber Anton und Max haben
beim Graben im Gemüsebeet einen alten Wasserhahn und
Rohre gefunden. Und ich fürchte, da liegt noch viel mehr
in der Erde. Hättest du vielleicht nach dem Heckenschnitt
Zeit, mit mir all dieses Zeug auszubuddeln?«

»Klar«, sagte Paul. »Der Walter war schon ein komischer
Kauz. Wer weiß, was wir da noch so finden. Der konnte
nichts wegschmeißen.«

Ich lachte auf.

Sabine Rodenberg runzelte die Stirn.

»Na dann«, sagte ich und winkte ihr zu. »Wollen wir dann mal los, die Hecke schneiden? Tschüss, Sabine!«

»Und wann kommst du zu mir?«

Sabine Rodenberg ignorierte mich und sah Paul mit schief gelegtem Kopf und leichtem Schmollmund an.

»Wir müssen, glaube ich, noch einiges planen und besprechen.«

»Das machen wir. Ich muss jetzt erst mal zu Anna und die Hecke schneiden, sonst wird der Kossig noch ganz wild.«

»Genau«, tönte es hinter Gittas Hecke, und ich sah Gittas Kopf hochschnellen. Sie sah grimmig aus.

»Die Hecke muss endlich geschnitten werden, sonst überwuchert die uns noch alle. Man sieht ja gar nichts mehr.«

Selten war mir Gitta so sympathisch gewesen. Ich nickte ihr fröhlich zu.

»Gitta, du hast völlig recht! Das müssen wir unbedingt bald machen. Sonst wird der Kossig noch ganz wild.«

Gut gelaunt öffnete ich mein Gartentörchen und spazierte zu meiner Veranda.

Ich drehte mich um und säuselte: »Kommst du, Paul?«

Ich konnte nicht fassen, was ich hier tat. Ich kannte mich selbst nicht mehr. Ich, Anna-Maria Baumgarten, setzte Besitzansprüche durch. Ich war eine Kämpferin. Jawohl, eine Kämpferin! Der Gedanke huschte durch meinen Kopf, dass ich mich hier gerade wenig ehrenhaft um einen Mann raufte, aber ich wischte ihn entschlossen weg. Es ging hier ums Durchsetzen! Ich hatte mir meine Kartoffel nicht vom Teller nehmen lassen. Ich konnte es mit einer Sabine Rodenberg aufnehmen. Jawohl! Einer Anwältin, immerhin! Ich war dem allem nicht schutzlos ausgeliefert.

Beschwingt griff ich nach meinen Gartenhandschuhen. Da hörte ich sie flüstern. Entgeistert drehte ich mich um und sah, wie diese unmögliche Frau auf nackten Zehenspitzen stand und Paul etwas ins Ohr raunte. Sie kicherte und legte ihm einen Arm auf die Schulter. Paul schaute verlegen. Was es nicht besser machte. Wütend ergriff ich die Gartenschaufel, wusste aber nicht, was ich damit machen sollte. Damit konnte ich keine Hecke schneiden. Einen winzigen Moment stellte ich mir vor, wie ich schreiend mit der Schaufel auf Sabine lospreschte und sie über ihrem Kopf schwang. Da nickte Paul, Sabine Rodenberg blickte triumphierend zu mir, und Paul kam mit großen Schritten auf mich zu. Er sah mir bedauernd in die Augen. Ich sah diese kleinen dunklen Sprenkel in seiner hellblauen Iris. Warum waren sie mir vorher noch nicht aufgefallen? Ich fühlte es in meinem Bauch kribbeln.

»Sabine kriegt heute Nachmittag Besuch vom Kossig, und sie hat ihm versprochen, ihm ihre Gartenpläne vorzustellen. Ich glaube, ich muss wirklich zu ihr. Sie hat noch so viele Fragen. Sie hat sich immer noch nicht entschieden, was sie machen möchte, und Kossig kann es gar nicht leiden, wenn er ohne Grund einbestellt wird.«

»Warum muss man denn Herrn Kossig vorstellen, was man in seinem Garten anbauen möchte?«, fragte ich spitz.

»Muss man nicht. Ich weiß nicht, was sie mit ihm abgemacht hat. Ich kann sie ja mal fragen.«

»Nee, lass mal«, antwortete ich. Ich war sicher, dass Sabine Rodenberg um keine Antwort verlegen war.

»Ist nicht so wichtig. Dann schneide ich die Hecke alleine.«

»Warte auf mich. Diese dicken Äste bekommst du nur mit einer guten Astschere geschnitten. Ich habe eine ganz neue. Ich helfe dir gerne.«

»Ach, lass mal«, meinte ich da und hasste mich, weil ich mich gerade wie eine beleidigte Leberwurst aufführte. »Das ist doch alles nicht so wichtig.«

Ich hörte Gitta hinter der Hecke empört schnaufen.

»Auf einen Tag mehr oder weniger kommt es jetzt auch nicht mehr an, nicht wahr, Gitta?«

Es grummelte aus dem Nachbargarten.

Ich versuchte ein Lächeln. »Geh nur Paul, wir machen das später.«

»Vielleicht nachher?«

»Ja, mal schauen.«

Plötzlich war Sabine Rodenberg bei uns. Sie schob ihren Arm unter seinen und lächelte mich strahlend an.

»Kommst du, Paul?«

Sie zog an ihm, er drehte sich um, und sie gingen einträchtig aus meinem Garten. Von der Hecke aus winkte er mir noch einmal zu.

Ich starrte ihnen nach.

Und auf einmal war ich nicht mehr verwirrt. Auf einmal wusste ich genau, was ich wollte. Ich wollte diesen Blödmann nie wiedersehen. Und dann wollte ich Lene fragen, was sie mir da eigentlich für einen Menschen aufgehalst hatte. Und dann wollte ich vor allem Martha anrufen und ihr mal von diesem tollen Typen erzählen, den sie mir aufschwatzen wollte. So einen demütigenden Mist würde ich nie mehr mitmachen! So ein Affentheater! Wer war ich denn? Mein Paul, dein Paul! Sollte Paul mir doch gestohlen bleiben. Und überhaupt – ich war seine Arbeitgeberin! Was war denn das hier für ein völlig unangebrachtes Verhalten?

Ich sprang auf, öffnete das Gartentörchen und steuerte schnurstracks auf Lenes Garten zu. Sie stand auf dem kleinen Acker und harkte zwischen den Erbsen.

»Lene«, rief ich vom Gartenweg aus. Ich versuchte, meine Stimme nicht zu grell klingen zu lassen.

»Danke noch mal für den Tipp mit Paul! Danke, danke!«

»Sehr gerne.«

»Der ist ja wirklich ein ganz kommunikatives Kerlchen, der Paul, was? Alle wollen ihn in ihrem Garten haben.«

Sie richtete sich auf und lächelte mich an. »Ja, das stimmt schon. Er ist sehr begehrt. Schön, dass er dir auch hilft.«

»Ja, schön, schön.« Ich atmete tief durch und versuchte, ruhiger zu sprechen.

»Sag mal …« Vor Erregung wippte ich auf den Zehenspitzen. »Besonders gesprächig ist er aber nicht, der Paul, was?«

»Nein, das ist er nicht«, sagte Lene und nickte. »Das war er noch nie. Aber das macht ja nichts.« Sie fing wieder an zu harken.

Ich kaute auf meiner Unterlippe. Wie sollte ich jetzt geschickt fragen?

»Ist er eigentlich in festen Händen?«

»Paul?« Lene hielt inne. »Nee, der hat keine Frau.«

»Na«, sagte ich und schlug mit der Faust auf die Hecke, dass die Blätter flogen. »Ist ja auch viel schöner, wenn man mal mit der einen um die Häuser ziehen kann und dann wieder mit der anderen und dann wieder mit der einen …«

Lene hob die Augenbrauen. »Nee, so was macht der nicht. Der wäre mal fast verheiratet gewesen, aber dann …«

»Dann hat er gekniffen, was?«

Meine Stimme klang eine Spur zu schnippisch. Aber es war doch in der Tat frustrierend, all seine Vorurteile über schöne Männer mal wieder bestätigt zu sehen.

»Nee, der hat nicht gekniffen. Ach, hör bloß auf, Anna, das war ganz tragisch damals.«

»Was denn?«, fragte ich, auf einmal mit klopfendem Herzen.

»Der war wohl ganz verliebt, große Liebe und so. Und dann ist sie mit seinem besten Freund weg, nach Spanien. Von heute auf morgen. War schlimm damals. Der arme Mann. Der Paul war richtig fertig. Hab seitdem keine Frau mehr mit ihm gesehen. Das ist schon ein ganz ein Treuer, der Paul. Jaja, das Leben kann schwer sein.«

Sie harkte eifrig zwischen den Erbsen.

Ich stand wie erstarrt. »Wie lange ist das denn her?«

»Pff«, sagte Lene, »ich weiß nicht, war ganz am Anfang, als er hier auftauchte. Vor drei Jahren oder so. Der Garten sollte ja für sie sein, als Hochzeitsgeschenk.«

Ich schwieg verdattert.

»Vielleicht hat er mal von ihr gesprochen?«, sagte Lene.

»Ja, vielleicht«, antwortete ich wie betäubt und schämte mich. Was war ich nur für ein Mensch? Ich hatte von diesem armen Mann das Schlimmste angenommen, nur weil er aussah, wie er aussah, und die blöde Sabine ihn abschleppen konnte. Wie konnte ich nur so oberflächlich sein?

Ich holte tief Luft. Mir schwirrte der Kopf. Ich musste weg hier. Sofort.

»Ich muss gehen. Tschüss, Lene.«

»Tschüss.«

Ich lief in meinen Garten zurück, schlug das Gartentörchen hinter mir zu und eilte mit zitternden Knien zum Gartenschlauch. Ich spritzte mir kaltes Wasser in Gesicht und Nacken, hielt die Handgelenke unter den Strahl und versuchte, mein Herz zu beruhigen. Die Gedanken flogen. Paul hatte eine Geschichte, so wie ich. Er war ein gebranntes Kind. Er war kein Hallodri. Er war ein treuer Mensch. Ein lieber Mann. Auch er war verlassen worden. So wie ich. Und er hatte seiner Freundin einen Garten zur Hochzeit schenken wollen. Wie romantisch war das denn? In meinem Bauch fing es an zu flattern.

»Oh, mein Gott!«, schrie Martha Minuten später am Telefon. »Paul ist genau der Richtige für dich!«

Ich hatte ihr die gesamte Chose erzählt, von der tragischen Geschichte seiner großen Liebe bis zum Abzug mit Sabine.

»Du kannst ihn auf keinen Fall aufgeben.«

Ich saß in der Laube, hatte die Tür geschlossen und linste ab und an durch die Fenstertür in Sabines Garten, natürlich ohne Erfolg, denn die Hecke war ja immer noch nicht geschnitten.

»Was heißt hier aufgeben?«, jammerte ich. »Der macht sich doch gar nichts aus mir. Und ich mache mich doch nicht zum Affen. Wenn er nicht sieht, dass ich die Richtige für ihn bin, kann er mir doch gestohlen bleiben, oder? Martha, sag schon! Oder?«

»Ja, klar!«, rief Martha. »Da hast du recht! Da kann er dir gestohlen bleiben. Dieser Depp!«

Sie schwieg.

»Allerdings …«

»Was allerdings?«

»Wenn er nun an dir interessiert ist, aber denkt, dass du nicht an ihm interessiert bist?«

»Wieso sollte er nicht wissen, dass ich an ihm interessiert bin? Schließlich habe ich ihn doch in meinen Garten eingeladen!«

»Aber wie soll er wissen, dass du nicht nur seine Arbeit willst? Du hast ihn zum Gärtnern eingeladen.«

»Aber auch zum Essen! Ich habe ein Picknick vorbereitet!«

»Ach, hast du?«, fragte Martha erstaunt. »Das habe ich nicht gewusst. Und wie war das Picknick?«

»Ja, eben gar nicht«, jaulte ich, »weil ich nicht dazu gekommen bin, ihm davon zu erzählen, weil diese blöde Sabine Rodenberg aufgetaucht ist.«

Martha schwieg und dachte nach. Ich konnte es förmlich hören, wie es in ihrem Hirn arbeitete. Dann sagte sie ganz lieb: »Anna, jetzt unterbrich mich, wenn ich falsch liege, aber wenn Sabine Rodenberg verhindert hat, dass Paul überhaupt von deinem Picknick weiß, wie soll er denn bitte wissen, dass du an ihm interessiert bist, wenn du es ihm nicht irgendwie anders gezeigt hast?«

»Habe ich doch!«, rief ich. »Ich habe immer und immer wieder gesagt, dass er kommen soll.«

»Lass mich raten – wegen der Hecke und der Gartenarbeit?«

Ich schwieg.

»Weiß er überhaupt, dass du nicht mehr verheiratet bist?«

»Seit gerade eben«, antwortete ich kleinlaut.

»Na dann«, sagte Martha, »wäre es vielleicht ganz gut gewesen, wenn du ihm einfach mal früher gesagt hättest, dass du Single bist und dich für ihn interessierst.«

Ich zeigte ihr durch das Telefon einen Vogel.

»Bist du verrückt? Unter Umständen habe ich dann keinen Gärtner mehr. Der taucht doch nie wieder auf, wenn er nichts von mir will. Und im Verein kann ich mich dann auch nicht mehr sehen lassen. Eine alleinerziehende Mutter auf Männerfang! Womöglich erzählt er es auch noch dieser blöden Ziege.«

Sie seufzte.

»Ich finde, er sollte Interesse zeigen, nicht ich«, fügte ich trotzig hinzu.

»Und wenn er das nicht macht aus Angst, dich zu verschrecken? Vielleicht braucht er das Geld, das er bei dir verdient.«

Daran hatte ich nicht gedacht.

»Kann doch sein«, meinte Martha, »schließlich bist du doch seine Arbeitgeberin. Vielleicht gerade seine einzige.«

Ich knabberte an meiner Unterlippe.

»Und vielleicht ist er immer noch traumatisiert durch seine tragischen Erlebnisse. Stell dir das doch mal vor – abgehauen vor der Hochzeit, mit seinem besten Freund!« Marthas Stimme zitterte vor Erregung. »Dieser arme Mann!«

Ich schauderte. »Das ist noch schlimmer, als die beste Kindergärtnerin zu verlieren!«, bestätigte ich.

»Das wäre so, als ob Gero mich vor dem Altar stehen gelassen hätte …«

»Und ich mit ihm durchgebrannt wäre!«

Wir schrien unisono auf.

Und dann mussten wir beide nachdenken. Nach einer kleinen Weile meinte Martha: »Der Mann ist vermutlich noch immer paralysiert. Wahrscheinlich ist es das erste Mal, dass er sich überhaupt wieder auf eine Frau einlässt.«

»Meinst du?«

»Ganz bestimmt«, psychologisierte Martha, »nach dem, was diese Lene erzählt. Diese Dinge schlagen tiefe Wunden bei sensiblen Gemütern. Er traut bestimmt keiner Frau mehr. ER hat bestimmt Angst. Vor allem, weil er doch so romantisch veranlagt ist.«

Ihre Stimme überschlug sich plötzlich vor Begeisterung. »Stell dir doch mal vor – ein Garten zur Hochzeit! Ist das nicht süß?«

Ich nickte hingerissen.

»Da musst du flott sein!«, mahnte Martha. »Solche treuen

Männer sind rar wie Trüffeln. Wenn sie sich wieder öffnen, muss man zuschnappen. Das hat diese Rodenberg bestimmt auch gewittert. Da musst du Flagge zeigen, und zwar schnell.«

Wütend warf ich einen Blick auf Sabines Laube. »Ich habe aber zu so etwas überhaupt keine Lust!«

»Anna-Maria«, dozierte Martha, »ich sage immer: Am Ende bereuen wir nicht das, was wir getan haben, sondern das, was wir nicht getan haben.«

Da war was dran.

»Vielleicht«, fügte Martha hinzu, »solltest du ihn locken! Du machst ihn ganz wuschig, so dass er nicht mehr widerstehen kann.«

»Wie soll ich ihn denn wuschig machen?«

»Was hast du an?«, fragte Martha streng.

Ich sah an mir herunter.

»Meine leichte Viskose-Hose, Turnschuhe, T-Shirt.«

»Schlabber-T-Shirt?«

»Schlabber-T-Shirt!«

Sie schwieg.

»Was hat Sabine Rodenberg an?«

»Shorts und enges Top«, sagte ich knapp.

»Hm«, machte Martha.

»Was heißt hier *hm*?«, fragte ich gereizt.

»Vielleicht könntest du dich ein bisschen hübscher machen?«

»Ach komm, Martha!«, regte ich mich auf. »Erzähl mir nicht, dass ich mich für einen Mann hübscher machen soll! Hallo? In welchem Jahrhundert leben wir denn? Soll ich unter Umständen auch noch in Minirock und High Heels durch die Beete stapfen, oder was? Wenn das so ein Mann ist, dann kann er mir gleich gestohlen bleiben.«

»Du brauchst ja nichts anzuziehen, was dir widerstrebt«,

meinte Martha unbeirrt. »Mach nicht etwas aus dir, was du nicht bist!«

»Eben!«

»Aber ein bisschen schicker als Schlabbershirt und Jogginghose kann es schon sein, ohne dass du gleich deinen Körper verkaufst.«

»Jetzt tu mal nicht so«, entgegnete ich erzürnt, »als würde ich im Pyjama rumlaufen. Ich hatte für das Picknick neulich sogar ein Kleid an!«

»Wie hat er reagiert?«

»Das weiß ich nicht, weil Sabine …«

»… Rodenberg aufgetaucht ist.«

»Genau!«

»Und wenn du das Picknick wiederholst?«

»Das geht nicht so schnell«, sagte ich nervös, »die Jungs sind immer dabei. Da kommt keine Romantik auf, das kann ich dir sagen. Das kann ich mir gleich sparen. Und Max und Anton fahren erst in zwei Wochen mit Raimund in Urlaub.«

»Da könnte es schon zu spät sein«, sagte Martha düster. »Die Rodenberg geht ja ran wie Bolle.«

Ich fuhr mir nervös über die Stirn.

»Habt ihr kein Vereinsfest oder so?«

»Doch«, gab ich zu, »nächsten Samstag. Aber du glaubst doch nicht, dass die liebe Sabine da nur eine Minute von seiner Seite weicht?«

»Hm.«

Diese Hms gingen mir auf die Nerven.

»Es hilft nichts.« Martha klang sehr konzentriert. »Du musst sofort tätig werden. Was ist mit deinen Haaren?«

»Was soll sein?«, schnappte ich zurück. »Sie sind frisch gewaschen. Ich wasche sie jeden Tag.«

Mir fiel auf einmal ein, dass das vielleicht nicht mehr lange der Fall sein würde. Heute Morgen hatte ich die Handwerker zur Badezimmerrenovierung reingelassen. Meine Laune wurde immer mieser.

»Gewaschen, schon klar«, sagte Martha. »Und wie trägst du deine Haare?«

»Ach Martha, jetzt werd mal nicht albern«, antwortete ich. »Du kennst doch meine Frisur!«

»Pferdeschwanz?«

»Pferdeschwanz!«

»Mit Haargummi?«

»Mit Haargummi. Dem dicken superweichen.«

»Anni«, sagte Martha und klang auf einmal sehr aufgeräumt, »du solltest das Beste aus deinen Haaren machen. Haare sind super! Die musst du nicht extra anziehen, sondern sie sind sofort da, und Männer lieben lange schöne Haare.«

»Ich habe lange Haare!«

»Ja, aber du hast sie immer zusammengebunden. Das zählt nicht. Du musst sie offen tragen. Lass dir doch so einen schicken Sexy-Stufenschnitt machen. Dazu ein gekonntes Make-up.«

»Make-up bei der Gartenarbeit?«

»Ja, bei der Gartenarbeit! Es muss natürlich geschickt sein und zur Umgebung passen. Keine Smokey-Eyes oder so einen Kram. Gerade so, dass du deine schönen Augen betonst und zur Umgebung passt, aber nicht angemalt aussiehst. Und wasserfest muss es sein, weil du bei der Arbeit schwitzt.«

»Hm.«

»Du hast doch diesen netten Frisör-Salon?«

»*Salon Engel.*«

»Genau den. Geh da mal hin.«

»Aber ich war erst vor ein paar Wochen dort. Ich gehe nur alle halbe Jahre zum Frisör.«

»Anni, jetzt sei nicht so stur. Du kannst doch mal deine Haare schön machen lassen. Bieten die nicht auch Kosmetik an? Lass dir deine Haare raffiniert schneiden, so eine lange offene Walle-Mähne, und dann lässt du dir ein hübsches Make-up verpassen. Mit den Haaren kannst du dann um dich werfen und locken. Wie mit einer Angel. Und schwuppdiwupp verfällt er dir und sieht dir tief in deine schön geschminkten Augen.«

Wir kicherten.

»Ich werfe und locke.«

»Genau. Du angelst dir diesen Mann.«

Ich linste aus der Fenstertür und dachte an Sabine Rodenbergs Hocksteckfrisur. Womöglich hatte sie dünne Haare.

»Und dann lernst du diesen Trüffel erst mal richtig kennen.«

Ich musste wieder kichern.

Manchmal hatte Martha vielleicht doch ganz gute Ideen. Einen Versuch war es allemal wert.

14

Anna angelt

Anton öffnete die Wohnungstür und starrte mich verblüfft an. Ein Bohrhammer dröhnte aus dem Badezimmer.

»Max, komm mal schnell, Mama hat Plusterhaare!«, brüllte er.

Ich versuchte, durch den langen Pony meinen Sohn strafend anzusehen.

»Das sind keine Plusterhaare. Das ist eine trendige Frisur!«

Max kam aus dem Kinderzimmer gelaufen, sah mich im Flur stehen und fing lauthals an zu lachen.

»Mama, du siehst aus wie der Pumuckl! Nur nicht rot!«

Ich schaute in den Garderobenspiegel.

»Ich sehe doch nicht aus wie der Pumuckl!«, protestierte ich laut. Doch Max hatte recht. Meine Haare stoben in alle Richtungen.

Was für ein Tag! Der *Salon Engel* war gut besucht gewesen, aber ich hatte mich nicht abschrecken lassen. Ich hatte Sitzfleisch bewiesen. Dieses Problem musste so schnell wie möglich gelöst werden. Wer weiß, wie lange Sabine Rodenberg brauchte, um Paul von ihren Vorzügen endgültig zu überzeugen. Aber es war ausgesprochen mühsam gewesen. Erst hatte Sonja mir diese merkwürdige asymmetrische Frisur aufgeschwatzt, die angeblich gerade der allerletzte Schrei in Paris war. Dann hatte sie schweigsam und fahrig hantiert und mir tonnenweise Festiger in die Haare gesprüht. Und schließlich erinnerte mich ihr Make-up an die Schminkorgien auf Kindergeburtstagen: blutrote Lippen und hellblauer Lidschatten. Entweder wusste ich nichts über Paris, oder Sonja hatte von Raffinesse keine Ahnung. Meine Jungs waren gute Beobachter: Ich sah aus wie der Pumuckl. Und das da, waren das etwa Löcher? Mir war zum Heulen zumute. Wie sollte ich denn damit werfen und locken?

Im Badezimmer erstarb der Bohrhammer. Wir hörten Metall an Rohre klopfen.

Anton sah mich mitleidig an und strich mir über den Arm.

»Arme Mama. Wieso hast du sie denn nicht einfach wie immer abschneiden lassen?«

»Ich wollte mal etwas anderes«, antwortete ich schmallippig.

»Na, das hast du ja jetzt«, lachte Max. »Mach dir nichts draus, Mama, sieht doch lustig aus.«

Lustig, prima. So wollte ich schon immer aussehen.

»Kannst du sie nicht zusammenbinden?«, fragte Anton. »Warum hast du so rote Lippen und so komische hellblaue Farbe auf den Augen?«

»Gute Frage.«

»In so Malfarben sind oft ganz viele schreckliche Stoffe«, sagte Anton und sah mich ernst an. »Schwere Metalle. Habe ich in der Zeitung gelesen, die in der Küche lag. Hast du Ausschlag?«

»Nein, danke der Nachfrage, ich habe keinen Ausschlag.« Es war doch immer wieder schön, so einen gesundheitsbewussten Sohn zu haben. Es juckte auf einmal wie verrückt im Gesicht, und ich fragte mich, wie viele Kundinnen Sonjas Lippenpinsel und Make-up-Schwämmchen eigentlich schon genießen durften. Hatte Sonja überhaupt eine Ausbildung zur Kosmetikerin? Ich lief zum Badezimmer, riss die Tür auf und rief:

»Hallo!«

Herr Jelinek kniete unter dem Waschbecken, schnaufte und richtete sich mühsam von seinen Knien auf.

»Ich muss mal ins Bad!«

Er fletschte die Zähne, dann wuchtete er seinen schweren Körper hoch. Er starrte mich an. Der erste Mann, der meine sensationelle Frisur bestaunen durfte, sah verdutzt aus, nicht angelockt.

»Frau Baumgarten?«

»In der Tat! Wären Sie so freundlich …?«

Er rieb sich das Kinn, schnaufte missmutig und zwängte sich an mir vorbei.

»Dauert nicht lange!«, rief ich und knallte die Tür zu.

»Ich komm mit«, schrie Anton, öffnete die Tür, und schon war er drin. Er verriegelte die Tür hinter uns.

Ich ergriff einen Microfaserwaschlappen, der einsam neben den abgeklopften Wänden über dem Waschbecken hing, tränkte ihn mit Wasser und rubbelte energisch auf meinem Gesicht herum. Der alte Spiegelschrank über dem Waschbecken war noch nicht abmontiert. Das hatte ich mir erbeten, um einen Rest Badezimmergefühl zu erhalten. Anton stand neben mir und sah fasziniert zu.

Allmählich lösten sich die Farben, und ein paar rote Pusteln waren auf meinen blassen Wangen zu sehen. Die Haare, die mein Gesicht umrahmten, wurden nass, denn ich konnte sie nicht zurückbinden. Dafür waren sie zu kurz geworden, und ich hatte kein Haarband. Ich fluchte.

»Ist das denn nicht unpraktisch, so Haare im Gesicht?«, hörte ich Anton neben mir.

»Nein, gar nicht«, sagte ich verbissen. »Es ist schön, nichts zu sehen.«

Herrn Jelinek murrte hinter der Tür.

Anton kicherte.

Ich bespritzte ihn mit Wasser. Er kreischte, entriegelte die Tür und floh aus dem Badezimmer.

»Tür zu!«, brüllte ich. Sie flog zu.

Ich besah mich wieder im Spiegel. Wie hatte das nur passieren können? Wieso hatte ich Sonja blind vertraut? Und wie sollte ich mit dieser Frisur im Garten arbeiten? Die Strähnen würden mir immerzu im Gesicht hängen. Ich öffnete den Spiegelschrank. Irgendwo mussten Haarklammern sein. Ich fand zwei große rosa Exemplare vom Karneval, als Anton letztes Jahr als Mädchen gegangen war, und klemmte mir damit den XL-Pony an die Seiten. Ich starrte mich an. Es war vorbei. Ich konnte das Feld gleich Sabine Rodenberg überlassen. So würde selbst Martha nicht mehr mit mir ausgehen. Ich fühlte meine Augen feucht werden.

Das Telefon klingelte. Es war meine Mutter. Ich hörte es an Max' Stimme. Im nächsten Moment stand er in der Badezimmertür und hielt mir den Hörer entgegen. Hinter ihm stand Herr Jelinek und schaute schlecht gelaunt zu mir herüber.

»Oma will dich sprechen.«

Das hatte mir gerade noch gefehlt.

»Hallo, Mutter«, sagte ich und versuchte, Herrn Jelinek nicht anzusehen.

»Hallo, Anna-Maria«, antwortete meine Mutter, und ihre Stimme klang ungewöhnlich aufgeräumt.

»Ich wollte nur mal hören, wie es dir so geht. Was machen die Jungs, die Arbeit, der Garten?«

»Alles prima, aber ich habe gerade gar keine Zeit.«

»Kind, bist du immer noch im Stress? Ich habe dir doch gesagt, du sollst etwas für dich tun. Geh doch mal zur Kosmetik!«

Ich befühlte mit einer Hand mein frisch gewaschenes, verpusteltes Gesicht.

»War ich gerade.«

»Siehst du«, rief meine Mutter erfreut. »Das ist aber auch richtig gewesen. Da ist man gleich ein ganz anderer Mensch.«

»Ich hatte auf jeden Fall schon lange nicht mehr so frische Farbe im Gesicht.«

»Wie schön, wie schön«, sagte meine Mutter. »Anna-Maria, ich möchte dir etwas mitteilen.«

Sie klang so munter. O Gott, wollte sie uns mit einem Besuch überraschen? Nicht das jetzt auch noch. Instinktiv hielt ich mich mit der freien Hand am Waschbecken fest. Wie sollte ich das abwenden? Ich musste mir Zeit verschaffen.

»Mutter, sei mir nicht böse«, warf ich schnell ein, bevor sie weiterreden konnte. »Ich habe jetzt wirklich keine Zeit. Die Handwerker sind im Haus, und ich muss gleich Mittagessen kochen. Wir reden ein anderes Mal, ja? Ich rufe dich am Wochenende an.«

Ich warf Herrn Jelinek einen raschen Blick zu. Er schürzte missbilligend die Lippen.

»Ich werde nächstes Wochenende nicht da sein, Anna-Maria. Deshalb rufe ich ja an. Du brauchst dir aber keine Sorgen zu machen. Es ist alles in Ordnung.«

Gott sei Dank, ich musste nicht aufräumen.

»Ich habe einen Mann kennengelernt. Und wir fahren nächstes Wochenende zusammen weg.«

Irgendwie verstand ich diese Information nicht.

»Anna–Maria? Bist du noch da?«

»Was hast du kennengelernt?«

»Einen Mann, sage ich. Einen ganz reizenden Menschen. Höflich, kultiviert, gebildet. Karl war mal Akademischer Rat an der Universität, stell dir vor. Sehr angenehm.«

Ich verstummte.

»Wir haben uns bei Prof. Dr. Krallenröter kennengelernt. Ich wollte mich wegen meiner Krampfadern beraten lassen. Du weißt ja, ich habe diese Malessen. Und da saß dieser wunderbare Mann im Wartezimmer, und wir mussten so lange ausharren – da haben wir uns reizend unterhalten. Wirklich ganz reizend. Und dann habe ich ihn gefragt, ob er mit mir mal einen Kaffee trinken will und ihm meine Karte gegeben.«

»Du hast was, Mutter?«

»Ich habe ihm meine Karte gegeben und ihn gefragt, ob er mit mir ausgehen will. Und er wollte.« Ihre Stimme klang unüberhörbar stolz.

»Mutter, du kannst doch einem wildfremden Mann nicht deine Karte geben und mit ihm ausgehen. Wer weiß, was er im Schilde führt?«

»Nun«, sagte meine Mutter trocken, »offenbar kann ich das doch. Mach dir keine Sorgen. Ich bin ja nicht senil. Es ist alles in bester Ordnung. Wir waren Kaffee trinken. Und es war einfach herrlich! Und jetzt fahren wir über das Wochenende nach Baden-Baden. Ich habe mir schon die richtige Garderobe gekauft. Du solltest dir übrigens auch mal ein Negligé zulegen, nicht immer nur Gärtnerhosen.«

Sie kicherte. Offenbar war sie bestens gelaunt.

»Da staunst du wohl, dass deine Mutter auch noch so manches auf die Beine stellen kann. Nicht nur du hast Spaß.«

»Was ist denn mit Papa?«, fragte ich hilflos.

»Papa ist tot, Anna-Maria«, sagte meine Mutter pikiert, »und das schon seit über fünf Jahren, wie du eigentlich wissen solltest.«

Ich fasste mir an die Stirn.

»Und Karl ist attraktiv!« Meine Mutter kam ins Schwärmen. »Groß, schlank, gar kein Bauch. Stell dir vor, er hat noch alle Haare und Zähne.«

Ich biss mir auf die Unterlippe, aber es rutschte trotzdem raus:

»Hast du nicht immer gesagt, dass eine Dame sich stets vornehm zurückhält? Dass der Mann den ersten Schritt machen sollte, sonst wäre er ein Weichling?«

»Habe ich das? Ach, vergiss doch den alten Quatsch! Das ist doch wirklich Zeugs von gestern. Der Karl ist so ein feiner Mann.«

»Aber, aber …« Ich kannte meine Mutter nicht mehr. »Du fandest es doch ganz unmöglich, dass Tante Hertie in ihrem Alter jetzt einen Freund hat. Ihr habt euch deshalb furchtbar gestritten.«

Sie sagte kein Wort. Und es raschelte. Was war das? Ich hörte ein Knarzen, wie Schritte auf Parkett. Ein leises Quietschen. Und plötzlich ertönte eine laute Glocke.

»Oh, es ist jemand an der Haustür«, flötete meine Mutter. »Da muss ich jetzt wohl leider aufmachen. Wir reden ein anderes Mal, ja? Du bist ja jetzt im Bilde. Tschüss.«

Und zack hatte sie aufgelegt.

Ich starrte den Hörer in meiner Hand an.

»Wird es jetzt mal was?«, brummte Herr Jelinek.

Hatte meine Mutter mich etwa abgehängt?

Erneut klingelte schrill das Telefon. Ich drückte die Badezimmertür vor Herrn Jelineks Nase zu und nahm den Hörer an mein Ohr.

»Was war das gerade? Hast du etwa selbst an deiner Tür geklingelt?«

Schweigen am anderen Ende. Das war ungewöhnlich. Ich sah auf die Rufnummernerkennung. Es war nicht meine Mutter.

»Jaaa, das Telefon hat vermutlich geklingelt, als ich die Nummer gewählt habe?«, hörte ich eine zögerliche männliche Stimme. Mir wurde heiß.

»Anna, bist du das?«

»Paul!«

Ich fummelte mir mit einer Hand eine Haarklammer aus dem Pony.

»Ich kann auch gerne ein anderes Mal anrufen, wenn es jetzt nicht passen sollte.«

»Nein, nein«, rief ich eine Spur zu laut. »Alles in Ordnung. Ich habe nur gerade – mit jemand anderem geredet und …«

Schweigen in der Leitung.

Ich setzte mich aufs Klo und schloss die Augen.

»Was kann ich für dich tun?«

Er lachte leise.

»Ich wollte eigentlich fragen, was ich für dich tun kann. Bist du noch an einem rasanten Heckenschnitt interessiert?«

»Ja«, hauchte ich, »bin ich.«

»Hallo, Frau Baumgarten? Wird das noch mal was?«

Herr Jelinek bummerte gegen die Tür.

»Gleich!«, schrie ich, und zu Paul sagte ich leise: »Ich habe einen Handwerker im Haus. Die Hecke, Paul, die Hecke! Ja, gerne!«

»Möchtest du mitmachen, oder soll ich sie alleine schneiden?«

Ich riss ein Stück Toilettenpapier von der Rolle und tupfte mir die Augen. Und dachte an Martha. Den treuen Trüffel fangen. Haare werfen und locken, wie mit einer Angel. Das mit den Haaren konnte ich vergessen. Aber ich dachte an meine Mutter. Was sie konnte, konnte ich ja wohl auch. Das war jetzt zwar nicht der günstigste Augenblick, Paul mein Interesse zu zeigen. Aber andererseits hatte Paul meine Frisur noch nicht gesehen. Es bestand noch Hoffnung. Ich nahm all meinen Mut zusammen.

»Wie ist es dir denn lieber, Paul? Soll ich mitmachen?«

Kurzes Schweigen. Mein Herz klopfte.

»Ich fände es sehr schön, wenn du dabei wärst.«

Meine Wangen wurden heiß.

»Ich wäre gerne dabei. Ich meine, ich komme gerne. Also, ich würde mich freuen, wenn du kommst. Und ich komme dann auch«, stotterte ich.

O Himmel, lass Hirn auf mich regnen. Ich zog verzweifelt eine Grimasse.

»Hallo!« Herr Jelinek klopfte an die Tür.

»Schön«, sagte Paul. »Vielleicht morgen früh?«

»Ja, gerne«, stammelte ich. Und dann schoss es aus mir heraus wie Wasser aus einer Gießkanne: »Hast du vielleicht Lust, mit mir einen Kaffee zu trinken? Wir könnten im Garten frühstücken. Ich besorge frische Brötchen, und ich habe eine ganz tolle selbst gemachte Marmelade.«

»Ja, klar. Eine gute Idee. Darf ich etwas beisteuern? Vielleicht Omeletts? Ich kann prima Omeletts machen.«

Ich kratzte mir die Stirn.

»Ich habe ja keinen Strom, Paul. Ich könnte Eier zu Hause hart kochen und mitbringen.«

Paul lachte.

»Nein, das ist doch nicht schlimm. Ich bringe was anderes mit. Ich komme gerne.«

Ich zerknüllte aufgeregt das Toilettenpapier.

»Dann um neun?«

»Um neun. Ich werde da sein.«

»Tschü-üss, Paul.«

»Tschü-üss, Anna.«

Wie er das sagte. So liebevoll. Und warm. Mir wurde ganz anders.

Und dann hatte er aufgelegt.

Ich schniefte, stand lächelnd auf – und blickte in den Spiegel. Da stand ich, Anna-Maria Baumgarten. Ein Pumuckl. Aber Paul wollte mit mir frühstücken. Das war doch etwas. Er war zurückgekommen. Ich hatte ihn geangelt.

»Frau Baumgarten!«, rief Herr Jelinek.

»Jaja, ich komme!«

Voller Elan warf ich meine Plusterhaare in den Nacken.

15

Die wandelnde Pest

Eines musste man mir lassen: Ich war eine gute Gastgeberin. Mein Frühstückstisch war ein Gedicht. Pünktlich um neun Uhr am nächsten Morgen war der Tisch auf meiner Laubenveranda mit einer weißen Decke und Blumen in einer Vase einladend und hübsch gedeckt. Ich servierte spanischen Schinken, französischen Käse, gute deutsche Butter, hart gekochte Eier, selbst gekochte Erdbeermarmelade und frische Brötchen vom besten Bäcker der Stadt. Und auch ich sah recht ansprechend aus. Ich hatte mir ein breites Haarband um den Kopf geschlungen, sodass mein Gesicht frei lag und die Pumuckl-Haare gebändigt waren. Das grüne Tuch betonte meine Augenfarbe, und die Kinnlänge stand mir jetzt überraschend gut. Ich trug passend dazu ein tailliertes grünes Top, blaue Caprihosen und Ballerinas, die ich tatsächlich noch gestern Nachmittag in einer kleinen Boutique erstanden hatte. Dazu ein dezentes Make-up, das ich mir selbst verpasst hatte. Zart getönte Lippen, ein feiner Lidstrich. Natürlich und doch sehr appetitlich, wie Martha sagen würde.

Ich war vorbereitet.

Selbst die Jungs hatte ich zu Hause lassen können, denn neun Uhr war ihnen zu früh gewesen. Wir hatten am Abend zuvor zusammen einen Film gesehen, und es war spät geworden. Sie würden nachkommen. Ich musste jetzt nur noch auf diesem kleinen garstigen Campingkocher Wasser für den Kaffee aufbrühen. Ich zückte ein Stabfeuerzeug, fummelte an dem Kocherventil herum und wollte gerade das Feuer unter dem Kessel entfachen, als ich mein Gartentörchen quietschen hörte. Ich blickte auf und ließ das Feuerzeug sinken.

Paul stand am Eingang. Im Arm hielt er eine Papiertüte. Mein Herz hüpfte.

»Guten Morgen, Anna«, rief er laut, lachte und schwang die Tüte über seinem Kopf. »Hat jemand Lust auf frische Croissants?«

Wenn mir jemand später erzählt hätte, was dann geschah, hätte ich es nicht glauben können. Denn auf Pauls Frage hin erscholl laut und deutlich eine weibliche Stimme: »Ja! Ich!«

Und Sabine Rodenberg kam aus ihrem Garten geschossen. Sie fiel Paul am Törchen von hinten um den Hals.

Mir blieb der Mund offen stehen.

Diese Frau war die Pest!

Paul drehte sich überrascht um. »Oh, Sabine!«

»Paul, du hast Croissants!«

»Ja, äh, ich …«

»Wie schön!«, rief Sabine Rodenberg, strahlte mich vom Gartentörchen aus an und winkte.

»Anna! Wie schön! Ein Nachbarschaftsfrühstück!«

Ich zögerte, aber nur kurz. »Du, Sabine«, rief ich, »das ist jetzt aber schade. Ich habe gar nicht genug Tassen und Teller für uns alle.«

»Das macht nichts«, entgegnete Sabine laut und fröhlich, »ich hole schnell welche.«

Und schon war sie in ihrer Laube verschwunden. Paul kam auf mich zu und zuckte entschuldigend die Schultern.

»Anna, ich weiß gar nicht, was ich sagen soll. Ist es in Ordnung, wenn Sabine mit uns frühstückt?«

Am liebsten hätte ich geschrien: »Bist du bei Trost? Natürlich nicht!«, aber ich war mir nicht sicher, ob das ein gutes Licht auf mich geworfen hätte. Überhaupt war ich mir auf einmal nicht mehr sicher, ob ich diesen Mann mochte. Wieso hatte er sich diese schreckliche Person nicht vom Hals gehalten?

»Uff«, sagte Paul, »ich bin in solchen Dingen immer so schlecht.«

Ich sah ihn an und war besänftigt. Er war offensichtlich genauso überfordert wie ich. Er tat mir fast leid. Schließlich war er der weiblichen Raffinesse schon mal übel auf den Leim gegangen.

»Nun gut«, sagte ich großmütig, »es sind ja genug Brötchen da.«

»Und Croissants«, sagte Paul.

»Das ist lieb von dir«, entgegnete ich und versuchte zu lächeln.

Er musterte mein Kopftuch.

»Warst du beim Frisör?«

»Ja.«

»Es sieht sehr hübsch aus mit dem Haarband. Es passt gut zu deinen Augen.«

»Danke.«

Ich war nicht in Stimmung.

Wir hörten eilige Schritte, und da war sie auch schon wieder, die liebe Sabine, barfuß. Offenbar hatte sie einen Kleidervorrat in ihrer Laube und konnte sich turboschnell umziehen, oder hatte sie das vorhin auch schon getragen? Sie trug einen Minirock und ein knappes Top. Ihre leider dichten, langen Haare hingen jetzt gut gebürstet über ihren Schultern. Ich zupfte an meinem Haarband.

»Das ist aber nett«, sagte Sabine und lächelte mich an, aber ihre Augen blieben starr.

»Ein Frühstück, mitten in der Woche. Sieh mal einer an.«

Sie ließ sich auf einen freien Stuhl nieder und stellte Teller und Tasse auf den Tisch. Sie drehte sich zu Paul und wedelte mit dem Zeigefinger vor seiner Nase.

»Ihr habt doch wohl nicht die Nacht durchgemacht!«

»Nein«, sagte Paul und schaute erschrocken. »Anna hat mich heute zum Frühstück eingeladen.«

»Wie nett«, sagte Sabine Rodenberg mechanisch und »Oh, wie süß«, im nächsten Moment, als sie den Campingkocher sah. »Wir bekommen jetzt Kaffee wie beim Zelten.«

»Genau«, entgegnete ich leicht säuerlich. Ich nahm das Feuerzeug und versuchte, das Gas aufzudrehen. Ich hörte es leise zischen, drehte weiter – und »plopp«, das Geräusch erstarb.

»Oh«, sagte Sabine ihr blödes Oh. »Ist der Gaskocher kaputt?«

Ich fing an zu schwitzen. Ich dumme Nuss hatte das Ventil nicht zugedreht, als die Croissants attackiert wurden. Das hatte der alten Kartusche wohl den Rest gegeben.

»Ich glaube, das Gas ist alle.«

»Macht doch nichts«, sagte Paul. »Dann trinken wir halt Wasser.«

»Aus dem Wasserhahn?« Sabine Rodenberg lachte amüsiert auf.

»Ich habe im Auto noch einen Kasten französisches Quellwasser.«

Ich hätte sie am liebsten gekniffen.

»Du, Anna, du musst noch lernen, diese kleinen Gasflaschen regelmäßig zu kontrollieren«, sagte Sabine. »Ist ja auch schwer, so ohne Strom. Aber das macht ja alles nichts.« Sie strahlte uns an. »Ich bin ja da. Ich habe doch meine italienische Kaffeemaschine. Möchte jemand einen Caffè Latte?«

Und schon sprang sie auf.

»Paul, wärst du so lieb, mitzukommen und die Kaffeebecher zu tragen?«

Sie schnappte sich meine zwei Kaffeebecher und ihren vom Tisch.

»Anna, hast du Milch?«

Ich deutete stumm auf den Tisch. Da lagen Plastikdöschen mit Kondensmilch, bei diesem Wetter ohne Kühlschrank die einzige Wahl.

Sabine schüttelte den Kopf. »Ich habe frische Biomilch in meinem Kühlschrank. Ich schlag uns schöne heiße Milch auf.«

Das wird Martha mir nie glauben, schoss es mir durch den Kopf. Das ist so blöd, das kann hier gerade nicht echt passieren.

Ich sah Paul an. Paul sah mich an. Er zuckte mit den Achseln.

Du Weichei, dachte ich, du blödes Weichei. Oder willst du dich nicht entscheiden? Auf einmal wurde ich müde. Vielleicht hatte Paul ein Helfersyndrom? Das war meine letzte Hoffnung.

»Bei Kaffee werde ich schwach«, sagte Paul und grinste schief. »Ehrlich gesagt lechze ich morgens nach einem starken Kaffee.«

»Ja, geht nur«, sagte ich matt, »geht und holt uns Kaffee. Ich kann jetzt auch einen gebrauchen.«

Und schon konnte ich zusehen, wie die beiden meinen Gartenweg hinuntertrabten. Paul schaute am Gartentörchen noch einmal über seine Schulter zu mir. Er sah unglücklich aus. Das tröstete mich. Aber nur ein wenig.

Ich zupfte an meiner weißen Tischdecke. Es war vorbei mit der Romantik. Mit Sabine würde das kein Zuckerschlecken werden. Anna, sagte ich mir und kratzte mich am Kinn. Was würde eine kluge Frau tun?

Ich hatte nicht die geringste Ahnung.

Ratlos sah ich auf mein Frühstück. Paul war schön, duftete so gut, und wir konnten herrlich miteinander lachen. Zudem hatte er auch noch diese tragische Liebesgeschichte und war ein ganz Treuer, aber er machte mich eindeutig rasend mit seinem Verhalten. Wenn er an mir interessiert war, warum lief er dann jetzt zu Sabine?

Es gab nur vier Möglichkeiten: Entweder spielte er mit uns beiden, oder sie war ihm wichtiger als ich. Oder er war einfach zu nett. Oder er hatte einfach nicht die leiseste Ahnung, dass er mir gefiel. Verstehe einer die Männer.

Ich saß da und hatte auf einmal große Lust wegzulaufen. Ich war keine Kämpferin. Schon lange nicht mehr. Und ich wollte auch gar nicht kämpfen. Das, was ich Martha gesagt hatte, stimmte schon. Wenn ein Mann nicht sah, was er an mir hatte, dann war er sowieso nicht der Richtige für mich, denn dann war er nämlich eindeutig zu dumm. Und überhaupt – ich wollte einen Garten, keinen Mann. Ich wollte Ruhe und in der Natur abschalten. *Und nun, sieh dich an, Anna-Maria Baumgarten, nun sitzt du in deinem Garten, wie bestellt und nicht abgeholt, und von Ruhe keine Spur. Du regst dich ständig auf.*

Ich verschränkte die Arme vor der Brust und starrte böse auf den Tisch.

Da hörte ich es glockenhell aus Sabines Laube lachen. Pauls Lachen antwortete. Meine Kiefer knirschten.

Zu spät, dachte ich, *es ist zu spät. Ich kann hier nicht sitzen und Sabine Rodenberg kampflos das Feld überlassen.* Voller Wut nahm ich ein Schinkenröllchen und biss hinein.

Es sind nicht die Dinge, die wir getan haben, die wir am Ende bitter bereuen, hatte Martha gesagt. Es sind die Dinge, die wir nicht getan haben. Ich griff zum Handy und versuchte, so leise wie möglich zu sprechen.

»Martha?«

»Hör zu, Martha, Notfall!«

»Was ist passiert?«, flüsterte sie zurück.

»Du glaubst es nicht!«

Ich raunte die Szene in aller Kürze ins Telefon. Martha pfiff durch die Zähne.

»Der guten Frau ist ja nichts peinlich.«

»Du sagst es.« Ich würgte den Kaffeelöffel. »Und das Schlimmste ist: Er geht immer mit ihr mit!«

»Das ist allerdings sonderbar. Sag mal, sind die vielleicht doch zusammen?«

»Ich glaube es eigentlich nicht. Das würde anders aussehen. Und Lene hätte was gesagt.«

»Aber du weißt es nicht sicher?«

»Nicht direkt.«

Martha schnalzte mit der Zunge. »Du musst herausfinden, wie die beiden zueinander stehen. Da ist doch was. Vielleicht weiß Lene nicht alles. Hinterher sind die verheiratet oder so. Dann muss er natürlich mitgehen.«

»Das kann nicht sein. Sie gehen so höflich miteinander um.«

»Möglich ist alles! Oder sie haben eine heimliche Affäre!«

Mir wurde heiß. »Nun gut«, antwortete ich nervös. »Dann gucke ich mal, was da im Busch ist.«

Ich hörte Sabine Rodenbergs albernes Lachen näher-kommen.

»Ich muss jetzt auflegen«, und schon lag das Handy wieder unscheinbar auf dem Tisch.

»Na«, rief ich den beiden falsch und fröhlich entgegen. »Habt ihr Kaffee?«

»Caffè Latte!«, rief Sabine und stellte vorsichtig eine Tasse mit Milchhaube und Kakaoherz vor mir auf den Tisch, während Paul die beiden anderen, ähnlich liebevoll dekorierten Becher auf dem Tisch platzierte.

»Ich hoffe, es schmeckt!«

»Aber ganz bestimmt«, entgegnete ich und tauchte mein eingefrorenes Lächeln in den Milchschaum. »Hm, lecker.«

Ich versuchte, gute Miene zum bösen Spiel zu machen. »Möchte jemand ein Brötchen oder ein Croissant mit selbst gemachter Marmelade? Mit Käse? Spanischem Schinken?«

»Das sieht alles sehr lecker aus«, sagte Paul.

»Hast du vielleicht etwas Quark?«, fragte Sabine. »Butter ist nicht so meins.«

Ich verneinte. »Ein Ei vielleicht?«, entgegnete ich. Sabine schüttelte den Kopf, Paul griff begeistert zu. Ich stibitzte mir ein Croissant aus der Tüte.

»Du isst gerne«, sagte Sabine, ließ einen schnellen Blick über meine Figur gleiten und lächelte nachsichtig. Sie hatte sich ein Scheibchen Schinken auf den Teller gelegt und es dort liegen lassen.

Ich sah das knusprig braune Buttercroissant auf meinem Teller an. Es sah mich an. Aber mir war auf einmal der Appetit vergangen.

»Sagt mal«, beschloss ich, die Sache bei den Hörnern zu packen und das hier schnell zu Ende zu bringen, »woher kennt ihr beiden euch eigentlich?«

Paul hatte den Mund voll und konnte nicht antworten.

Sabine legte die Hand auf seinen Arm und sah ihn bedeutungsvoll an.

»Wir kennen uns schon lange.«

Paul nickte, schluckte und sagte dann: »Ja, das stimmt. Durch Sabine habe ich den Garten hier bekommen.«

»Tatsächlich? Das ist aber schön.«

Sabine lachte. »Meine Eltern hatten doch schon lange ihren Garten im Verein, und so konnten sie ein gutes Wort für Paul beim Kossig einlegen, nicht wahr, Paul?«

Sie ließ sich auf ihrem Stuhl zurücksinken.

Ich nickte höflich. »Und wo habt ihr euch kennengelernt?«

Ehe Sabine antworten konnte, sagte Paul: »Sabine war die Freundin meines ... von Simon.«

»Von Simon?«

Pauls Stirn verdunkelte sich. Er biss heftig in das Croissant, und Sabine blickte angestrengt in den Garten.

»Wer ist denn Simon? Ist der auch hier im Verein?«

Paul kratzte sich an der Augenbraue. »Nein, Simon war ein Freund.«

»Sein bester Freund«, sagte Sabine, und ihre Mundwinkel wurden hart. »Und er war mein Verlobter. Er lebt jetzt in Spanien.«

Paul schaute sie schmerzerfüllt an und atmete tief durch.

Und auf einmal begriff ich. Sabine war die andere Verlassene. Es war ihr Verlobter gewesen, der mit Pauls zukünftiger Frau nach Spanien durchgebrannt war.

»Ach, du je!«, entfuhr es mir. »Das tut mir leid ...«

Ich hielt die Luft an. Paul sah zu Sabine. In seinem Blick lag grenzenloses Mitleid. Ich griff hastig nach meinem Kaffee und versenkte mein Gesicht in der großen Tasse. Mein

Herz klopfte wie wild. So war das also. Sie waren eine Schicksalsgemeinschaft. Die arme Sabine! Im selben Moment schoss heißes Glück in mir hoch. Paul hatte nur Mitleid. Er wollte sie nicht im Stich lassen.

Meine Zehen unter dem Tisch fingen an zu wippen. Wir schwiegen. Es war Zeit, das Thema zu wechseln.

»So«, sagte ich und drehte mich demonstrativ zu Paul. »Wir beide schneiden also heute die Hecke?«

»Ja.« Er atmete auf und wirkte gleich gelöster.

»Heute ist der Tag der Tage. Der wievielte Anlauf ist es nun, dass wir versuchen, Gitta von Walters oller Hecke zu befreien?«

»Ich weiß es nicht. Aber Hauptsache, heute bekommen wir es gebacken. Sonst reißt Gitta mir noch den Kopf ab.«

Sabine lächelte gequält. »Kann ich helfen?«, fragte sie.

»Nein, kannst du nicht«, sagte Paul, »du ruhst dich schön aus. Das machen Anna und ich alleine.«

Das ging runter wie Öl. Anna und ich.

»Ja.« Ich nickte eifrig. »Das machen wir alleine. Das wäre ja noch schöner, wenn du für mich arbeiten würdest, Sabine! Du hast doch heute schon genug getan mit dem tollen Kaffee.«

»Caffè Latte.«

»Caffè Latte«, bestätigte ich gut gelaunt. Ich griff nach meinem Buttercroissant, löffelte Erdbeermarmelade auf die Spitze und biss voller Appetit hinein.

»Köstlich, das Croissant!«

»Und wann kommst du denn zu mir wegen des Teichs, Paul?«, fragte Sabine.

»Das mit dem Teich«, sagte Paul, »machen wir am besten im Frühjahr. Hier leben so viele Frösche, die im Winter in den Teichen überwintern. Und wenn dein Teich frisch angelegt ist, hat er noch nicht genügend Unterwasserpflanzen. Es wäre noch nicht genug Sauerstoff im Wasser. Die Frösche würden im Winter verenden.«

»Ach«, sagte Sabine.

»Ach«, sagte ich auch und freute mich. »Es ist ja jetzt alles mit Herrn Kossig abgestimmt, nicht wahr? Dann wird ja so eine Teichanlegung problemlos auch im Frühjahr möglich sein.«

Sabine grapschte in die Croissant-Tüte, nahm sich dick Butter und Marmelade und beschmierte ihr Gebäck.

»Hast du noch Caffè Latte?«, fragte ich munter und hielt ihr meine halb leere Tasse unter die Nase.

Sie biss dem Croissant die Spitze ab und schüttelte missmutig den Kopf.

»Macht ja nichts«, sagte ich und strahlte. »Wir müssen ja sowieso bald an die Hecke. Nicht dass wir hier den ganzen Vormittag gemütlich verplaudern. Hast du deine Akku-Heckenschere mitgebracht, Paul?«

Er schüttelte den Kopf und klopfte sich die Krümel vom T-Shirt.

»Nee, hole ich aber jetzt.« Und schon war er aufgesprungen und machte sich auf den Weg.

Da saßen wir beide, Sabine und ich. Ich kratzte mich am Ohr. Sabine fing an, mit ihrer Halskette zu spielen.

»Na dann …«, sagte ich.

»Tja«, sagte Sabine. »Ich muss dann mal. Wir sehen uns.«

Sie nahm ihre Tasse und den Teller und machte sich von dannen, ohne sich noch einmal umzudrehen. War das ein schönes Gefühl! Tschüss, Frau Nachbarin. Mach's gut! Endlich war ich mit Paul allein! Ich konnte mein Glück kaum fassen.

»Hallo, Mama!«, rief es da vom Törchen. Anton und Max standen an der Hecke.

Meine Mundwinkel sanken. »Guten Morgen«, begrüßte ich meine Kinder lahm.

»Freust du dich?«

»Und wie«, sagte ich und überlegte hektisch, was passieren würde, wenn Paul sich gleich an den Tisch setzen würde.

»Du hast Frühstück!«, schrie Anton, und schon lief er zum Tisch und ließ sich nieder.

»Max!«, brüllte er seinem Bruder zu, »Croissants!«

Und im Nu saßen beide vor mir.

»Hast du noch Teller und Tassen?«

»Ja, drinnen im Schrank. Ich hole sie.«

Ich deckte, setzte mich zu ihnen und sah ihnen beim Essen zu. Und dann hatte ich doch Spaß an meinen Jungs, wie sie da mit großem Appetit aßen, Wasser aus dem Hahn tranken und überhaupt kein bisschen rumnörgelten, ob auch Quark da sei.

»Wir schneiden gleich die Hecke«, sagte ich, »das wird dann etwas laut.«

»Wir schneiden die Hecke?«, fragte Max.

»Nein, nicht wir, sondern Paul und ich«, erklärte ich.

»Ist das der Typ, der dir hier hilft?«, fragte Max.

»Ja, genau.«

»Ist der nett?«, fragte Anton.

»Du hast ihn doch schon gesehen«, antwortete ich ausweichend.

»Aber nur von Weitem«, sagte Anton. »Ich habe noch nicht mit ihm gesprochen.«

»Ja, er ist nett.«

»Bin ich das?«, tönte es da, und Paul stand lächelnd im

Garten. In den Händen trug er eine Heckenschere und eine Astschere. Er kam mit großen Schritten näher.

»Hallo, ich bin Paul.«

Die Jungs schauten ihn an. Mein Herz schlug schneller. Würden sie ihn mögen? Ihre Mienen blieben offen. Zumindest war er ihnen nicht auf Anhieb unsympathisch, so viel konnte ich sehen.

»Hallo«, sagte Anton und biss hastig in sein Croissant.

»Wie heißt ihr?«, fragte Paul.

»Das ist Anton, und ich bin Max«, sagte Max und deutete auf seinen Bruder. Der hatte jetzt den Mund voll und betrachtete Paul mit schief gelegtem Kopf.

»Ich schneide gleich die Hecke mit eurer Mutter. Was meinst du, Anna, ob die Jungs uns helfen können?«

Anton schluckte. »Mit dem Schwert da?« Er starrte auf die Heckenschere.

Paul blieb ernst. »Ja, mit dem Schwert hier. Möchtest du es auch mal ausprobieren?«

Anton sah mich an. »Mama, darf ich?«

Ich zögerte. »Ist das nicht gefährlich?«

Paul schaute Anton aufmerksam an. »Du bist vorsichtig, oder?«

Anton wurde auf seinem Stuhl ein Stück größer. »Ja, das bin ich«, sagte er und rutschte auf seinen Pobacken hin und her.

»Hast du was dagegen?«, fragte Paul mich. Und zu den Jungs gewandt: »Eure Mutter ist die Bestimmerin. Das wisst ihr ja. Sie darf entscheiden.«

»Wenn ihr aufpasst …«, sagte ich etwas hilflos. Paul wandte sich an Max.

»Möchtest du auch mitmachen? Wir können jeden kräftigen Arm gebrauchen.«

Max musterte die Heckenschere. Dann nickte er. Anton

stand auf und legte mir seine warme kleine Hand auf den Arm.

»Wir machen das schon, Mama. Du brauchst dich nicht anzustrengen.«

Sieh einer an. Meine faulen Jungs. Sie wurden zu fleißigen Gärtnern, wenn es die richtigen Gerätschaften gab.

»Du«, sagte Anton und zupfte Paul am Arm. »Darf ich als Erster?«

»Klar. Lass uns loslegen.«

Und ehe ich mich versah, standen Max und Anton mit Paul draußen auf dem Kiesweg an der Hecke und berieten, wo sie den Schnitt ansetzen sollten. Ich ging langsam hinterher und wusste nicht, was ich denken sollte.

»Ah!«, rief es aus dem Nachbargarten. Günther lugte über die Hecke. »Geht es jetzt endlich los?«

»Ja«, rief Anton und hüpfte. »Wir schneiden die Hecke.«

»Das ist ja doll«, sagte Günther. »Da wird die Gitta sich aber freuen, wenn sie kommt.« Und zu mir gewandt: »Sie ist bei der Fußpflege.«

So genau wollte ich das gar nicht wissen.

Paul stellte sich hinter Anton und drückte ihm vorsichtig die Heckenschere in die Hände.

»Wenn du diesen Griff hier drückst, springt die Schere an. Wenn du loslässt, geht der Motor wieder aus.«

Die Kinderarme gaben unter dem Gewicht des Werkzeugs nach, aber Anton stemmte sie hoch, so fest er konnte. Sein Gesicht glühte. Paul legte behutsam seine Hand auf Antons Arme, führte sie weiter hoch, und im nächsten Moment sprang die Schere an. Und – zack, zack, zack – flogen die Zweige. Anton war stumm vor Anstrengung und Begeisterung. Ich hielt mir die Hand vor den Mund, um nicht vor Angst aufzuschreien.

»Toll machst du das«, sagte Paul und trat einen Schritt zurück. Anton kämpfte sich verbissen durch die Hecke, und er hielt sich wacker, mein Kleiner. Gerade als die Schere gefährlich zu sinken drohte, sagte Paul: »Max, willst du jetzt mal?«

Ohne zu murren, gab Anton sein Schwert ab. »Hast du gesehen, Mama?«, fragte er und reckte seine kleine Brust. »Ich habe das ganz alleine gemacht.«

»Prima, Anton! Das hast du wirklich toll gemacht. Danke, dass du so super mithilfst.«

Er lächelte zufrieden.

Max fiel es leichter als Anton. Er war ein Stück größer und kräftiger als sein Bruder. Geschickt fuhr er mit dem Heckenschwert durch die Zweige. Paul stand dicht hinter ihm. »Das machst du prima!«

Max grinste.

»Darf ich jetzt auch mal?«, fragte ich durch den Lärm der Schere.

Max lockerte den Griff und ließ die Schere sinken. Der Motor verstummte.

»Ich möchte es auch lernen.«

»Na gut«, sagte Max. »Aber pass auf, Mama. Tu dir nicht weh!«

»Und lass noch was von der Hecke stehen!«, flachste Anton.

»Max! Anton!«, riefen da zwei Mädchenstimmen. Wir drehten uns um. Vor Lenes Garten standen Lilly und Lotte und winkten. Sie trugen ihre kurzen Fußballshorts und lange Trikots. Lilly hatte sich den Ball unter den Arm geklemmt.

»Kommt ihr Fußball spielen?«

Und schon stoben meine Jungs davon.

»Du hast tolle Kinder.« Paul lächelte. »Die hast du gut hingekriegt.«

»Danke.« Ich strich mir verlegen über mein Haarband. »Wenigstens etwas.«

»Warum sagst du das?« Er lächelte und kam einen Schritt näher. »Du machst das doch alles ganz prima hier.«

Mein Herz hüpfte. »Ach, geh weg. Ohne deine Hilfe würde ich das hier gar nicht schaffen.«

Er lachte auf. »Na, ich glaube, das siehst du falsch. Schau dich doch mal um. Wie toll die Laube geworden ist, und wie schön der Garten schon aussieht. Das hast alles du gemacht. Ich buddele hier nur und helfe ein bisschen.«

Er strich mir leicht über den Arm und sah mir warm in die Augen.

»Ich glaube, du weißt gar nicht, wie viel du hier in kurzer Zeit verändert hast.«

Ich fühlte meine Wangen heiß werden.

»Willst du jetzt weiterschneiden, Anna?«

Er hielt mir die Schere entgegen. Ich nickte und nahm ihm das Gerät ab. Es war leichter, als ich gedacht hatte.

»Soll ich dir auch zeigen, wie man sie benutzt?« Er lächelte verschmitzt. Ich wusste natürlich, wie ich sie benutzen musste. Ich hatte es ja gerade bei meinen Söhnen gesehen. Aber das war egal.

»Ja, bitte.«

Er stellte sich behutsam dicht hinter mich und legte seine rechte Hand sachte auf meine, um mir zu zeigen, wo ich den Motor anwerfen musste. Ich spürte seine Brust an meinem Rücken. Er roch gut, und sein Körper war warm. Ich schloss kurz die Augen. Am liebsten hätte ich mich umgedreht und ihn umschlungen.

»Halte ich sie richtig so?«, murmelte ich.

»Alles bestens.«

Ich drehte meinen Kopf zu ihm, und seine blauen Augen waren ganz nah. Ich hätte die kleinen Sprenkel zählen können.

Sabine lugte über ihre Hecke.

»Paul, bist du fertig? Ich habe da ein Problem mit dem Gartenstuhl.«

Paul ließ die Arme fallen und trat einen Schritt zurück. Ich starrte sie ungläubig an. Diese Frau war einfach furchtbar.

»Was mache ich nur mit dieser schrecklichen Sabine, Martha? Sie ist einfach immer da.«

Es war Abend, ich saß an meinem Küchentisch und hielt mir das Telefon ans Ohr. Mit der anderen Hand malte ich grobe Zacken auf eine Zeitung. »Ich kann nie länger mit Paul alleine sein. Wie soll sich denn da etwas zwischen uns entwickeln? Selbst wenn ich mit den schönsten Haaren der Welt locken würde, könnte er mir nicht verfallen. Sie lässt ihm gar nicht die Zeit dazu.«

»Ich finde, in Anbetracht der Lage hast du schon ganz gute Ergebnisse erzielt.« Martha klang zufrieden. »Ich bin stolz auf dich. Du hast geschickt Fragen gestellt und wertvolle Informationen gesammelt. Jetzt weißt du, was Paul und Sabine verbindet.«

Gut, da hatte sie recht. Das war immerhin ein Fortschritt.

»Paul und Sabine sind eine Schicksalsgemeinschaft.«

»Ja, das sind sie, aber du solltest die Sache zwischen ihnen trotzdem nicht auf die leichte Schulter nehmen«, warnte Martha.

»Wie meinst du das?«

»Du weißt doch nicht, was passiert«, insistierte Martha. »Sieh dir Paul an: Bisher fühlt er sich vielleicht nur für Sabine verantwortlich, oder er hat sowieso ein Helfersyndrom oder weiß der Henker, was ein Mann so denkt, wenn er eine verlassene Frau sieht, deren Mann mit der eigenen Frau durchgebrannt ist.«

Martha schnaufte. »Doch wie das oft so ist: Tausendmal berührt – und auf einmal funkt es!«

Ich knabberte an meiner Unterlippe.

»Vor allem, wenn die Frau so entschlossen ist.«

»Hm.«

»Sie sieht gut aus?«, fragte Martha streng.

»Ja«, musste ich widerwillig zugeben und kritzelte wild mit dem Bleistift auf der Zeitung herum.

»Und was ich mitbekommen habe, ist sie auch nicht dumm. Unabhängig, scheint gut zu verdienen, keine Kinder, kann gut Kaffee kochen …«

»Jetzt hör aber auf!«, rief ich erbost. »Du machst ja richtig Werbung für diese wandelnde Pest!«

»Nun sei mal nicht so empfindlich. Du musst die Situation sehen, wie sie ist. Vielleicht ist Paul gerade dabei, sich nach seinem schweren traumatischen Verlust wieder zu öffnen«, psychologisierte Martha.

Ich sah sie im Geiste mit dem Telefonhörer auf und ab schreiten.

»Und dann ist da diese superattraktive Vertraute. Eine, die ihn kennt und die seine Lage versteht. Die weiß, mit wem er zusammen war und wer sein bester Kumpel war. Eine Schicksalsgenossin, eine schöne Leidensgefährtin, die ja offensichtlich auch noch ganz wild auf ihn ist …«

Ich hieb mit dem Bleistift Löcher ins Papier. »Ist ja gut!«

»So etwas passiert nicht zum ersten Mal! Da kennen sich Leute jahrelang – und, *voilà*, fallen sie sich leidenschaftlich in die Arme!«

Musste Martha es wirklich so ausschmücken? Ich schwieg.

»Anna?«

»Am Apparat!«

»Aber jetzt bist du ja da! Du siehst fantastisch aus, bist oberintelligent und supergeschickt, und deine Kinder sind einfach nur zum Knuddeln.«

Ich musste lächeln.

»Und er hat Max und Anton eingeladen, ihm zu helfen«, bestätigte ich.

»Das ist doch ein super Zeichen«, sagte Martha. »Ich meine, wer bindet sich freiwillig deine Jungs bei der Gartenarbeit an die Beine? Er muss dich und die Kinder wirklich mögen.«

»Martha!«

Sie blieb unbeirrt. »Das sind alles hervorragende Vorzeichen. Nun musst du nur noch dafür sorgen, dass du mit Paul alleine bist und die Dinge sich entwickeln können. Kannst du nicht einfach in seinem Garten bleiben?«

»Ich wüsste nicht, wie das gehen sollte. Soll ich durch seinen Garten spazieren? Die liebe Sabine wäre sowieso immer dabei. Die riecht so etwas und hockt sich dahin. Da kennt die nichts. Das kannst du mir glauben.«

»Also muss es in deinem Garten sein.«

»Ja, aber auch das wird schwer«, sagte ich und bohrte weiter heftig mit dem Bleistift Löcher in die Zeitung, »weil die blöde Nuss den Garten gegenüber hat, und unsere Hecken jetzt wunderbar geschnitten sind. Sie kriegt es mit, wenn er in meinen Garten kommt.«

»Ha!«, rief Martha. »Aber sie bleibt nicht, wenn er bei dir arbeitet. Da schickt er sie weg.«

Ich horchte auf. »Da könntest du recht haben.«

»Also«, sagte Martha mit triumphierender Stimme, »musst du nur dafür sorgen, dass du immer genug Arbeit für ihn hast. Arbeit, Arbeit, Arbeit!«

»Und wo soll ich die hernehmen?« Ich trommelte mit den Fingern auf der Zeitung. »Ich kann doch nicht fragen, ob er Unkraut jäten will. Das muss schon etwas sein, was Kraft erfordert. Wofür ich einen Mann brauche.«

»Die Laube abreißen?«

»Martha!«

»Ja, dann weiß ich auch nicht«, sagte Martha.

Ich blickte versonnen auf die Zeitung. Ich begann, Kreise zu malen.

»Man müsste etwas nachhelfen.«

Plötzlich hatte ich eine Idee. Meine Kreise wurden zu Herzchen.

»Martha«, sagte ich und lächelte breit, »ich glaube, ich habe da was gefunden.«

16

Die Unschuld vom Lande

Ich hatte nach dem Telefonat mit Martha alles gut durch-
dacht. Im Grunde war die Sache ganz einfach: fokussieren
und handeln.

Was ich wollte: mit Paul Zeit verbringen, und zwar schnell,
unverfänglich und ungestört.

Was ich nicht wollte: eine Verabredung außerhalb des
Gartenvereins. Ich könnte Paul ja auch einfach um ein
Date bitten. Das kam für mich jedoch überhaupt nicht infrage. Es war viel zu eindeutig und riskant. Hinterher wollte
er nicht oder ich nicht, oder sonst irgendetwas Peinliches
passierte, und wir hätten uns nie wieder in die Augen sehen
können. Es war ja nicht so, als hätte ich einen Mann in
einem x-beliebigen Wartezimmer kennengelernt. Ich musste
diesem Mann Tag für Tag im Garten begegnen. Wenn etwas schiefgehen würde, könnte ich mich hier nie wieder
blicken lassen. Das Gartenparadies für meine Kinder und
mich stand auf dem Spiel.

Es gab mehrere Möglichkeiten, Paul in meinen Garten
zu locken. Ich konnte ihn zum Beispiel bitten, mit mir ein
großes Regal aufzubauen. Leider wollte ich aber gar kein
zusätzliches Regal.

Oder ich könnte ein Hochbeet planen und ihn dafür
anheuern. Das nahm für Planung und Ausführung Zeit in
Anspruch. Aber es wäre vielleicht teuer. Das konnte ich

nicht abschätzen, und angesichts Frau Meyer-Oedens drohender Mieterhöhung schien mir das keine gute Lösung zu sein.

Ich entschied mich daher für die dritte Option. Sie war etwas plump, aber kostengünstig und ganz einfach. Sie erforderte nur meinen körperlichen Einsatz. Und außerdem war sie im Prinzip schon angekündigt. Ich musste dafür nur erweiterte Tatsachen schaffen. Und zwar schnell. Am besten gleich am nächsten Tag. Denn die Gelegenheit war günstig: Max und Anton waren heute bei Milan zum Geburtstag eingeladen und würden bei ihm übernachten. Es gab eine Pyjama-Party. Ich hatte sturmfreie Bude.

Es war nicht gerade schön, mit vom Schlaf verquollenen Augen im Bus zu sitzen, um in aller Herrgottsfrühe Wackersteine im eigenen Garten zu verbuddeln.

Aber es blieb mir keine Wahl. Die paar Wasserrohre, die Anton in der Erde gefunden hatte und von denen wir dort noch mehr vermuteten, würden nicht lange reichen, um Paul in meinem Garten zu beschäftigen. Er würde sie ruckzuck gefunden haben. Das Beet war klein. Keine halbe Stunde, und Paul wäre arbeitslos. Glücklicherweise hatte ich hinter der Laube am Zaun alte Wackersteine entdeckt. Sie lagen versteckt unter den Büschen, und ich vermutete, dass sie Paul bisher nicht aufgefallen waren. Mein Plan war, diese Wackersteine weiträumig in den Beeten und am Wegesrand zu vergraben, sodass Paul nach ihnen forschen musste. Es wäre ein bisschen wie Ostereier suchen und dürfte einige Zeit in Anspruch nehmen. Ich würde natürlich hier und da mit dem Spaten in den Boden stechen und – *pling!* – erstaunt auf weitere Steine stoßen. Ich war ja kein Unmensch und würde Paul den ganzen Garten alleine umgraben lassen. Eine tagelange Suche konnte ich mir finanziell auch gar nicht leisten. Ich würde mir gerade so viel Zeit nehmen, wie es mir passte. Das war das Schöne am Wackerstein-Plan! Er war leicht steuerbar.

Hier stand ich also nun. Viertel vor sechs. Morgendämmerung. Tau lag auf den Pflanzen. Der Rasen war nass. Es roch nach frischer Erde. Die Kleingartenanlage war noch verwaist. Kein Mucks drang aus den Gärten. Nur die Vögel sangen fröhlich, und die Schnecken zogen ihre schleimigen Bahnen über die Gartenwege. Ich schlüpfte in meine Gummistiefel, streifte derbe Arbeitshandschuhe über und machte mich ans Werk.

Mein Gott! Waren die Steine schwer! Ich hob einen an und ließ ihn gleich wieder fallen. Er war nicht groß, aber klobig. Wie viel wog das Teil? Zwanzig Kilo? Und er war glitschig, weil Walter die Steine einfach ins Gebüsch geschmissen hatte, ohne sie abzudecken. Ich kippte den Brocken mit dem Fuß in Schräglage. Auf der Unterseite klebte Erde, und allerlei Getier kroch darauf herum. Ich starrte auf die Asseln und Würmer. Dann nahm ich den Stein in beide Hände, stemmte ihn kurz entschlossen aus den Knien und wuchtete ihn in die klapprige Schubkarre. Er polterte mit Getöse auf das Metall. Mein Herz pochte wild. Hatte mich jemand gehört? Ich spähte um mich wie eine Diebin, konnte aber kaum etwas erkennen. Die Sicht war durch die Sträucher und die Laube begrenzt.

Ich wischte mir über die Stirn, bückte mich erneut und machte mich an den zweiten Klops. Auch er knallte in die Schubkarre. Dann wuchtete ich noch vier weitere Steine. Es war mühsam. Ich schwitzte stark. Und als ich die Karre schließlich anheben wollte, um sie zu den Beeten vor der

Laube zu fahren, war sie gar nicht zu bewegen. Die Last war zu schwer. Ich bückte mich und linste unter die Karre: Der Reifen war platt. Offenbar hatten ihm die Steine den Rest gegeben. Also hievte ich drei der Steine wieder heraus. Sie fielen mit einem dumpfen *Plopp* ins Gebüsch. Wieder griff ich die blöde Karre und versuchte zu schieben. Sie wackelte bedenklich. Mücken surrten um meinen verschwitzten Kopf. Ich ließ die Schubkarre sinken und schlug wild um mich. Diese schrecklichen Viecher!

Mein Blick fiel auf die Armbanduhr. Leichte Panik überfiel mich. Wer weiß, wer gleich in seinen Garten kam! Die Zeit raste, und ich hatte noch keinen einzigen Stein vergraben! Ich musste es anders angehen! Das hier dauerte zu lang. Beherzt griff ich nach einem Wackerstein und lief mit meiner Fracht zu den Beeten, so schnell ich mit diesem Koloss zwischen den Händen eben laufen konnte. War das anstrengend! Meine Finger dehnten sich schmerzhaft. Ich keuchte und ließ den Stein fallen. Und dann rannte ich zurück, holte einen neuen Stein, und so lief ich zwischen Schubkarre und Beeten hin und her, ließ die Wackersteine mal hier, mal dort fallen. Sechs Steine mussten reichen. Das stand schon einmal fest.

Ich eilte wild fluchend zu meiner Werkzeugkammer. Wo war der Spaten? Ich dummes Huhn, ich hätte gestern die Löcher buddeln sollen. Wie sollte ich das jetzt noch schaffen? Ich rammte den Spaten in die Erde. Gut, dass ich schon Unkraut gejätet hatte. Ich hätte die Pflanzen nie wieder ordentlich einsetzen können. Und Paul hätte gesehen, dass die Erde vor Kurzem bewegt worden war.

Ich buddelte und buddelte. Mein Haarband rutschte raus, und meine Pumucklfransen fielen mir vor die Augen.

Ich sah kaum noch etwas. Wie tief mussten diese Steine liegen? Schwer atmend beschloss ich: nicht tief. Zehn Zentimeter mussten reichen. Rein damit und Erde drauf.

Völlig außer Atem beschloss ich, beim nächsten Beet – ich war gerade sehr beschlussfreudig – gleich zwei Steine nebeneinander zu versenken, weil ich keine Kraft mehr hatte, ein weiteres Loch zu graben. Ich war jetzt vollends durchgeschwitzt. Hektisch wühlte ich in der Erde. Endlich! Der letzte Wackerstein! Erde drauf! Schluss!

Ich richtete mich erleichtert auf und wischte mir mit den dreckigen Arbeitshandschuhen den Schweiß von der Stirn. Dann ließ ich mich rückwärts ins Gras sinken und die Arme fallen.

Da hörte ich ein flottes Knirschen auf dem Weg.

Ich richtete mich müde auf – und traute meinen Augen nicht: Sabine Rodenberg kam dahergejoggt. Stirnband, enges Top, Shorts, frisch wie der junge Morgenwind.

»Oh«, sagte Sabine und trabte vor meiner Hecke auf und ab. Ihr Pferdeschwanz wippte munter.

»Einen wunderschönen guten Morgen. Bist du schon fleißig?«

Ich pustete mir die Haare aus dem Gesicht und versuchte, ruhig zu sprechen.

»Ja. Unkraut zupfen.«

Sie musterte mein Beet, immer in tänzelnder Bewegung.

»Ach, tatsächlich? Warst du nicht schon fertig?«

Sie lachte kurz auf. »Na, egal, man ist ja im Garten nie fertig, nicht wahr?«

Ich atmete ein. Ich atmete aus.

»Was bist du so früh auf den Beinen?«, stieß ich schließlich hervor. Allmählich wurde das Rauschen in meinen Ohren leiser.

»Ich jogge immer bei Sonnenaufgang. Diese frische Luft. Es gibt nichts Schöneres.«

Ich nickte.

»Ohne Joggen kann ich gar nicht, vor allem nicht im Urlaub. Und ich habe ja jetzt noch über eine Woche Urlaub. Ist das nicht schön?«

Ja. Schön. Ihre tägliche Anwesenheit hatte ein Ende.

»Vielleicht können wir ja mal zusammen joggen?« Sabine hob die Augenbrauen.

Das fehlte mir gerade noch. Meine Nase zog sich kraus.

Sie lachte und tänzelte weiter. »Bewegung, Bewegung, sag ich immer.«

Ich winkte müde mit dem verdreckten Arm.

»Sport ist wohl nicht so deins, was? Nun denn!«

Sie hüpfte die zwei Meter zu ihrem Gartentor.

»Hast du vielleicht später Lust auf ein schönes Frühstück: grüner Smoothie, frisch aus dem Garten?«

Ich schüttelte den Kopf.

Sie grinste und winkte.

»Es geht doch nichts über gesunde Ernährung!«, hörte ich sie noch zwitschern, dann sah ich sie in ihrem Garten verschwinden.

Ich ließ mich stumpf ins Gras fallen.

Das war gerade noch einmal gut gegangen.

»Der Walter hat schon seltsame Sachen im Boden vergraben. Rohre kann ich ja noch verstehen. Irgendwie.«

Paul schwieg.

»Oder auch nicht. Jedenfalls sind sie leicht zu verbuddeln. Aber Wackersteine? Und dann einzeln?«

Er stand über mein Beet gebeugt, auf den Spaten gestützt, und schüttelte ratlos den Kopf.

Ich hielt mir das Kinn und nickte kummervoll.

Gleich nach Sabines Abgang hatte ich mir Paul in seinem Garten geschnappt und ihn in meinen gelotst. Sobald ich mich etwas ausgeruht hatte natürlich. Und ich hatte vorher die Erde gesprengt, damit die Grabungsstellen nicht allzu dunkel auffielen, mich rasch am Gartenschlauch gewaschen, mein Sommerkleid angezogen und meine Haare gebürstet. Dazu eine Spur Make-up. Ich war bereit.

Jetzt stand ich an seiner Seite. Von Sabine war keine Spur zu sehen. Vermutlich duschte sie zu Hause nach ihrem Sportprogramm. Die Gelegenheit war günstig wie nie.

»Ich weiß auch nicht«, sagte ich und musste lächeln. »Vielleicht hatte Walter ein Maulwurf-Gen.«

Paul zeigte auf das Beet. »Und dann so knapp unter der Oberfläche. Hast du denn von denen beim Unkrautjäten noch mehr gefunden?«

»Also den da, den ich gefunden habe, natürlich. Sonst eigentlich nicht. Aber ich vermute, da ist eine ganze Mauer im Erdboden. Es wäre bestimmt gut, weiträumig zu suchen. Es würde mir jedenfalls sehr helfen, wenn du mitmachen würdest. Es ist doch viel Arbeit, den ganzen Garten alleine umzugraben.«

»Ja.« Paul runzelte die Stirn. »Natürlich. Was für eine blöde Art, Steine zu entsorgen.« Er warf mir einen prüfenden Blick zu. Und dann lächelte er. Diese blauen Augen. Martha hatte recht. Er hatte lange Wimpern. Und diese fein geschnittenen Gesichtszüge. Die dichten Haare. Seine Muskeln. Sie waren unter dem T-Shirt deutlich zu sehen. Paul war schön, und es störte mich gar nicht mehr. Ich kam gut gelaunt näher.

»Ja, man wundert sich immer wieder, was die Leute so alles wegschmeißen.«

Ich unterdrückte ein Grinsen. Verstohlen fuhr ich mir über die schmerzenden Arme.

»Was macht übrigens das rote Fahrrad?«

Er lächelte immer noch.

Meine Wangen wurden heiß. Ich fummelte an meinem Haarband und wandte den Blick ab. »Ich weiß gar nicht, was du meinst.«

»Das Fahrrad, das wir beide damals im Gebüsch gefunden haben.«

Ich studierte intensiv die Blätter an einem Busch neben mir. Das wäre ja noch schöner, wenn er mich so schnell aufs Glatteis führen könnte.

»Ach, das. Ja, das weiß ich auch nicht. Ich denke, du wolltest es mitnehmen?« Ich sah ihm direkt in die Augen und hob fragend die Augenbrauen.

Paul lachte auf. »Hätte ich das mal gemacht. Dann könnte ich es dir jetzt schenken, und du müsstest nicht immer mit dem Bus fahren.«

Das wiederum fand ich süß, dass er mir ein Fahrrad schenken wollte. Auch wenn er natürlich genau wusste, dass es mein Fahrrad war.

Er stocherte mit dem Spaten vorsichtig im Beet herum. Es machte *pling.*

»Was machst du eigentlich beruflich?«, fragte Paul.

»Ich bin Illustratorin. Ich zeichne für Verlage. Kinderbücher hauptsächlich.«

»Das ist ja toll! Du bist Künstlerin! Macht es Spaß?«, fragte Paul.

»Ja, sehr. Eigentlich. Aber man muss halt immer für Aufträge sorgen. Ab und an ist auch ein bisschen die Luft raus. In der letzten Zeit sprühe ich auch nicht gerade vor originellen Ideen.«

Ich dachte an Wolli, den Gartenzwerg, und an die dicke Schnecke und seufzte.

»Ist ja auch kein Wunder, bei dem Baulärm im Haus«, versuchte ich, mich vor mir selbst zu rechtfertigen.

»Was wird denn bei euch am Haus gemacht?«

Mit einem Satz hob er den Wackerstein mit dem Spaten heraus und schmiss ihn an die Seite.

»Das Haus wird renoviert. Badezimmer, Fenster, Fassade. Das ganze Tamtam.«

»Das kenne ich gut. Das ist lästig.«

Er schaute prüfend über die Beete, offensichtlich auf der Suche nach weiteren Wackerstein-Fundorten. Ich musste ein Kichern unterdrücken.

»Wo wohnst du denn?«, fragte ich unschuldig.

»Nicht weit von hier«, antwortete Paul. »Mir gehört eine kleine Wohnung.«

Er wohnte hier in der Nähe in seiner eigenen Wohnung? Die Häuser hier waren teuer. Wie konnte er sich das leisten, als Arbeitsloser? Vermutlich hatte er geerbt. Ich nagte an meiner Unterlippe. Ob ich nachhaken sollte?

Er lächelte. »Ich finde es beeindruckend, dass du Künstlerin bist. Du musst mir unbedingt deine Bilder zeigen. Ich male auch gerne. Natürlich nicht professionell. Nur so für mich.«

Ich starrte ihn verblüfft an. Uns verband viel mehr, als ich geahnt hatte.

»Du malst?«

Er strich sich verlegen über die Nase.

»Na ja. Im Grunde ist es eher Malen für Anfänger.«

»Und mit welchen Farben?«

»Ich male mit Ölfarben.«

»Ölfarben mag ich auch sehr. Vor allem, wenn ich nur

für mich male. Für die Arbeit zeichne ich meistens mit dem Grafiktablett.«

Wir lächelten uns zu.

»Und was malst du am liebsten, Paul?«

»Menschen. Aber ich bin nicht gut darin.«

Ich nickte.

»Es ist schwer, Menschen einzufangen. Arbeitest du mit lebenden Modellen?«

Er schmunzelte. »Das versuche ich erst gar nicht. Die würden vor Langeweile sterben, so lange, wie sie für mich Modell stehen müssten. Ich male von Fotos ab. Aber ich fürchte, meine Opfer mögen die Bilder nicht besonders. Ich muss wirklich noch sehr viel üben.«

Er ging kurz entschlossen zwei Schritte nach rechts und stieß den Spaten in die Erde. Wieder hörte man das Klingen von Metall auf Stein. Wackerstein Nummer drei. Wie hatte er sie so schnell finden können? Ich sah unruhig auf die restlichen Steingräber. Jetzt waren es nur noch zwei. Die letzten Steine hatte ich ja zusammen vergraben. So ein Mist! Das hier ging viel schneller, als ich gedacht hatte.

»Nur damit du dir eine Vorstellung machen kannst: Ich habe letztes Jahr meine Tante gemalt und habe ihr das Bild zum Geburtstag geschenkt. Sie fing an zu weinen, und zwar nicht vor Rührung.«

Er grinste von einem Ohr zum anderen. Er war ja so süß! Ich hätte ihn knutschen können.

Mit Schwung flog Nummer drei auf den Rasen.

Ich trat vorsichtig neben ihn. Vielleicht sollte ich ihm wenigstens mal über den kräftigen Arm streichen, so ganz nebenbei? Er war so schön nah.

»Pa–aul!«

Da stand Sabine am Gartentörchen. Nahezu nackt. Im Bikini. Sie winkte. In ihrem Gesicht lag pure Verzweiflung.

»Paul – ein Notfall! Mein Gartenschlauch funktioniert nicht mehr. Ich wollte mich nach dem Joggen im Garten abduschen, aber das Wasser hat mittendrin gestoppt. Hat einfach aufgehört. Ich habe alles auseinandergeschraubt und wieder zusammengesetzt. Ich fürchte, es ist was mit der Zuleitung. Und jetzt schau mich an – nass und eingeseift, und ich weiß nicht weiter.«

In der Tat. Da stand sie. Nass und eingeseift im Bikini, mit Seifenschaum auf dem Dekolleté. Hätte ich mir ja denken können, dass sie kalt duschte. Die Morgensonne glitzerte auf ihrem feuchten, frisch gebräunten und verstörend sportlichen Fuerteventura-Körper. Paul betrachtete sie erstaunt.

Das war eindeutig ein Notfall. Fragte sich nur, für wen.

»Anna«, rief Sabine und sah mich flehentlich über die Entfernung an, »überlässt du mir jetzt den Paul? Oder schaffst du den Rest etwa nicht alleine?«

Und was sagte ich dumme Kuh wie aus der Pistole geschossen?

»Natürlich schaffe ich das alleine. Was denkst du denn?«
Sie war einfach schlauer als ich.

17

Gittas Fruchtpunsch

Eine wohltuende Ruhe überfiel mich. Jawohl. Ich wage zu behaupten, dass ich die Lage durchaus akzeptieren konnte. Ich war erwachsen, ich hatte Verstand. Ich musste mich nicht mit Sabine Rodenberg herumschlagen. Ich konnte meine Wahl treffen. Und nachdem ich eine Nacht mit kühlem Kopf darüber nachgedacht hatte, entschied ich, mich nicht mehr mit dieser Frau abzugeben. Ich war nicht gewillt, in dieser Schmierenkomödie weiterhin mitzuspielen und halb nackte Damen zu betrachten. Das war einfach nicht mein Niveau. Fehlte nur noch, dass sie sich auf einer Kühlerhaube rekelte! Abgründe taten sich auf, Abgründe! Wenn Paul mich sehen wollte – gut, er wusste, wo ich zu erreichen war. Ansonsten würde ich auf weiteren Kontakt künftig verzichten. Gehabt euch wohl, ihr Volldeppen! Ich würde die olle Walter-Hecke schön hoch wachsen lassen und nie wieder darüber schauen!

Morgen war allerdings das Sommerfest des Kleingartenvereins. Seit Wochen hing das kleine Plakat im Aushängekasten.

»Wir gehen doch, Mama, oder?« Anton zuppelte ungeduldig an meinem Arm.

»Lilly und Lotte haben gesagt, dass man da voll lecker zu essen kriegt.«

»Haben sie das?«

»Ja, ganz viel Kuchen. Und abends gibt es ein Lager-feuer, und sie grillen Würstchen und Steaks und Stock-brot!«

Anton hüpfte.

»Und es gibt Kinderpunsch.«

»Hm«, machte ich.

»Ey, Mama«, sagte Max. »Sag bloß, du willst da nicht hin?«

Ich presste meine Lippen zusammen. Ich machte mir keine Illusionen, wer die ganze Zeit an Pauls Arm hängen würde. Ich hatte überhaupt keine Lust, zu diesem Blödsinn hinzugehen.

»Das ist doch jetzt nicht wahr!«, rief Max. »Da passiert einmal etwas Cooles in diesem Verein, und du willst da nicht hin?«

»Habe ich doch gar nicht gesagt.«

Ich sah missmutig auf und stocherte dann wieder mit dem Spaten in der Erde herum. Wo waren nur diese zwei letzten verflixten Wackersteine?

»Aber vielleicht ist das gar nichts für uns.«

»Das sag ich Lene«, rief Anton und preschte aus dem Garten.

»Mama«, sagte Max, »das kannst du Anton nicht antun. Er mag doch Lotte so gerne. Und nächste Woche sind Lilly und Lotte bei ihrem Vater. Wir sehen sie gar nicht mehr vor unserem Urlaub mit Papa.«

Ich betrachtete Max aus den Augenwinkeln.

»Lilly ist auch ganz nett, oder?«

Max bohrte mit der Schuhspitze im Gras. Ich musste lä-cheln und ließ den Spaten sinken. »Wann geht es denn los?«

»Um drei. Sie feiern bis in die Nacht. Lene sagt, manch-mal tanzen sie sogar.«

»Ach, tatsächlich.«

Im Geiste sah ich Sabine in Pauls Armen liegen.

»Wir gehen dahin, Mama!«, sagte Max bestimmt.

Die Luft flimmerte über dem Asphalt. Die Bäume ließen ihre Blätter hängen. Selbst für August war es ungewöhnlich heiß. Mussten wir wirklich dieses Fest besuchen? Schon von Weitem hörte ich Musik, Stimmen und Gelächter. Ob Paul und Sabine da waren? Meine Schritte wurden langsamer. Anton zog mich am Arm.

»Komm, Mama, jetzt mach!«

Ich presste die Tortenglocke eng an mich. Der Muskelkater schmerzte im ganzen Körper. Ich würde nie wieder Steine schleppen. So viel stand fest. Für niemanden! Ich hustete jämmerlich.

»Ich glaube, ich habe mich erkältet. Vielleicht ist es besser, ihr geht alleine.«

»Nein, nein«, sagte Max. Er schob mich energisch vorwärts. »Es wird höchste Zeit, dass du mal unter Leute kommst. Immer hockst du nur in deinem Garten.«

»Hast du mit Oma geredet?«, fragte ich misstrauisch. Max antwortete nicht und schaute nach vorne.

Die Musik und die Stimmen wurden lauter. Es roch nach Feuer und gegrillten Würstchen. Und da, kurz vor der Abzweigung zum Vereinshaus, lag die Festwiese in der prallen Sonne. Sie befand sich direkt an der Straße, oberhalb der Gärten, da, wo die Kinder immer Fußball spielten. Ich konnte nicht einmal ungesehen zu meiner Laube schleichen. Jemand hatte einen Gartenzwerg mit Willkommensschild auf dem Bürgersteig aufgestellt. Weiße Gartenpavillons schmückten die Wiese. Biertische und -bänke waren voll besetzt. Männer in Shorts, Socken und Sandalen liefen über das Gras, mitunter mit nacktem Oberkörper. Frauen in Sommerkleidern saßen beisammen und unterhielten sich angeregt. Kinder rannten herum, Menschen fächelten sich Luft zu, Babys lagen unter Sonnenschirmchen in ihren Kinderwagen und krähten. Hinten stand das Büfett auf zwei großen Tischen unter riesigen Sonnenschirmen, üppig beladen mit Kuchen, Salaten und Obst. Daneben ein Getränkestand mit der Zapfanlage. Ein Radio dudelte.

Ich blickte in neugierige Gesichter, versuchte ein Lächeln und wandte mich gleich wieder ab. Wo waren nur meine Nachbarn? Da entdeckte ich Herrn Kossig. Mein Vereinsvorsitzender stand mit kurzer Hose und Kochschürze unter einem großen Sonnenschirm am Rande der Wiese am Grill, hielt einen Blasebalg in den Händen und pumpte mit rotem Gesicht in die Glut. Starker Rauch stieg in Schwaden auf.

»Da ist Lotte«, rief Anton. Er zeigte nach hinten. Lilly und Lotte standen kichernd unter einem Baum, und schon stoben die Jungs davon. Ich klammerte mich an die Tortenglocke. Diese Hitze! Ich sah die Luft flimmern.

»Anna«, hörte ich es laut durch das Stimmengewirr rufen. Ich schaute suchend über die Menge. Lene saß in einem der Schatten spendenden Pavillons an einem Tisch mit vielen anderen Menschen und winkte. Neben ihr erkannte ich Ödül, Günther und Gitta und einige, die ich zwar schon von Weitem gesehen hatte, deren Namen ich aber nicht wusste. Von Paul und Sabine keine Spur.

Ich grüßte und schlängelte mich durch die Menge zu ihnen. »Was für eine Hitze!«

»Komm, setz dich zu uns in den Schatten!« Ödül rückte zur Seite, und ich stieg mit schmerzenden Beinen mühsam

über die schmale Bank und ließ mich nieder. Die Tortenglocke stellte ich auf den Tisch.

»Wie geht's?«, fragte Ödül. »Hast du dich gut eingelebt?«
Ich nickte und wischte mir den Schweiß von der Stirn.

»Walters Hecke ist jetzt geschnitten«, sagte Gitta zufrieden, und Günther hob anerkennend den Daumen.

»Das wurde ja Zeit«, rief ein dünner Mann mit einem
Schnauzer. »Der Walter, der hatte sie ja nicht mehr alle mit
dem Düngen.«

»Hört mal alle, das ist Anna Baumgarten«, sagte Lene laut
über den Tisch. »Sie hat Walters Garten übernommen.«

Ich hörte hier ein »Willkommen«, da ein freundliches
»Hallo«, und ich grüßte in die Runde.

»Die Namen lernst du später schon noch«, raunte Lene
mir zu. Sie reichte mir einen Becher mit dampfendem Kaffee. Es war viel zu heiß, um Kaffee zu trinken.

»Möchtest du Kuchen?«, fragte Lene. »Dann mach lieber
schnell. Der Kossig ist nicht so ein Süßer. Der ist schon bei
den Würstchen, dann wird bald das Kuchenbüfett abgebaut.«

Wir schauten auf unseren Vorsitzenden, der nun aufrecht neben seinem Grill stand, die Arme in die Seite gestützt, und ernst dreinschaute. Jetzt erkannte ich auch die
Aufschrift auf seiner Schürze: *Chefkoch*. Herr Kossig wandte
sich zur Seite und schritt zu der Lautsprecherbox neben
dem Kuchenbüfett. Er stellte sich davor.

»Guck mal«, sagte Günther. »Der Erwin hält jetzt eine
Rede.«

»Ruhe! Ruhe!«, schrie ein Mann mit einem Sommer-
hütchen im Pavillon neben uns. »Unser Vorsitzender will
eine Rede halten.«

Herr Kossig brabbelte irgendetwas und fuchtelte mit
den Armen in der Luft. Die Musik erstarb.

»Lauter!«, rief es aus der Menge.

Herr Kossig winkte unwillig ab. Von irgendwoher wurde ihm ein Mikrofon gereicht. Er schaute es misstrauisch an und hielt es dicht an seine Lippen. Ein schriller Ton pfiff über die Wiese. Wir zuckten zusammen.

Herr Kossig öffnete den Mund, aber man hörte nur ein Murmeln.

»Da ist kein Saft drauf!«

»Wir hören nichts!«

»Technik, die begeistert«, sagte Günther.

Eine füllige Frau schoss zu Herrn Kossig und fummelte hektisch an seinem Mikrofon herum. War das Hertha?

»… immer der gleiche Mist!«, schimpfte es gut vernehmlich durch die Lautsprecherbox.

»Aaahh!«, machte die Menge.

Hertha wich zurück. Herr Kossig stellte sich in Positur. Die Menge klatschte. »Eine Rede! Eine Rede!«

Mit gewichtiger Miene öffnete Herr Kossig den Mund.

»Liebe Gartenfreunde! Sehr verehrte Gartenfreundinnen, sehr verehrte Gäste und liebe Kinder. Der Vorstand begrüßt Sie alle recht herzlich zu unserem diesjährigen Gartenfest.«

Angeregtes Klatschen.

»Ich mache keine großen Worte. Wie jedes Jahr wollen wir auch dieses Jahr unser Sommerfest begehen! Für Verpflegung ist gesorgt. Es gibt wie immer Würstchen und Steaks. Süßes Zeugs ist auch da!«

»Bravo!«

»Für die lieben Kinderchen gibt es auf dem Spielplatz ein Zelt, in dem ihr euch lustig schminken lassen könnt. Und die erwachsenen Gartenfreunde und Gäste laden wir zu einem Freibier ein.«

Die Menge grölte.

»Hört, hört!«

»Deshalb sind wir da!«

»Guter Mann!«

Herr Kossig winkte ab.

»Also feiert mit uns gemeinsam unser Fest, liebe Gartenfreunde und -freundinnen. Um 17 Uhr kommt der Disco-Freund. Der ist bis 22 Uhr da. Dann ist Nachtruhe!«

»Nee, ist sicher nicht.«

Allgemeines Lachen.

Herr Kossig hob die Stimme.

»Amüsiert euch! Feiert!«

Er hob warnend den Finger. »Aber keine Fisimatenten, wie vor ein paar Jahren, als sich ein Gartenfreund auf unschöne Weise in den Rabatten erleichtert hat!«

Lene stupste mich an, verdrehte die Augen und raunte mir ins Ohr:

»Das war 2014. Da hat sich die schwangere Jana auf dem Weg übergeben.«

Ich musste grinsen und klatschte wie alle anderen in die Hände.

»Und Prost!« rief Herr Kossig, drückte Hertha sein Mikrofon in die Hand und steuerte auf den Bierstand zu. Er sah auf einmal viel gelöster aus. Im Grunde war er wirklich ein netter Kerl.

»Fruchtpunsch?«, fragte Gitta und schwenkte lustig eine Kelle in einer großen Glasschüssel, die auf dem Tisch vor ihr stand. In der hellen Flüssigkeit schwammen Erdbeeren und Apfelstückchen.

»Nach meinem Spezialrezept! Ordentlich mit Wumms!«

In dem Moment traf mein Blick Pauls Augen.

So blau, so klar. Selbst über die Entfernung. Er stand am Eingangsgartenzwerg, Sabine an seinem Arm.

»Mit Wumms. Gerne, Gitta!«

Ich streckte meinen Arm aus.

Warm lächelte Paul mich an und steuerte mit Sabine auf unseren Tisch zu. Gleich waren sie da. Gitta schob mir einen Plastikbecher entgegen. Ich nahm einen großen Schluck. Die Flüssigkeit war lauwarm. Egal. Ich trank erneut. Da kamen sie auch schon. Paul klopfte auf die Tischplatte und rief: »Hallo, zusammen.«

»Hallo«, tönte es von allen Seiten zurück.

»Hallo, hallo!«, zwitscherte Sabine. Sie lachte glocken-hell. Wenigstens war sie angezogen. Sie trug ein kurzes rosa Kleid und passend dazu eine pinke Salatschüssel.

»Frisch aus meinem Garten. Salat, Tomaten und Kräuter! Alles bio!«

»Hört, hört«, rief Günther. »Immer mal her damit. Hier, trink mal unseren Bio-Fruchtpunsch. Auch alles Früchte aus unserem Garten. Nach Gittas Spezialrezept!«

»Ja.« Gittas Augen funkelten lustig. »Ganz neues Rezept. Von meiner Schwester.«

»Mmh«, machte Sabine und schaute ehrlich interessiert, wie sie da so am Tisch stand. »Ich trinke ja sonst keinen Al-kohol. Aber dieser Bio-Punsch sieht wirklich lecker aus.«

»Bei dir wächst bestimmt auch bald Gemüse im Garten«, sagte Ödül tröstend zu mir.

»Hast du noch Punsch?«, fragte ich Gitta.

Sabine gab sich launig: »Na, ihr seid wohl schon kräftig am Feiern?«

»Wie man es nimmt«, gluckste Gitta aufgeräumt, »da geht noch was.«

»Lecker, wirklich lecker«, sagte der dünne Mann mit dem Schnauzer und hielt Gitta sein leeres Glas vor die Nase.

Sogleich rührte Gitta in ihrer Glasschüssel und goss den Punsch samt Früchten in unsere Becher.

Ich trank hastig. Meine Ohren wurden heiß. Ich wusste nicht, was Gittas Spezialrezept war, aber es hatte tatsächlich ordentlich Wumms. Ich fühlte mich gleich besser.

»Gitta«, fragte ich, »was ist denn da drin?«

»Bio-Früchte«, sagte Günther und grinste.

»Und Bio-Rohrzucker und Bio-Zitrone«, sagte Gitta. »Und Bio-Orangensaft. Und geheime Zutaten.«

Ich starrte in meinen Becher.

»Eine kommt aus der Karibik.«

Gitta nickte zufrieden.

»Und ist weiß«, kicherte Günther.

»Und 'ne Buddel voll Rum«, witzelte Ödül und nippte an seinem Wasserglas.

»Paul, Sabine!«, rief Lene. »Wollt ihr euch nicht zu uns setzen?«

»Nein, lass mal.« Sabine lachte. »Das ist uns zu eng.«

Aber Paul meinte zu Ödül: »Rück mal«, und ehe ich mich versah, saß er dicht neben mir. Ich spürte seinen warmen Arm an meiner Schulter. Verwirrt wandte ich mich zu ihm um. Und sah seine unzähligen Lachfalten. Und roch seinen Duft. Ich drehte mich weg.

»Du warst ja so schnell verschwunden neulich.«

Ich versenkte mein Gesicht im Becher.

»Ja.«

»Ich war nur kurz bei Sabine, aber danach warst du schon nicht mehr zu finden.«

»Mhm.«

»Hast du noch Wackersteine gefunden?«

»Ja.«

»Besonders gesprächig bist du aber heute nicht, oder?«

Er knuffte mich leicht in die Seite. Mein Muskelkater maunzte.

»Das kann ich mir gar nicht vorstellen.« Sabine verzog ihre Lippen zu einem frostigen Lächeln. »Anna ist doch nie um eine Antwort verlegen.«

Ich versuchte, sie mit meinen Blicken zu töten, aber sie beugte sich munter über den Tisch, griff nach Gittas Punschkelle und schenkte sich großzügig aus der Glasschüssel in ihren Becher ein.

»Auf unser Gartenfest!«

Sie kippte das Zeug im Stehen in einem Zug herunter und kaute gründlich auf dem Obst herum. Ich sah ihre Kiefer mahlen.

»Prost!«, rülpste Günther.

»Willst du hier sitzen, Sabine?«, fragte Ödül. »Ich gehe zu Erwin und helfe beim Grillen. Sonst gibt es wieder kein gegrilltes Gemüse.«

Und schwups – saß Sabine neben Paul. Da waren wir drei auf der Bank, der Paul, die Sabine und ich. Sabine und ich tranken schweigend unseren Punsch. Paul nippte an seinem Kaffee. Vielleicht wäre das trotz der Hitze die bessere Wahl gewesen – dieser Wumms! Ich wischte mir verstohlen mit der Hand den Schweiß von der Stirn. Sabine tupfte sich mit einer Serviette die Schweißperlen von ihrer Oberlippe. Dann tätschelte sie Pauls Arm. Ich konnte es aus den Augenwinkeln sehen. Der rutschte unruhig auf seinem Platz hin und her. Ich pustete mir die Haare aus dem Gesicht und fühlte meine Zunge schwer werden.

»Was möchtest du denn in deinem Garten noch machen?«, fing Paul das Gespräch wieder an.

»Weiß noch nicht«, antwortete ich schmallippig. Dann

konnte ich es mir mit einem schnellen Blick auf Sabine nicht verkneifen: »Vielleicht ein Hochbeet.«

»Ein Hochbeet?«

Paul lächelte. »So ein Hochbeet ist eine prima Sache. Sehr praktisch. Ich helfe dir da gern.«

»Ach, ein Hochbeet?« Sabine kräuselte die Lippen. »Das hatte ich ja eigentlich vor.«

»Ja, aber du willst ja jetzt den Gartenteich. Nächstes Jahr dann!«, sagte ich und nahm einen großen Schluck Fruchtpunsch.

»Genau.« Sie griff mit finsterer Miene nach ihrem Plastikbecher und kippte das Zeug hinunter.

»Wir könnten bald damit anfangen, wenn du willst«, sagte Paul zu mir. »Ich habe noch eine Woche Urlaub. Wir könnten die Sache in aller Ruhe besprechen und planen.«

»Ich kann ja helfen.« Sabine wandte sich an Paul und strahlte ihn an. »Ich habe ja auch noch Urlaub.«

»Nee, lass mal«, sagte Paul. »Das ist nett, aber das schaffen wir schon alleine, die Anna und ich. So viel ist das nicht.«

Wir schwiegen. Ich musste lächeln.

»Du, Anna«, sagte Sabine da, beugte sich vor und wandte sich demonstrativ über Paul hinweg zu mir. Ihre Augen glänzten. Es sah ein bisschen so aus, als wollte sie den Stier bei den Hörnern packen. Also mich.

»Erzähl doch mal. Was macht der Garten denn überhaupt so? Bist du fertig mit den Altlasten? Ich meine, bevor du neue Projekte anfängst?«

Und ehe ich antworten konnte, wandte sie sich an die Runde am Tisch und erklärte laut: »Die Anna braucht immer Hilfe, wisst ihr, als alleinerziehende Mutter ja vermutlich generell. Aber dieser Garten vom Walter … So viel Chaos! Es nimmt gar kein Ende. Eigentlich hätte der

Garten gar nicht verpachtet werden dürfen. Wenn ihr mich fragt! Meine Meinung! Nur meine Meinung!«

Der Mann mit dem Schnauzer nickte.

»Der Walter, der hatte sie nicht mehr alle.«

»Ich finde den Garten trotzdem schön«, verteidigte ich mein Paradies.

Sabine zog die Mundwinkel abschätzig hoch und sah über den Tisch. Sie saß eine Spur ausladender als sonst. Ich drehte mich weg. Ups. Die Welt schwankte. Vielleicht sollte ich gehen, bevor es mit mir wie beim letzten Fest endete.

»Entschuldigung«, murmelte ich und stand auf. Der Tisch wackelte.

»Holla!«, rief Sabine.

»Holla, die Waldfee, blabla«, antwortete ich und versuchte, meine Beine in der Enge über die Bank zu heben. Lenes Kinn entging nur knapp einem Kniekuss.

»Es ist ja auch nicht so schön«, fuhr Sabine unbeirrt fort, »wenn man so gar nichts vom Gärtnern weiß und ständig um Hilfe bitten muss. Das ist ja wie ein offenes Messer. Man muss immer Angst haben, andere zu stören. Nicht wahr, Anna? Na ja, ich hätte Angst.«

Sie nahm wieder einen großen Schluck.

»Andere vielleicht nicht.«

Ich betrachtete sie. Sie hatte jetzt hektische rote Flecken auf den Wangen, die nicht zu der Farbe ihres Lippenstifts passten. Es würde Spaß machen, ihr ein bisschen Käsekuchen auf die Nase zu schmieren.

»Pff!«, machte ich.

Ich holte tief Luft, beugte mich vor, grapschte meine Tortenglocke vom Tisch und drehte mich auf dem Absatz um. Fast hätte ich Paul mit der Glocke erwischt. Er schaute mich gebannt an.

»Ich finde, die Anna macht das prima!«, hörte ich ihn sagen. »Sie lernt das Gärtnern schnell.«

»Ja, das tue ich«, sagte ich und richtete mich zu voller Größe auf. »Liebe Gartenfreunde, ich muss meinen Kuchen nun zum Büfett bringen. Der Kossig ist nicht so ein Süßer. Der ist sonst gleich bei den Würstchen. Adios.«

Und ich drehte mich um und bahnte mir einen Weg durch die Kleingärtner. In weichen Linien. Alles so schön bunt hier. Zu den Sonnenschirmen, zum Büfett, und dann die Tortenglocke zwischen die anderen Torten. Mein Kuchen plumpste auf den Tisch. Ich seufzte tief. Das wäre geschafft. Herr Kossig merkte vom Grill auf.

»Frau Baumgarten! Wollen Sie ein Würstchen?«

Ich schüttelte stumm, aber energisch den Kopf.

»Oder ein Bierchen?«

Mir schwirrte der Schädel. Besser nicht. Ich fühlte das Blut in den Schläfen pochen. Im nächsten Augenblick spürte ich meine Augen feucht werden. Was war denn mit mir los?

»Danke. Später vielleicht.«

Und bevor ich etwas Dummes sagen konnte, machte ich mich davon. Richtung Gartenzwerg und Willkommensschild, raus aus der Menge. Wo war Schatten? Wo war der kühle Wald? Ich steuerte erst einmal den Bürgersteig an. Und ich hatte ihn fast erreicht, da spürte ich, wie sich eine Hand um meine Schulter krallte.

»Mooo-ment!«

Das durfte nicht wahr sein.

Ich fuhr schwankend herum und starrte entgeistert in Sabines Gesicht.

»Wo wollen wir denn hin?«

Sie sah mich mit roten Wangen und aufgerissenen

Augen an. Und ihr Mund lächelte kein bisschen. Vielleicht lag es daran, dass keiner außer mir sie sehen konnte. Vielleicht lag es auch an Gittas Fruchtpunsch. Ich fand Sabine Rodenberg plötzlich gar nicht mehr schön.

»Wie bitte?«

»Du willst doch nicht schon gehen, oder? Schließlich müssen wir alle hier ein bisschen Gemeinschaft üben. Hast du dich zum Grilldienst gemeldet?«

Ich wand mich aus ihrem Griff.

»Nein!«

»Oh, warum denn nicht?« Sie schob ihr Kinn vor.

Ich war zum Aufräumdienst eingetragen, aber das sagte ich ihr nicht. Es ging sie gar nichts an. Ich hatte den unbändigen Wunsch, sie auf die Wiese zu schubsen. Oder an den Haaren zu ziehen. Oder beides! Und dann hörte ich es laut und deutlich aus meinem Mund: »Lass mich einfach in Ruhe, du blöde Kuh!«

Sabine erstarrte. Ihre Augen weiteten sich. Sie wich einen Schritt zurück.

»Was hast du gesagt?« Der Ton wurde eisig. So trat Frau Anwältin vermutlich vor Gericht auf.

Ich nahm all meinen Verstand zusammen. »Entschuldige. Es war nicht meine Absicht, das laut zu sagen.«

Sie kam gefährlich nah und blickte von oben auf mich herab.

»Hast du gerade blöde Kuh zu mir gesagt? Hast du? Hast du?«

Ihr Arm schoss vor, und sie drückte ihren ausgestreckten Zeigefinger hart auf mein Schlüsselbein.

»Ohhh! Wie kannst du es wagen! Wir haben dich hier im Verein aufgenommen, obwohl du alleinerziehend bist, und haben dir einen Garten gegeben …«

Sie drückte mich weg.

»… und wie dankst du es uns? Beschimpfst mich hier auf derartige Weise?«

»Ich …«, stammelte ich. »Ich …«

»Du, du, du!«

Ihr Kopf wurde knallrot, bis in den Haaransatz, und plötzlich fuchtelte sie wild mit den Armen in der Luft.

»Immer nur du! Denkst du auch mal an andere? Kommst hierher, meinst, alle müssten nach deiner Pfeife tanzen!«

Ich sah Hilfe suchend um mich. Der Gartenzwerg lächelte ungerührt.

»Ich habe es satt!«, schrie Sabine und schwang sich auf die Zehenspitzen. »Du bringst alles durcheinander. Und dann noch frech werden!«

Hinter ihrem Rücken sah ich Gesichter interessiert aufschauen. Herr Kossigs Mund öffnete sich empört. Gitta und Günther schauten herüber. Paul stand auf. Wir erregten Aufmerksamkeit. Mir wurde schlecht.

»Hör auf!«

Ich drehte mich um und rannte am Zwerg vorbei. Huh, wie die Straße schwankte. Und ich kam keine zwanzig Meter weit, da hörte ich sie schon hinter mir über den Asphalt sprinten.

»Du lässt mich nicht einfach so hier stehen, Frollein!«, brüllte sie.

Ich preschte voran, was das Zeug hielt. Aber Sabine war blitzschnell. Steinchen flogen, als sie mir den Weg abschnitt.

»Bleib gefälligst stehen!«, schrie sie. Sie stellte sich breitbeinig vor mich hin und verschränkte die Arme vor der Brust.

Ich stoppte notgedrungen.

»Aha! Dafür trainierst du also jeden Morgen!«

Sie schmiss den Kopf in den Nacken.

»Witzig, witzig, Frau Nachbarin! Was ich dich immer schon mal fragen wollte …«

Ich knirschte mit den Zähnen. »Tu dir keinen Zwang an.«

»Warum hast du eigentlich einen Garten? Eine alleinerziehende Mutter mit kläglichem Künstlerjob, keine Ahnung von Pflanzen oder Natur?«

Meine Stimme zitterte vor Wut. »Weil ich es vielleicht einfach gerne will?«

»Interessant. Weil du es einfach gerne willst! Warum machst du es dann nicht auch? Paul hier, Paul da, offenbar kannst du es gar nicht alleine.«

Ich presste meine Lippen zusammen.

»Oder vielleicht bist du gar nicht so hilfsbedürftig, wie du immer tust? Vielleicht ist dein Garten gar nicht so chaotisch! Vielleicht ist das alles nur eine Masche? Gib es zu! Du tust nur so! Um Männer für dich zu interessieren, nicht wahr? Männer lieben ja diese Frauchen, die ihnen das Gefühl geben, gebraucht zu werden.«

Das Blut rauschte in meinen Ohren. Ich hatte den Geschmack von Eisen im Mund. Das hier war völlig absurd. Ein absurder Albtraum. Gleich würde ich aufwachen.

»Frauen wie dich kenne ich!« Ihre Stimme troff vor Verachtung. »Euch kenne ich zur Genüge! Einen auf schwach machen. So erbärmlich! Wie ich das hasse!«

»Ich mache nicht einen auf schwach. Ich brauche eben ab und zu Hilfe. Entschuldige, dass ich nicht Superwoman bin!«

»Du brauchst so oft Hilfe, dass es gar nicht mehr wahr sein kann! Bist du zu blöd, oder was?«

Ich hörte mich wie von Weitem antworten: »Und das sagst du? Wer steht denn immer am Gartenzaun und jault?

Frau Rechtsanwältin kriegt den Gartenschlauch nicht auf? Haha, dass ich nicht lache.«

Ihr Gesicht wurde weiß.

»Wie kannst du es wagen? Du! Du elende Heuchlerin! Du stehst doch nachts auf, um Wackersteine zu vergraben! Glaubst du, ich habe das nicht gesehen? Du ruinierst absichtlich unseren schönen Vereinsgarten, damit Paul dir helfen muss. Nur um Männer in deinen Garten zu locken!«

Mir stockte der Atem. Mein Gesicht glühte. *Gut, dass Max und Anton das nicht hören,* schoss es mir durch den Kopf. Meine Stimme überschlug sich.

»Das ist gar nicht wahr!«

»Ich habe dich gesehen, du falsche Schlange. In aller Herrgottsfrühe hast du die Steine vergraben, damit Paul sie dir ausbuddelt. Du willst den Paul haben! Sonst nichts! Aber nicht mit mir, meine Liebe! Nicht mit mir! Da musst du schon früher aufstehen!«

»Weißt du was, Sabine?«, zischte ich, und die Scham tobte heiß in meinem Magen. Wenn die anderen das hören würden! Ich könnte mich hier nie wieder sehen lassen. »Du bist ja nicht bei Trost!«

»Ach, bin ich nicht?«

»Nein, bist du nicht.«

Und auf einmal schoss die Wut in mir hoch wie ein wütendes Tier. »Du bist doch total bekloppt. Paul, Paul, Paul! Du bist besessen und rennst ihm überall hinterher! Weißt du was? Du kannst deinen Paul haben. Nimm ihn! Ich habe es satt. Einer, der sich mit dir abgibt, der kann sowieso nichts taugen! Du und Paul! Ihr könnt mir gestohlen bleiben. Ich bereue jeden Cent, den ich diesem Schönling bezahlen muss. Ich bereue zutiefst, dass ich euch überhaupt getroffen habe! Haut bloß ab! Lasst mich endlich in Ruhe!«

Da sah ich Sabine lächeln. Sie blickte über meine Schulter. Ihre Gesichtszüge entspannten sich. Mir schwante Böses.

Ich drehte mich um. Paul stand hinter mir. Seine Augen waren dunkel.

»Oh, Paul«, sagte Sabine und lächelte übertrieben mitleidig, »es tut mir so leid, dass du dir das anhören musst. Wo du ihr doch nur helfen wolltest.«

Sein Gesicht war starr.

»Paul ...«, setzte ich an.

»Anna.« Seine Stimme klang gepresst. »Weißt du, ich wusste nicht, dass ich dir so auf die Nerven gehe.« Er war ganz blass um die Nase und fuhr sich mit der Hand über die Stirn. »Ich wollte mich nicht aufdrängen.« Plötzlich schüttelte er den Kopf. Seine Stimme wurde laut. »Mach doch deinen Mist einfach alleine.«

Er ging mit großen Schritten an Sabine und mir vorbei. Und ehe ich mich versah, war er auf der Straße und verschwunden.

Mir schossen heiße Tränen in die Augen.

»Bist du jetzt zufrieden?«, fragte Sabine gelassen. »Offenbar kannst du nicht nur gut Ehemänner vergraulen, nicht wahr?«

Und dann ließ sie mich stehen und lief Paul hinterher.

Ich sah ihnen wie betäubt nach. Das war ein böser Traum, ein Albtraum, und gleich würde ich aufwachen. Im nächsten Augenblick beugte ich mich vor und erbrach mich auf den Asphalt.

Ich hörte Herrn Kossig brüllen: »Nee, nicht wieder solche Fisimatenten!«

Und Gitta rief: »Ich schwöre! Es war alles nur Bio!«

Eine Hand legte sich warm auf meine Schulter. Ich richtete mich auf und schaute in Lenes Augen. Sie sahen traurig aus.

»Weißt du, der Paul nimmt kein Geld. Das braucht er nicht als Architekt bei der Stadt. Er wollte nur nett sein und dir helfen. Ich habe ihm versprechen müssen, es dir nicht zu sagen. Weil du seine Hilfe sonst nicht angenommen hättest.«

Halb blind vor Tränen drehte ich mich um und lief davon.

18

Am Ende des Weges

Ich kauerte in meinem kahlen Aquarium. Das Wasser war kalt. Paul stand mit dem Rücken zu mir.

»Paul«, rief ich, stand auf und berührte seine Schulter.

Er drehte sich um – und war der Mann mit dem Schnauzer. Unter der verschwitzten Stirn blickten mich dunkle Äuglein trunken an.

»Männer sind entweder schön oder klug«, schluchzte ich. Ein schrumpeliges Fischstäbchen schwamm vorbei. Von oben beugte sich Gitta über den Rand des Aquariums.

»Die Hecke muss weg!«

Sabine kniete im Bikini neben mir und hielt eine Schere an meine Knöchel.

»Wo soll ich sie kappen? Etwa hier?«

Das kühle Metall berührte meine Haut.

Ich wachte schreiend auf. Und starrte an die Decke. Es war hell. Mein Kopf schmerzte.

Ich musste Paul sehen. Sofort. Vielleicht konnte ich es retten. Es war doch alles nur ein Missverständnis. Die Hitze, der Punsch, die blöde Sabine. Ich musste ihm sagen, dass ich ihn liebte.

Ich wankte aus dem Bett, zog mich in aller Eile an und hinterließ eine Nachricht für Max und Anton. Gottlob hatten die Jungs nichts mitbekommen. Lene hatte sie wie verabredet im Auto nach Hause gebracht.

Ich rannte aus dem Haus, lief zur Haltestelle und nahm den Bus zu den Schrebergärten. Es war acht Uhr. Vielleicht las Paul wieder ein Buch im Garten, so wie er es gerne sonntags tat, wenn die anderen noch schliefen. Mit pochendem Herzen stieg ich an der Haltestelle aus und lief die Straße entlang. Es war ruhig. Keine Menschenseele. Nur die Vögel sangen. Ein klarer Sommermorgen. Ich näherte mich der Festwiese. Dort auf dem Asphalt war die Stelle, an der ich mich übergeben hatte. Jemand hatte Sand darauf geschaufelt. Mir wurde heiß. Eilig schritt ich weiter.

Auf der Wiese war keine Menschenseele. Die weißen Pavillons waren noch aufgebaut. Tische, Stühle und Bänke standen verwaist, Becher und Teller lagen herum. Mülleimer quollen über. Da lag ein verlorener Pullover auf dem Boden.

Ob sie über mich geredet hatten? Ich biss mir auf die Lippen, um nicht zu weinen. Wie hatte ich mich nur so danebenbenehmen können?

Ich hob den Pullover auf, faltete ihn hastig zusammen und legte ihn über einen Stuhl. Ich hatte mich zum Aufräumdienst eingetragen, aber ich schaffte das jetzt nicht. Ich musste erst zu Paul. Und ich konnte den anderen nicht in die Augen sehen.

Ich stellte schuldbewusst zwei Stühle zusammen, sammelte ein paar leere Becher und Teller ein und legte sie auf einen Tisch. Weg, ich musste weg hier, bevor die ersten Gartenfreunde kamen.

Mit klopfendem Herzen verließ ich die Festwiese und folgte der Straße. Ich bog ab und ging den Weg hinunter, am Aushängekasten vorbei. Vielleicht würde ich ihn gleich sehen. Vielleicht war er in seinem Garten. Ich würde ihm alles erklären. Ich würde ihm sagen, was er mir bedeutete.

Ich versuchte, ruhig zu atmen und nicht in Tränen auszubrechen.

Es ist alles ein Missverständnis ... Ich freue mich doch, wenn du mir hilfst ... Ich wollte dich nicht verletzen ... du bist doch ...

Meine Schritte knirschten leise auf dem Kies.

Und dann sah ich ihn. Da stand Paul. Am Ende des Weges. Mitten auf dem Kiesweg. Mit Sabine. Sie hatte ihren Kopf auf seine Schulter gelegt. Er hielt sie fest umschlungen.

Ich zuckte zurück und duckte mich instinktiv hinter die Hecke. Mein Herz raste.

Sie waren ein Paar! Paul und Sabine waren zusammen! Hatten sie die Nacht in der Laube verbracht?

Ich lugte atemlos um die Ecke.

Sie standen dort und sahen sich jetzt tief in die Augen, als hätten sie alles um sich herum vergessen. Er hob ihr Kinn und sprach zu ihr. Sie nickte langsam. Er nahm sie fest in die Arme.

Der Schmerz kam mit Wucht. Ich fuhr zurück und schloss die Augen. Der Puls hämmerte in meinen Ohren.

Weg hier. Du musst weg hier, bevor sie dich bemerken.

Ich raffte mich auf. Ich stolperte rückwärts, drehte mich um und rannte zur Bushaltestelle.

Ich hatte Paul verloren. Ich hatte ihn direkt in Sabines Arme getrieben.

19

Urlaub daheim

Max scharrte unruhig mit den Füßen.

»Mama, du bist doch nicht traurig, dass wir wegfahren?«

Ich schaute vom Kofferpacken auf.

»Nein, wo denkst du hin? Ich freue mich für euch. Und ich habe gar keine Zeit, traurig zu sein. Ich muss arbeiten. Die Entwürfe für Wolli, den Gartenzwerg, müssen endlich fertig werden.«

Ich mied seinen Blick und presste die Klamotten in den Koffer.

»Ehrlich?«

»Ehrlich! Mach dir keine Sorgen.«

Max atmete auf.

Er musste nicht wissen, wie verzweifelt ich sie vermissen würde.

Wie unter einer Käseglocke war ich die letzte Woche durch mein Leben getaumelt. Ich konnte kaum essen. Gott sei Dank war tagsüber so viel zu tun gewesen, dass ich nicht zum Nachdenken kam und abends nur noch erschöpft ins Bett fiel. Die Handwerker hatten die neuen Fenster eingebaut. Max, Anton und ich hatten dafür die Zimmer freiräumen und die Böden und Möbel abdecken müssen, und dann hatte sich die Wohnung drei Tage lang in eine zugige, dreckige Baustelle verwandelt, die ich nicht unbeaufsichtigt lassen konnte. Handwerker kamen und gingen. Ich musste stundenlang putzen, bevor wir uns wieder einrichten konnten. Der Staub hatte sich sogar an den Raufasertapeten festgesetzt. Zu allem Übel hatte es in dieser Woche viel geregnet, und ich war mit dem Treppenhausputz an der Reihe gewesen. Das Haus war völlig verdreckt. Frau Meyer-Oeden hatte mich mit Adleraugen beobachtet.

Am Tag nach dem Putzdienst waren wir zum Einkaufen in der Stadt gewesen. Raimund fuhr mit den Jungs zwei Wochen zum Zelten an den französischen Atlantik. Max und Anton brauchten Badehosen, Jacken und Schuhe. Wir kauften Sonnenmilch, Jeans und T-Shirts und – weil nach dem Urlaub die Zeit zu knapp sein würde – Hefte, Bücher und Stifte für den Schulbeginn. Für den Garten war gar keine Zeit gewesen. Ich war froh darüber.

Und nun fuhren meine Söhne weg.

»Mama«, rief Max. »Wann fahren wir denn endlich los?«

Es klingelte.

»Papa!«, schrie Anton und preschte an die Wohnungstür.

Wir trugen die Taschen nach unten. Raimund lehnte an seinem alten BMW und grinste über beide Ohren. Die Jungs verschwanden im Auto.

»Pass mir gut auf die beiden auf, Raimund.«

Ich schaute ihn ernst an.

»Mach ich.«

Er tätschelte mir beruhigend die Schulter.

Ich blickte ihm prüfend in die Augen. Er war ein guter Vater. In der Beziehung konnte ich mich auf ihn verlassen.

»Wollte deine Freundin nicht mitfahren?«

»Wir wollen nichts überstürzen.«

Das hörte sich nach einer ernsteren Beziehung an, als ich vermutet hatte. Es gab mir einen Stich. Ich beugte mich durch die offene Autotür zu meinen Söhnen.

»Auf, auf!«, rief ich. »Ihr müsst jetzt los.«

Anton fiel mir in die Arme und drückte mich so fest, wie er nur konnte. Max ließ sich von mir zärtlich umarmen. Ich küsste ihn auf sein wildes Haar.

Mein Hals zog sich zusammen.

»Jetzt fahrt, sonst kommt ihr heute nicht mal bis Paris. Ruft an, wenn ihr da seid!«

Und weg waren sie.

Ich winkte ihnen hinterher und weinte, bis meine Augen brannten.

Leere. Die Wohnung war still. Max und Anton hatten das Leben mitgenommen. Der Sonntag lag wie Blei auf meinen Schultern.

Ich versuchte, den Zwerg zu zeichnen. Er ließ den Kopf hängen. Dicke Tränen plumpsten ins Gras. Die Schnecke wurde aschgrau und hing schlaff über dem Beet. Ich verkroch mich ins Bett.

Am Montag begannen die Bauarbeiter mit der Fassadensanierung. Lärm, Rufe, Krach. Ich ertrug es nicht, die Handwerker vor meinen Fenstern auf dem Gerüst hin und her gehen zu sehen. Frau Meyer-Oeden zuckte nur mit den Schultern auf meine Frage, wie lange es dauern würde.

»Das kann man nie so genau wissen.« Dabei schaute sie mich verständnislos an. »Die stören Sie doch nicht. Die sind doch nicht im Haus, sondern draußen.«

Ich schüttelte nur müde den Kopf und schlurfte zurück in die Wohnung.

Und auf einmal überkam mich heftige Sehnsucht nach meinem Garten. Nach meiner Laube und dem Apfelbaum. Den Rosen und dem Lavendel. Der Ruhe. Der Erde. Dem Grün. Nach Luft und Weite. Außerdem hatte es gestern nicht geregnet, und die Hitze war zurück. Jemand musste die Pflanzen wässern.

Sollte ich es wagen, in den Garten zu fahren? Sabine und Paul hatten keinen Urlaub mehr. Tagsüber wäre ich in Sicherheit. Ich würde sie nicht treffen. Ich musste nur rechtzeitig den Garten verlassen, bevor sie von der Arbeit kamen.

Aber was war mit den anderen? Würden Gitta und Günther mich mit Verachtung strafen? Würde Lene noch warm lächeln?

Auf einmal hielt ich es nicht mehr aus. Mit fliegenden Fingern packte ich meinen Rucksack mit ein paar Butterbroten und Äpfeln. Ich rannte zum Bus und von der Bushaltestelle zur Anlage. Auf dem Kiesweg zog ich den Kopf ein. Ich versuchte, so wenig wie möglich mit den Schuhen zu knirschen. Aus den Augenwinkeln sah ich, dass Gittas und Günthers Laubentür geschlossen und die Markise noch eingefahren war. Sie waren nicht da. Ich atmete auf.

Da lag er. Mein Garten. Stand ruhig wie eh und je, als wäre nichts geschehen. Völlig unberührt von dem, was die Menschen so trieben. Ich schloss das Törchen auf, trat hinein und schaute mich um. Dieses kleine Fleckchen Land war mir so nah.

Langsam ging ich zur Laube, ließ den Rucksack auf die Veranda sinken und setzte mich auf die Treppenstufen.

Die Vögel sangen, der Wind spielte in den Bäumen und streichelte sacht meine Wange. Die Blätter raschelten, und wenn ich die Augen schloss, klang es wie leises Wasserrauschen. Ich beugte mich über das Rosenbeet und nahm Erde in die Hand. Sie war trocken und zerbröselte zwischen meinen Fingern. Der Lavendel und die Rosen verströmten einen intensiven Duft. Ich atmete tief durch die Nase ein und sog die Gerüche des Gartens auf.

Mein Herz wurde ruhiger.

Ich stand auf und ging zum Gartenschlauch. Es war noch früh genug, um zu wässern. Die Sonne stand nicht hoch. Sorgsam goss ich meine Pflanzen. Die Erde dampfte.

Dann schloss ich die Laube auf. Ich suchte meinen Sonnenhut, griff zur kleinen Harke und ging hinüber zu meinem Gemüsebeet. Ich ließ mich auf die Knie nieder und machte mich an die Arbeit. Rein in die Erde, lockern, Wurzel greifen, ziehen, loslassen. Und wieder rein mit der Hacke, lockern, greifen, ziehen, loslassen.

Als ich wieder aufblickte, strahlte die Sonne hoch am Himmel. Ich hatte Hunger, packte meine Butterbrote aus und setzte mich auf die Veranda. Ich trank Wasser aus dem Hahn, döste ein wenig und blinzelte in die Sonne.

Da war er, der Schmerz. Wie seltsam, dachte ich, dass es tatsächlich im Herzen wehtut. Herzschmerz. Ich legte eine Hand auf meine Brust und spürte Tränen auf meinen Wangen.

Auf einmal war ich unendlich müde. Ich nahm die Picknickdecke und ein Kissen, legte mich auf die Wiese, zog den Hut über mein Gesicht und schlief innerhalb von Sekunden ein.

Ein Sonnenstrahl weckte mich. Er kitzelte meine Nase. Ich blinzelte in den Himmel. Endloses Blau. Eine Schäfchenwolke. Vogelgezwitscher.

Ich hörte mich atmen und mein Herz klopfen und spürte das Gras unter meinen Fingern.

Und auf einmal wusste ich es.

Das lasse ich mir nicht mehr nehmen.

Ich würde es mir hier trotz allem schön machen. Das

war mein Garten, und ich würde ihn trotz meines Kummers nicht aufgeben. Egal, was die anderen davon hielten oder was sie über mich dachten. Egal, was ich über mich selbst dachte.

Am nächsten Tag ging ich in die Stadtbücherei und kam mit einem Stapel Bücher über das Gärtnern wieder nach Hause. Sabine Rodenberg hatte in einer Hinsicht recht gehabt – ich war unselbstständig gewesen. Auch wenn es nicht stimmte, dass ich mich schwach gegeben hatte, um zu erreichen, dass Paul sich für mich als Frau interessierte. Ich hatte ja anfangs wirklich Hilfe gebraucht, und dann hatte ich schlicht nach Wegen gesucht, um mit Paul alleine zu sein, weil Sabine nicht abzuschütteln gewesen war. Aber ich hätte doch mehr tun können, um auf eigenen Beinen zu stehen. Das holte ich jetzt nach. Ich las aufmerksam in den Büchern, was im Garten zu welcher Zeit zu tun war. Auch online gab es zahlreiche Gartenblogs, die mich inspirierten. Theoretisch war es nicht allzu schwer, seinen Gartentraum zu verwirklichen. Ich musste mich nur trauen.

Zuerst einmal war gutes Werkzeug hilfreich. Ich ersteigerte im Internet für kleines Geld gebrauchte, aber gute Scheren: Garten-, Hecken- und Astschere. Dann erstand ich eine tüchtige ergonomische Schubkarre, die mir der Verkäufer sogar in den Garten lieferte. Mit ihr konnte ich die Wackersteine wieder abtransportieren, ohne hinterher umzufallen. Ich errichtete aus ihnen eine niedrige Mauer am Rande eines kleinen Beetes, in das ich im kommenden Frühjahr kleine Stauden und Kräuter pflanzen wollte.

In die alte Schubkarre bohrte ich Löcher, damit das Wasser gut abfließen konnte, füllte sie mit Vlies, Kies und

Erde und bepflanzte sie mit bunten Wiesenblumen. An ihrem neuen Platz neben den Beeten sah sie prächtig aus.

Von einem Teil des Geldes, das mir meine Mutter zum letzten Geburtstag geschenkt hatte und das mir als eiserne Reserve diente, kaufte ich mir eine Hängematte. Ich hatte immer schon davon geträumt. Ich befestigte sie zwischen zwei Bäumen am Rande des Gartens, warf mich hinein und ließ mich sacht vom Wind wiegen. Sie war der perfekte Platz, um zu schlafen, zu lesen, die Seele baumeln zu lassen und auch um zu weinen. Ich konnte die Matte um mich schlagen, und niemand sah mich in meinem Kokon. Und das war gut, denn ich weinte viel. Die Tränen kamen immer wieder. Ich weinte, und dann gärtnerte ich. Ich aß, und die Tränen liefen. Ich hörte die Vögel singen und fing an zu heulen. Der Schmerz floss aus mir hinaus, als hätte jemand den Stöpsel gezogen. Manchmal hatte ich das Gefühl, gar nicht mehr um Paul zu weinen. Wenn meine Mutter mich so gesehen hätte, hätte sie mich für verrückt erklärt und mir eine Therapie empfohlen. Ich aber gewöhnte mich daran und nahm es hin. Und meinen Garten kümmerte es nicht. Es war ihm egal, ob ich weinte, schrie oder lachte, ob ich eine Versagerin war oder eine Superheldin. Er war einfach da und lebte. Jeden Morgen kam ich in den Garten, und etwas hatte sich verändert. Eine Blüte war aufgegangen, eine andere verwelkt, die Äste neigten sich hier oder erhoben sich da, ein Keimling war zu sehen.

Und dann hatte ich auf einmal wieder Lust zu zeichnen. Ich saß auf der Veranda und breitete meine alten Ausdrucke auf dem Tisch vor mir aus. Da war er also, Wolli, der Gartenzwerg. In der einen Bilderserie saß er brav mit roten

Wangen auf einer Bank und las ein Buch. Auf dem letzten Bild weinte der arme Kerl.

Ich schloss die Augen und spürte ihm nach. Und dann nahm ich mein Grafiktablett, und – eins, zwei, drei – hatte ich einen neuen Wolli geschaffen. Ich taufte ihn für meine Arbeit kurzerhand um. Ich nannte ihn jetzt Erwin. Er hatte himmelblaue Augen, trug einen Hippie-Pferdeschwanz und eine Nickelbrille. Seine Schnecke Esmeralda hatte die Haare schön frisiert und Muckis in den Armen, und Erwin hielt sie fest an der Hand. Ich musste lächeln, als ich die beiden sah. Was der Verlag wohl zu meinen Entwürfen sagen würde?

Sabine und Paul sah ich in diesen zwei Wochen nie. Spätnachmittags verschwand ich aus dem Garten, bevor sie von der Arbeit kamen. An den Wochenenden blieb ich zu Hause und zeichnete dort. Ich musste nur einmal zur Laube fahren, weil ich mein Grafiktablett vergessen hatte. Mit gesenktem Kopf lief ich durch die Anlage und beeilte mich, so schnell wie möglich wieder rauszukommen. Aber das hätte ich gar nicht tun müssen. Sabines Garten war leer. Vermutlich war sie in Pauls Laube. An diesem Tag weinte ich dann zu Hause.

Gitta und Günther traf ich dagegen täglich. Sie grüßten, waren aber reserviert. Günther schaute nicht mehr unverhohlen über die Hecke, und ich bemühte mich erst gar nicht, ein Gespräch anzufangen. Eigentlich, so ertappte ich mich bei dem Gedanken, war es angenehm, nicht gemocht zu werden. Ich hatte endlich meine Ruhe.

Nur Lene, um die tat es mir leid. Ich sah sie in diesen Tagen ab und zu von Weitem. Sie hob grüßend den Arm, und ich winkte zurück. Aber ich konnte noch nicht mit ihr reden. Ich wäre in Tränen ausgebrochen, wenn sie Paul erwähnt hätte, und das wollte ich nicht.

Ich hatte überhaupt keine Lust, mit irgendjemandem zu reden. Selbst Martha mied ich. Und mit meiner Mutter redete ich nur das Nötigste bei unserem Sonntagstelefonat, gerade so viel, dass sie nicht beunruhigt war. Es fiel ihr gar nicht auf. Karl nahm sie völlig in Beschlag. Sie plante mit ihm ein neues Wochenende in Grömitz an der Ostsee. Ich gönnte es ihr von Herzen und war froh, dass sie abgelenkt war. Ich brauchte Zeit für mich. Jede verfügbare Sekunde brauchte ich für mich in diesen zwei Wochen, in denen ich nicht für meine Kinder da sein musste. Nur auf die regelmäßigen Anrufe von Max und Anton freute ich mich.

So saß ich da in meinem Garten und ließ mich treiben und lebte von Augenblick zu Augenblick. Und war mir seit Jahren nicht mehr so nah gewesen.

Einen Tag vor der Rückkehr der Jungs fasste ich mir ein Herz. Ich ging zu Lene. Ich blieb an ihrem Gartentor stehen und versuchte ein Lächeln.

»Hallo, wie geht es dir?«

Sie richtete sich von der Arbeit in ihrem Gemüsebeet auf und blickte mich neugierig an. Sie stützte sich auf ihren Spaten.

»Danke, gut. Das Wetter ist ja auch herrlich. Und dir?«

»Auch gut. Danke.«

Ich schwieg. Ich wusste nicht, wie ich anfangen sollte.

»Du, Lene …« Ich rang die Hände. »Es tut mir so leid, wie ich mich auf dem Fest benommen habe. Ich wollte nicht schreien und diese schrecklichen Dinge sagen.«

»Lass mal stecken«, sagte Lene und winkte ab. »Du brauchst dich nicht zu entschuldigen. Nach *dem* Fruchtpunsch? Was glaubst du, was der Kossig mit der Gitta geschimpft hat! Weißen Rum und Wodka in den Fruchtpunsch zu schütten! Bei der Hitze! Das hätte selbst den Walter umgehauen.«

Sie zwinkerte mir zu.

Ich starrte sie an. Herr Kossig hatte mit Gitta geschimpft? Waren Günther und Gitta deshalb so vorsichtig mit mir?

»Dann ist Herr Kossig also gar nicht wütend auf mich?«

»Ach, i wo! Der Erwin ist sauer auf die Hasenkötters. Die kommen jedes Jahr mit einem neuen dummen Rezept, und dieses Jahr haben sie es eindeutig übertrieben. Das grenzt an Körperverletzung, sagt er. Und dann bei einer neuen Gartenfreundin! Was das für einen Eindruck mache! Gitta musste persönlich Sand auf deine Fisimatenten schütten.«

Lene lachte glucksend.

Ich schwieg verblüfft.

»Und Sabine …?«, begann ich zögernd.

Wieder winkte Lene ab. »Mach dir mal keinen Kopf um Sabine. Die war schon als Kind jähzornig, wenn sie ihren Willen nicht gekriegt hat. Die beruhigt sich schon wieder.«

Sie beugte sich über ihr Beet und rupfte mit der bloßen Hand eine Brennnessel ab.

Ich schluckte.

»Aber was anderes«, sagte Lene, ohne aufzuschauen, »hast du mit Paul gesprochen?«

Ich schüttelte stumm den Kopf.

Sie richtete sich auf und sah mich aufmerksam an. Dann lächelte sie.

»Wann kommen denn Max und Anton aus dem Urlaub zurück? Lilly und Lotte fragen schon immer. Kommt doch zum Limotrinken.«

So einfach war das also. Ich hatte mich für nichts und wieder nichts ausgestoßen gefühlt.

20

Reife Zeiten

Und dann, nach vierzehn Tagen, waren meine Jungs endlich wieder da. Ich freute mich so sehr, dass ich weinen musste.

»Aber Mama«, rief Anton erschrocken. Er war gerade aus Raimunds Auto gestiegen. Beide Jungs waren braun gebrannt und gewachsen, und ihre Haare waren vom Wasser und der Sonne erblondet. Sie waren wunderschön, meine Söhne. Sie rochen nach Salz und Meer, drei Tage alten T-Shirts und Schokolade. Raimund hatte ihnen offenbar ihren Lieblingsproviant gekauft.

»Was ist los? Hast du dir wehgetan?«

Ich küsste sein Haar.

»Nein, habe ich nicht. Ich freue mich nur so, dass ihr wieder da seid!«

Anton umarmte mich stürmisch, und Max kuschelte sich eng an mich. Raimund kratzte sich verlegen am Kopf.

Hatte er sich im Urlaub eigentlich gut erholt? Das fragte ich mich später, als Max und Anton im Bett lagen. Ich wusste es gar nicht. Ich hatte überhaupt nicht auf Raimund geachtet.

Mit den Jungs kam der Alltag zurück. Die Schule fing an, und die Tage wurden kürzer. Der September war überraschend kühl. Es regnete viel. Die Blätter fingen an zu fallen, es roch nach vermodertem Laub und Feuer und Erdäpfeln. Der Herbst war gekommen.

Ich weinte nur noch selten und arbeitete jetzt viel zu Hause. Meinem Verlag und der Autorin hatten die Entwürfe zu Wolli gut gefallen, und ich konnte mich nun an das Szenenbuch wagen. Gott sei Dank war die Baustelle endlich verschwunden. Unser Haus erstrahlte in einer frischen weißen Fassade, das Badezimmer war freundlich hell, und die neuen Fenster hielten den Straßenlärm ab, sodass ich zu Hause entspannt zeichnen konnte.

Von Martha hielt ich mich immer noch fern. Ich wusste selbst nicht, warum ich mich scheute, mir ihr zu sprechen, und nach etlichen wortkargen Telefongesprächen gab sie es schließlich auf und rief nicht mehr an. Vielleicht hatte ich Angst, mit ihr über Paul zu reden. Vielleicht wollte ich aber auch nicht mehr hören, dass ich zu meinem Glück einen Mann brauchte.

Wann immer ich Zeit hatte, fuhr ich in den Garten. Für Max und Anton war das Wochenende oft die einzige Möglichkeit, Lilly und Lotte zu sehen. Wochentags war die Zeit nach der Schule knapp. Anfangs hatte ich bei unseren Wochenendbesuchen noch Angst, Paul und Sabine zu treffen. Manchmal sah ich Sabine, wie sie in ihren Garten ging, doch sie verschwand rasch im Innern der Laube und verließ ihre Parzelle schnell wieder, ohne den Kopf zu heben. An ihrer Stelle hätte ich mich auch lieber in Pauls Garten aufgehalten, als unter den Augen der Furie von gegenüber.

Paul traf ich nie. Einmal versuchte ich, ihn anzurufen, denn es waren ja auch noch die finanziellen Dinge zu klären. Ich fühlte mich nicht wohl dabei, seine Hilfe in Anspruch genommen zu haben, ohne mich dafür erkenntlich zu zeigen. Doch dann verließ mich der Mut. Ich hatte Angst, wieder in Tränen auszubrechen, wenn ich seine Stimme hörte. Ich vermisste ihn so sehr. Aber Paul war mit Sabine zusammen. Das musste ich akzeptieren. Ich wollte mich nicht lächerlich machen. Und weil ich mich gut kannte, sorgte ich vor: Damit ich in einem schwachen Moment keinen Fehler beging, löschte ich seine Nummer aus meinen Telefonkontakten.

Glücklicherweise war im Garten immer viel zu tun, und ich kam nicht auf dumme Gedanken. Wir hatten eine üppige Ernte. Unser Apfelbaum trug unzählige Früchte. Die ersten Wochen freute ich mich, als die Äpfel erröteten, und wartete akribisch ab, sie abzupflücken – bis sie den perfekten Reifepunkt erreicht hatten. Ich hatte die sogenannte Kippprobe gemacht: Man musste den Apfel vorsichtig kippen, möglichst um 90 Grad. Wenn sich der Stiel dabei problemlos vom Ast löste und nicht etwa vom Apfel, konnte die Ernte beginnen. Das reife Obst schmeckte himmlisch, so knackig und frisch vom Baum, oft noch warm von der Sonne.

Aber es war kaum zu glauben, wie produktiv unser Apfelbaum war! Ich konnte gar nicht so viel kippen, wie ich pflücken musste. Die Äpfel fielen zu Dutzenden herab. Mehr als fünf Äpfel pro Tag konnte ich aber partout nicht essen. Ich bekam Bauchgrummeln. Auch Max und Anton verzogen bald die Gesichter, da konnte ich noch so einladend werben. Ich machte Apfelkuchen, Apfelmus, Apfelchips, Apfelkonfitüre und überlegte sogar, Apfelshampoo herzustellen, aber ich konnte Äpfel langsam nicht mehr riechen. Ich wollte sie nicht auch noch in den Haaren kleben haben.

So packte ich großzügige Tüten für Lene und Ödül, aber deren Begeisterung hielt sich in Grenzen. Sie standen selbst bis zum Hals in Obst. Und Frau Meyer-Oeden aß wie ein Spatz. Sie war keine gute Abnehmerin.

Letztlich stellte ich meine Ernte in Apfelsinenkästen vor die Hecke auf den Kiesweg und brachte ein Schild für Spaziergänger an: *Zum Mitnehmen.* Und tatsächlich verschwanden die Äpfel nach und nach.

Länger Freude machte mir dagegen mein erstes größeres Pflanzprojekt: eine Frühlingswiese. Ich hatte in einem Gartenbuch das Bild einer wunderschönen Tulpenwiese entdeckt. Sie blühte in allen Farben, und ich wollte genauso eine prachtvolle Tulpenlandschaft haben.

Ich bereitete mich gut vor, kaufte zahlreiche große, feste Blumenzwiebeln in einer guten Gärtnerei und pflanzte sie zeitig, damit sie nichts von ihrer Kraft verloren. Ich tat alles, wie es in den Büchern stand: Ich wählte einen sonnigen und offenen Standort, lockerte den Boden gut auf und setzte die Tulpenzwiebeln mit der Spitze nach oben in die Pflanzgrube. Ich achtete penibel mit dem Zollstock auf acht Zentimeter Abstand zwischen den Zwiebeln, bildete kleine Gruppen der gleichen Farbe und setzte sie in einer Tiefe, die etwa ihrer doppelten Höhe entsprach. So würden die Pflanzen genügend Halt von unten finden und gegen den Winterfrost geschützt sein. Dann goss ich sie großzügig und achtete in den nächsten Wochen darauf, dass die Erde feucht blieb. Meine Blumen würden im Frühjahr ein prachtvolles Bild abgeben. Malen mit Farben auf natürliche Art. Ich konnte es kaum abwarten, das Ergebnis zu bestaunen.

Und dann kam der erste Frost, und der Winter hielt Einzug. Es schneite viel im Dezember. Mein Garten schlief unter der weißen Pracht. Max und Anton tobten mit den Lillylottes in einer Schnellballschlacht, und unser erster Schneemann trug Möhre, Baseballcap und ein breites Grinsen. Ich erstand einen kleinen Heizofen. Manchmal saß ich auf der Veranda, dick eingemummelt in eine Decke, mit Mütze und Fausthandschuhen, und betrachtete die Natur. Die nackten Zweige legten die Struktur des Gartens offen. Ich ging um meine Beete, lauschte, beobachtete, wo die Sonne hinfiel und wo es schattig war. Ich stellte mir vor, wie mein Garten im Frühjahr und im Sommer aussehen würde, welche Pflanzen ich am besten auf welchen Platz setzen könnte und welche Farben und Blattformen zusammen gut wirken würden.

Eines Tages nahm ich meine Ölfarben und eine kleine Leinwand mit und fing wieder an zu malen: mein Garten im Winter. Ich stand an der Staffelei, am warmen Gasofen, und vergaß die Zeit um mich herum.

Heiligabend und die Feiertage verbrachten Max und Anton bei mir. Über Neujahr, so war die Abmachung mit Raimund, blieben sie eine Woche bei ihrem Vater. Er fuhr mit ihnen ins Allgäu. Silvester hatte für mich dieses Jahr keine Bedeutung. Ich würde, so war mein Plan, ein Glas Sekt trinken, mir Ohropax in die Ohren drücken und früh zu Bett gehen.

»Du, Mama«, sagte Anton Ende Dezember. Er strich mir zärtlich über den Arm. Wir saßen im Wohnzimmer auf dem Sofa. Die Jungs hatten ihre Jacken angezogen und warteten darauf, dass Raimund sie endlich für die Reise abholte. Raimund kam zu spät, wie so oft in letzter Zeit.

»Wir müssen dir übrigens noch etwas sagen.«

Max starrte seinen Bruder entsetzt an und schüttelte heftig den Kopf.

Ich schaute alarmiert auf.

Anton kroch dicht an mich heran und sah mir ängstlich in die Augen. Max seufzte.

»Papa nimmt seine Freundin mit.«

»Ach.«

Ich griff hastig zu Obstteller und Messer vor mir auf dem Couchtisch und begann, einen Apfel zu schneiden.

»Kennt ihr sie schon lange?«

»Nö.«

Max warf Anton einen warnenden Blick zu.

»Nur ein paar Wochen.«

»Und?«, fragte ich und schnippelte geschäftig. »Ist sie nett?«

»Ja. Ist sie.«

Max starrte vor sich hin.

Anton strich mir über das Haar und küsste mich zart auf die Wange.

»Aber nicht so nett wie du.«

Ich lächelte lieb.

Es war wichtig, sich locker zu geben. Die beiden sollten sich nicht schlecht fühlen, nur weil ihr Vater seine neue Freundin mit in den Urlaub nahm – und es versäumt hatte, mir davon zu erzählen! Dieser Mistkerl! Ich biss krachend in den Apfelschnitz.

»Wie heißt sie denn?«

Es klingelte an der Tür.

Anton sprang auf.

Raimund hatte wirklich Talent, im ungünstigsten Moment zu erscheinen. Jetzt konnte ich mich nicht einmal mehr vorbereiten! Ehe ich mich versah, waren meine Söhne aus dem Wohnzimmer gestürmt, hatten ihre Taschen geschnappt und waren die Treppe hinuntergelaufen. Ich streifte wütend meinen Mantel über und ging langsam hinterher. Was sollte ich jetzt tun? Vermutlich saß seine Freundin im Auto. Ich konnte schlecht mit Raimund schimpfen, wenn sie dabei war. Wie sah das denn aus?

Missmutig verließ ich das Haus. Ich hatte überhaupt keine Lust, Raimunds neue Liebe kennenzulernen.

Raimund stand am offenen Kofferraum und lud die Taschen ein. Er sah mich und grinste unsicher. Und dort, gut sichtbar durch die Windschutzscheibe, saß seine blonde, langhaarige Freundin. Sie war auf ihrem Sitz zusammengesunken und starrte mit ängstlichen Augen zu mir herüber.

Mir fiel die Kinnlade herunter.

»Sonja!«

»Du kennst Sonja?«, fragte Max und riss verblüfft die Augen auf.

»Hallo, Frau Baumgarten«, sagte Sonja dumpf durch die offene Tür und stieg mit rotem Kopf aus dem Auto.

»Äh«, sagte Raimund und wedelte hektisch mit dem Autoschlüssel in der Luft herum. »Ich hatte ganz – vergessen, dass ihr euch kennt.«

»Ach, tatsächlich«, antwortete ich kühl.

»Woher kennst du Sonja?«, fragte Max.

Ich drehte mich betont höflich zu meinem Sohn um. »Sonja ist meine Frisörin. Sie hat mir im Sommer diesen trendigen Haarschnitt und das bunte Make-up verpasst.«

Jetzt war alles klar! So war das also! Dieser merkwürdige Frisörbesuch!

»Die Pumuckl-Frisur?«, fragte Anton.

»Die Pumuckl-Frisur«, antwortete ich grimmig.

Max hob erstaunt die Augenbrauen und sah von einer zur anderen.

»Sie waren ja schon lange nicht mehr bei uns«, stammelte Sonja, lächelte schüchtern und zeigte ihre süße Zahnlücke. »Ich habe mich schon gewundert.«

»Haben Sie? Tja, tatsächlich. Wenn ich gewusst hätte, was uns verbindet …«

Ich sah Raimund kalt an. Erst unsere Kindergärtnerin, dann meine Frisörin. Wer kam als Nächstes? Raimund drehte sich weg.

Ich atmete ein, ich atmete aus – und blickte auf diese junge Frau mit den roten Wangen, die da vor mir auf dem Bürgersteig stand. Und dann, von einer Sekunde auf die andere, fiel der Groll in mir zusammen. Wer war ich schon, über andere zu urteilen? Die Wut verpuffte. Ich hatte keine Lust mehr auf Ärger. Gar nicht mehr. Und ich hatte Sonja immer gut leiden können.

Ich trat dicht an Raimund heran und schaute ihm in die Augen.

»Ich mag sie. Sie ist nett. Sei lieb zu ihr!«

Er erstarrte überrumpelt.

Sonja strahlte.

»Siehst du!« Sie riss ihre Augen auf und schaute Raimund kopfschüttelnd an. »Die Frau Baumgarten ist so eine nette Frau. Ich weiß gar nicht, was du immer gegen sie hast.«

Gut. Das war jetzt doch zu viel. So nett war ich auch wieder nicht. Ich sah zu, dass ich mich endgültig verabschiedete.

21

Der Frühlingssturm

Ich zögerte einen winzigen Moment, dann drückte ich auf *Senden* und lehnte mich auf meinem Schreibtischstuhl vor dem Bildschirm zurück. Es kribbelte in meinem Magen. Es war immer wieder aufregend, Entwürfe zum Verlag zu schicken. Aber dieses Mal brauchte ich keine Angst zu haben. Ich war schnell und gut gewesen. Ja, ich war sogar ein wenig stolz auf mich. Die Illustrationen der Zoogeschichten waren womöglich das Beste, was ich bisher gezeichnet hatte.

Ich faltete die Hände hinter meinem Kopf und atmete durch. Nun hieß es abwarten. Die Autorin der Kindergeschichte war berühmt. Es war eine große Chance, mit ihr zu arbeiten. Wer weiß, welche Karriere noch auf mich wartete? Ich wippte vergnügt mit den Zehen.

Mein Blick fiel auf die Wanduhr. Jetzt musste ich mich aber sputen. Diesen freien Nachmittag hatte ich mir redlich verdient. Heute war ein wunderbarer, warmer Frühlingstag, und ich würde ihn ganz sicher nicht bis zum Abend im Haus verbringen. Max und Anton waren schon bei Lene. Sie hatte einen Möhrenkuchen gebacken und uns dazu eingeladen.

Ich sprang auf und lief in die Küche. Hier sah es wild aus. Max und Anton hatten sich noch nicht an ihren Küchendienst gewöhnt. Nun, das würde schon noch werden.

Ich hatte weder Zeit noch Lust, mich darüber aufzuregen. Ich griff meine Schlüssel und meine Jacke, öffnete die Wohnungstür und rannte die Treppe hinunter.

»Hoppla, Frau Baumgarten!«

Frau Meyer-Oeden stand unter ihrem Willkommenskranz auf dem Hochparterre und schaute mir erstaunt entgegen.

»Sie sind aber stürmisch heute.«

»Entschuldigung!«

Ich lief an ihr vorbei.

»Sie haben so viel Schwung. Sind Sie etwa verliebt?«

Ich lächelte. »Ach was, Frau Meyer-Oeden. Ich bin nur fitter geworden, wissen Sie. Die Gartenarbeit. Und das Fahrradfahren in den letzten Wochen. Ich habe ganz schön Muckis bekommen.«

Sie musterte mich von oben bis unten und öffnete den Mund.

»Ich fahre jetzt in den Garten«, wechselte ich das Thema, bevor sie sich zu scharfen Bemerkungen hinreißen ließ.

»Tschüss!« Ich lächelte ihr zu, und ohne eine Antwort abzuwarten, riss ich die Tür auf und lief aus dem Haus. Auf dem Bürgersteig stand mein rotes Fahrrad an einen Laternenmast gekettet. Ich schloss es auf, schwang mich auf den Sattel und fuhr auf die Straße.

Hach! Der Frühling. Wie ich ihn liebte. Dieses frische Grün. Vor dem Haus blühten die Kastanien. Die Rhododendren und Narzissen in den Vorgärten standen in voller Pracht, und die Fliederbüsche dufteten betörend. An jeder Ecke winkten bunte Frühlingsblumen. Ich fuhr mit dem Fahrrad die Straßen entlang und hielt meine Nase in den Wind. Ich kam zügig durch die Stadt. Auf dem Hügel musste ich das letzte Stück schieben, aber es würde nicht mehr lange dauern, das spürte ich, und dann waren meine Beine stark genug, bis nach oben zu radeln. Außer Atem setzte ich mich auf der Kuppe wieder auf das Rad und fuhr mit fliegenden Haaren den Weg zur Anlage hinunter, über den Kiesweg an Lenes Garten vorbei, bis hin zu meinem Gartentörchen.

»Hallo, Gitta«, rief ich und winkte dem roten Schopf hinter der Hecke.

»Tagchen«, rief Gitta zurück und beugte sich wieder über ihr Gemüsebeet.

Ich stieß das Törchen auf, schob mein Fahrrad hinein und ließ es auf dem Weg stehen. Ich lief zum Schuppen, holte mein Werkzeug heraus, legte es voller Vorfreude auf den Verandatisch und zog meine Handschuhe über. Tief einatmen, die Vögel zwitschern hören, Pflanzen bestaunen. Neugierig ging ich um meine Beete. Ich sah hier etwas keimen, dort etwas erblühen. Alles wuchs und gedieh nach dem langen Winterschlaf.

Nur meine unzähligen Tulpen machten mir Sorgen! Ich hockte mich vor das Beet. Es war traurig. Die meisten wollten und wollten nicht wachsen. Und jetzt war es Mai. Da würde wohl nichts mehr kommen. Ich stocherte ernüchtert in der Erde herum. Aus den unzähligen Zwiebeln, die ich so sorgfältig gesetzt hatte, war nur eine Handvoll Blumen gewachsen. Die wenigen Tulpen ragten einsam aus der Erde und zeigten ihre nackten Stengel. Sie hatten schon die ersten Blütenblätter fallen lassen. Meine prächtig bunte Frühlingswiese – ich hatte es vermasselt.

»Was habe ich nur falsch gemacht?«, fragte ich, als wir bei Lene waren. Wir saßen auf der sonnigen Veranda vor den Rosen. Die Kinder tranken Apfelsaft, Lene hatte ihren guten Kaffee gekocht, und der Möhrenkuchen auf unseren Tellern duftete himmlisch. Lilly, Lotte, Max und Anton hatten schon mit großem Appetit gegessen, aber mir war die Lust auf Kuchen vergangen. Ich schob den Teller von mir weg.

»Die schönen Tulpen!«

»Hm«, machte Lene. »Hast du frische, feste Zwiebeln genommen?«

»Habe ich.«

»Hast du den Boden gelockert und sie vor dem ersten Frost gesetzt?«

»Habe ich auch.«

»Hast du sie tief genug eingegraben, mit der Spitze nach oben?«

»Ja, ich habe alles so gemacht, wie es in den Büchern stand.«

»Tja, dann«, sagte Lene, »dann hast du nichts falsch gemacht.«

Ich sah verwirrt auf.

»Aber das kann doch nicht einfach so passieren? Ich muss etwas übersehen haben.«

»Ach, das denkst du nur.« Lene sah mich nachsichtig an. »Du hast doch nicht alles unter Kontrolle. Wenn ich eines im Garten gelernt habe, dann ist es, demütig zu sein. Du musst die Dinge nehmen, wie sie sind.«

»Aber es gibt doch für alles einen Grund.«

»Sicher. Aber der muss nichts mit dir zu tun haben. Du kannst alles richtig machen, und doch geht es schief. Vielleicht waren es Wühlmäuse. Oder Fäulnis. Da musst du mal schauen. Vielleicht wachsen die Tulpen dann das nächste Mal besser.«

Ich schwieg.

Lene lehnte sich zurück.

»Was meinst du, wie oft bei mir schon Pflanzen eingegangen sind? Ich habe sie in gute Erde eingepflanzt und gepäppelt, und sie sind trotzdem gestorben. Aber dafür wächst an anderer Stelle etwas, was du nie erwartet hast und wunderschön ist. Wir stecken nicht drin. Manchmal klappt es. Manchmal nicht. Das ist das Leben.«

Sie hob ihre Blümchen-Kaffeekanne.

»Es kommt, wie es kommt! Noch ein Käffchen?«

Ich hielt ihr nachdenklich meine Tasse hin.

Sie nickte zufrieden und schenkte ein.

In diesem Moment fragte Anton freudig:

»Mama, kriege ich dein Stück Kuchen?«

Ich überlegte ein bisschen.

»Nein!«

Ich zog meinen Teller zu mir heran, biss herzhaft in das saftige Gebäck und wischte mir die Krümel vom Mund.

Lene schaute gen Himmel, und ihre Stirn zog sich in Falten.

»Ich glaube, da braut sich heute noch was zusammen. Es ist schwül geworden. Wir sollten bald aufbrechen.«

Ich blickte nach oben. Sie hatte recht. Der Himmel war verhangen. Er hatte sich zugezogen.

»Hopp, hopp«, sagte ich zu den Kindern. »Wir räumen noch auf, machen für Lene den Abwasch und dann ab nach Hause.«

Wenige Stunden später lagen Max, Anton und ich zusammen im Wohnzimmer auf dem Sofa. Wir waren satt, zufrieden vom sonnigen Tag und der frischen Luft und schauten die Lieblingsserie meiner Kinder. Der Fernseher dudelte, und Anton lag mit dem Kopf auf meinem Schoß.

Auf einmal war das Bild weg. Der Apparat rauschte.

»Mama«, sagte Anton und richtete sich auf, »der Fernseher ist kaputt!«

Ich rappelte mich vom Sofa auf, kniete mich hinter den Fernseher und überprüfte das Kabel zur Satellitenschüssel. Es saß fest.

»Merkwürdig«, murmelte ich. Max stand auf.

»Ich hole was zu trinken.«

»Bring mir was mit.«

Anton tippte ungeduldig auf der Fernbedienung herum, aber der Bildschirm rauschte nur. Ich hörte Max in der Küche rumoren.

»Mama, Anton!«, rief er plötzlich. »Kommt schnell!«

Der Ton seiner Stimme ließ mich aufhorchen. Ich lief in die Küche. Er stand an der offenen Balkontür und schaute wie gebannt hinaus. Er drehte sich zu mir um, und seine Augen leuchteten.

»Schau mal!« Er zeigte mit ausgestrecktem Arm in die Ferne.

Ich trat neben ihn. Weit hinten am Himmel lauerte eine dunkle Wolkenfront. Ein schmaler grauer Balken, umrahmt von fahlem Licht. Blitze flackerten. Ein Gewitter.

»Anton!«, schrie Max, »komm schnell. Ganz viele Blitze.«

Anton kam in die Küche gerannt. Er drückte sich an mir vorbei, trat auf den Balkon, presste sich an die Brüstung und starrte auf das düstere Wolkenband. Ich trat dicht an ihn heran und legte die Arme um ihn. Die Luft war ungewöhnlich schwül für die Jahreszeit. Es roch nach Regen. Entfernt grollte Donner. Im selben Moment riss der Himmel auf. Der Abendhimmel erstrahlte in Gold, Orange, Rosa und hellstem Blau.

»Oh, wie schön!«

Ich drehte mich zu Max.

»Wir sollten schnell Fotos machen.«

»Ich hole mein Handy.«

Max flitzte aus dem Zimmer.

Ich lehnte mich über die Brüstung. Es war windstill. Die Baumspitzen über den Dächern regten sich nicht. Schon war Max wieder da und knipste mit seinem Handy.

»So etwas ist nicht einfach zu malen, wisst ihr«, erklärte ich meinen Söhnen. »Es wirkt leicht kitschig. Ich wollte, ich könnte diese Stimmung mit dem Pinsel einfangen.«

Das Grollen stieg an.

»Kommt es auf uns zu?«

Anton sah neugierig zu mir auf.

In diesem Augenblick erloschen die Farben. Der Himmel ergraute. Die Luft knisterte.

»Schaut mal!«

Max ließ das Handy sinken.

»Die Wolkenfront. Sie wird schwarz.«

In der Tat. Die Front verdunkelte sich. Und sie bewegte sich rasend schnell. Von Sekunde zu Sekunde wurde sie größer. Die Blitze zuckten. Schwarze Schwaden drückten aufs Land, über ihnen glomm aschfahles Licht. Es wirkte wie aus einer anderen Welt.

»Boah«, sagte Max. »Das sieht aus wie im Film.«

Mir wurde mulmig. So etwas hatte ich noch nie gesehen. Ich zog Anton und Max eng an mich.

Wie ein gigantischer düsterer Wulst schoben sich die Wolken jetzt auf uns zu. Donner grollte näher, Blitze flimmerten. Plötzlich traf uns ein heftiger Windstoß. Es wurde finster.

»Max, Anton!«, schrie ich. »Zurück ins Haus!«

Im selben Augenblick brach der Orkan über uns herein.

Wir liefen in die Küche und schlugen die Balkontür zu. Der Wind drückte dagegen, sie drohte aufzuspringen, ich drehte den Türgriff herum.

Und dann brach das Inferno los. Wie Bomben schlug Donner krachend auf uns nieder. Blitze zuckten gleißend hell. Regen peitschte. Die Luft war weiß. Es pfiff, jaulte, rauschte. Verschwommen sah ich durch die Scheibe, wie sich die Bäume wie Halme bogen. Die Balkontür zitterte. Instinktiv stemmte ich mich dagegen.

»Mama!«, schrie Anton. »Ich habe Angst.«

Mir schlug das Herz bis zum Hals. »Das brauchst du nicht!«, rief ich durch das Brüllen des Orkans. »Die Fenster sind gut. Die halten was aus. Es ist nur laut!«

Regen prallte hämmernd gegen die Scheibe. Ich wich zurück.

Instinktiv griff ich meine Jungs bei den Händen und rannte mit ihnen aus der Küche. Wir standen schwer atmend im Flur. Der Orkan tobte über unseren Köpfen. Das Dach ächzte und quietschte ohrenbetäubend. Der Wind wütete und zerrte an den Schindeln. Ich riss meine Kinder in die Arme und rief ihnen zu: »Wisst ihr was? Wir gehen zu Frau Meyer-Oeden, und da bleibt ihr dann für eine Weile. Im Erdgeschoss ist es nicht so laut wie hier unter dem Dach und sicher gemütlich. Bestimmt macht sie euch einen Kakao. Wisst ihr noch, das letzte Mal, als sie mit euch Mau-Mau gespielt hat, als ich meine Zahnoperation hatte?«

Ich hörte es draußen krachen.

»Und du, Mama?«

»Ich passe hier oben auf, dass nichts passiert.«

Ich hatte nicht die leiseste Ahnung, wie ich das tun sollte, aber ich konnte die Wohnung nicht im Stich lassen. Wenn der Orkan ein Fenster zerstörte, musste ich vor Ort sein.

Ich nickte ihnen so beruhigend zu, wie ich nur konnte.

»Keine Sorge. Mir geht es gut. Kommt jetzt! Max, nimm das Handy mit, dann könnt ihr Papa anrufen.«

Ich umarmte sie fest.

Ohne ein weiteres Wort riss ich die Wohnungstür auf, und wir liefen die Treppen hinunter. Ich klingelte an Frau Meyer-Oedens Tür. Sie öffnete sofort, als hätte sie im Flur gestanden.

»Guten Abend, Frau Meyer-Oeden, könnten Sie die Kinder während des Sturms zu sich nehmen? Es ist oben etwas laut, so unter dem Dach.«

Ich sah sie eindringlich an. Würde sie verstehen, dass ich Angst um meine Kinder hatte?

Frau Meyer-Oeden musterte mich kurz. Dann wurden ihre Züge weich.

»Das trifft sich gut. Ich puzzle gerade an einem 1000er Puzzle. Könnt ihr puzzeln?«

Max und Anton nickten stumm.

»Na dann«, sagte Frau Meyer-Oeden, »kann ich euch gut gebrauchen. Wollt ihr einen Kakao?« Sie trat zur Seite und ließ die Jungs in ihre Wohnung.

»Danke!« Ich drückte ihren Arm. Sie nickte.

»Ich rufe euch an, wenn es oben wieder leiser ist«, rief ich meinen Jungs hinterher. Max und Anton winkten verunsichert. Sie taten mir leid, aber hier waren sie sicher. Frau Meyer-Oeden lächelte und schloss die Tür vor meiner Nase.

»So«, hörte ich sie noch durch die Tür, »macht ihr denn auch immer schön Sudoku?«

Ich eilte die Treppen wieder hinauf, rannte ins Schlafzimmer und schmiss Handtücher in einen Wäschekorb, für den Fall, dass Wasser eindrang. Dann zog ich alle Kabel aus den Steckdosen. Machte man das so? Ich wusste es nicht. Und dann lief ich von Fenster zu Fenster, Runde um Runde im Donnerkrachen und gleißenden Licht der Blitze mit bangem Herzen durch die Wohnung.

Der Morgen danach. Ich blinzelte durch das Dachfenster in den Himmel. Er war blau und wolkenlos. Als hätte nie ein Sturm gewütet. Mein Blick suchte den Wecker. Sieben Uhr.

Vorsichtig befreite ich mich aus Max' und Antons Armen. Sie schliefen fest. Ich wollte sie nicht wecken. Sie waren nach Stunden verstört zurückgekehrt, und ich hatte ihnen versprechen müssen, in der Nacht nicht mehr aus der Wohnung zu gehen.

Ich öffnete leise das Fenster. Die Vögel zwitscherten. Es war ungewöhnlich ruhig. Kein Auto war zu hören.

Ich griff nach Jeans und T-Shirt und schlich aus dem Schlafzimmer. Schnell zog ich mich an, öffnete vorsichtig die Wohnungstür und lief durch das Treppenhaus hinunter.

Ich zog die Haustür auf. Und erstarrte. Ein gewaltiger Kastanienbaum lag vor dem Haus, direkt vor mir, und ließ nur den Bürgersteig frei. Die Blätter seiner mächtigen Baumkrone ragten hoch in den Himmel. Sein wuchtiger Stamm hatte ein parkendes Auto zermalmt. Das Autodach war eingedrückt, die Windschutzscheibe zersplittert. Ich trat wie betäubt hinaus und sah mich um. Äste und Gestrüpp, so weit ich sehen konnte. Der Baum zwei Häuser weiter war wie ein Streichholz in der Mitte gebrochen. Die zerfetzten Reste seines Stamms ragten nackt empor.

Stumm ging ich die verwüstete Straße entlang. Zerbrochene Schindeln und Glas knackten unter meinen Schuhen. Ich näherte mich der Hauptstraße. Stille. Kein Motor war zu hören. Ich bog um die Straßenecke – und schlug mir die Hand vor den Mund. So weit das Auge reichte, lagen Bäume wie gefällte Riesen auf der Straße. Menschen standen fassungslos davor und fotografierten mit ihren Handys. Ein Straßenschild war umgerissen. Eine Ampel hing schief. Kabel baumelten in der Luft.

»Ist es nicht schrecklich?«

Eine junge Frau lehnte hinter mir an der Hauswand. Sie war blass und hatte Tränen in den Augen.

Ich nickte. Ich konnte nicht sprechen.

»Die ganze Stadt ist verwüstet. Sie haben es eben im Radio gesagt. Tausende von Bäumen. Gerade die Alten mit den dicken Kronen. Der schlimmste Sturm seit sechzig Jahren.«

Ein Mann in Jogginghose und Unterhemd drehte sich um. Er war blass und kaute heftig auf einem Kaugummi.

»Es gab sogar Tote.«

Die Frau verzog das Gesicht.

»Zwei.«

Er holte tief Luft.

»Mein Gott, die armen Menschen. Sind sie auf der Straße gewesen?«

»Nein, sie waren wohl in einem Kleingarten.«

»O Gott.«

Die Frau erschauerte.

»Die haben in einer Hütte Schutz gesucht, und ein Baum ist auf das Dach gekracht. Stellen Sie sich das mal vor. Diese Holzhütten halten ja nichts aus.«

Ich starrte ihn an.

»Woher wissen Sie das?«

»Sie haben es im Stadtradio gesagt.«

»Wissen Sie, wo das passiert ist?«

»Nein, weiß ich nicht.«

Er schüttelte den Kopf.

»Es ist einfach alles nur schrecklich.« Die Frau löste sich von der Hauswand, öffnete die Haustür und verschwand im Innern.

Kleingarten. Laube. Zwei Menschen. Paul und Sabine. Konnte es sein? Sie waren oft abends im Garten gewesen. Kalt kroch die Angst in mir hoch.

Ich trat an den Mann heran.

»Denken Sie bitte noch einmal nach. Wissen Sie, in welchem Stadtteil die Menschen gestorben sind? Haben Sie vielleicht Namen genannt? Was haben Sie im Radio gehört?«

Er zuckte mit den Schultern.

»Nein, tut mir leid. Ich weiß nichts, sagte ich doch. Ich vermute mal, irgendwo im Süden der Stadt. Den hat es wohl besonders heftig erwischt, mit dem Hügel und dem Wald.«

Mein Herz schlug schneller. Ich zog mein Smartphone aus der Hosentasche. Wo war die Internetseite des Radiosenders? Ich fand die Meldung der Toten. Keine Angaben. Ich öffnete die Seite der Polizei. Keine Namen.

Mit fahrigen Fingern suchte ich nach Pauls Telefonnummer in meinem Adressbuch, bis mir klar wurde, dass ich sie nicht finden würde: Ich hatte seine Nummer gelöscht.

»Ich habe einen Kleingarten im Süden«, erzählte ich dem Mann und wusste nicht, warum ich überhaupt mit ihm darüber sprach. »Ich muss dorthin.«

»Das können Sie vergessen.«

Er winkte ab.

»Die Parks und Wälder sind gesperrt. Es ist verboten, sie zu betreten. Lebensgefahr! Da hängen noch zig lose Äste in den Bäumen. Sie werden erschlagen!«

Ich wollte das nicht hören.

»Sie kommen sowieso nicht durch«, fuhr er fort. »Die Straßen sind dicht. Überall liegen Bäume. Mein Chef hat angerufen. Ich brauche gar nicht erst loszugehen. Die Schulen fallen aus, weil Busse und Bahnen nicht fahren können. Selbst die Feuerwehr kommt nicht durch. Na, da kann ich wenigstens unseren Keller ausmisten. Den hat es erwischt. Ist voll Wasser gelaufen. Wir haben die halbe Nacht gepumpt.«

Er fuhr sich mit der Hand über das fahle Gesicht.

»Das tut mir leid«, antwortete ich. Ich hörte meine Stimme wie von ferne.

Das Fahrrad. Ich könnte es notfalls über die Baumstämme heben.

Ich brauchte nur jemanden, der mir half. Jemand, der mir meinen Plan nicht ausredete. Der in der Nähe wohnte und zu Fuß kommen konnte.

Ich nahm mein Handy und wählte die Nummer. Sie war sofort am Apparat.

»Hallo?«

»Martha. Hier ist Anna.«

Stille.

Dann sprudelte es aus ihr heraus: »Anna! O Gott! Ich habe so an euch gedacht, ich wollte gerade anrufen. Das muss furchtbar bei euch im Dachgeschoss gewesen sein. Seid ihr gesund? Ist alles in Ordnung?«

Ich schloss kurz die Augen. Es tat so gut, ihre Stimme zu hören.

»Uns ist nichts passiert. Alles in Ordnung. Wie geht es euch?«

»Hier lief alles glimpflich ab. Wir liegen windgeschützt. Aber es ist furchtbar. All diese umgefallenen Bäume. Man kommt nirgendwo mehr durch. Die Stadt ist ein einziges Chaos.«

»Martha, ich brauche deine Hilfe.«

Meine Stimme zitterte. »In einem Kleingarten hat es Tote gegeben. Und ich muss wissen, ob es in unserer Anlage war.«

»Die Straßen sind zu. Ich kann dich nicht fahren.«

»Ja, ich weiß, aber ich nehme mein Fahrrad. Damit komme ich durch.«

»Hältst du das für eine gute Idee? Es ist gefährlich. Du kannst von losen Ästen getroffen werden. Oder von Dachschindeln.«

Ich holte Luft. »Ich muss in den Garten fahren. Aber ich brauche jemanden, der auf Max und Anton aufpasst, während ich weg bin. Sie können nicht alleine bleiben. Nicht nach dieser Nacht.«

Sie schwieg.

»Gut. Ich bin gleich da.«

Eine halbe Stunde später. Es war kaum ein Durchkommen. Ich musste immer wieder absteigen und das Fahrrad über Äste und Trümmer heben. Wie durch ein Wunder fand ich immer wieder einen Weg um die großen Stämme herum. Ich schob oder radelte und hörte nur meinen eigenen Atem. Es war so still. Kein Auto fuhr. Kaum ein Mensch war zu sehen. Die Vögel sangen, die Sonne schien am blauen, wolkenlosen Himmel – und überall lagen entwurzelte Bäume und zersplittertes Holz. Oben am Hügel konnte ich aufsitzen. Ich fuhr die Straße hinunter. Dort war die Abzweigung zur Gartenanlage. Doch was war das? Ich bremste abrupt. Meine Knie fingen an zu zittern: Der Weg zum Garten war weg. Er war einfach nicht mehr da. Wo sich gestern noch die Fahrbahn befunden hatte, lag eine gigantische Eiche, als wäre hier nie eine Straße gewesen. Ihre Äste ragten in den Himmel und versperrten die Sicht. Das Laub war so dicht, dass ich den Asphalt darunter kaum erkennen konnte. Der Baum war ein riesiger Pfropfen, der sich fest in die Hecken stemmte.

Ich stieg vom Fahrrad und ließ es am Straßenrand fallen. Ich versuchte, mich durch die Äste zu schieben. Ich kam nicht durch. Ich hätte eine Säge gebraucht. Zweige zerkratzten meine Arme und drückten in meinen Körper. Der mächtige knorrige Stamm blockierte den Weg. Konnte ich über das Holz klettern? Ich schaute nach oben, und mein Atem stockte. Über mir baumelte ein Kabel. Daneben lehnte ein Mast schräg an einem dünnen Ast. Eine Hochspannungsleitung.

Ich drehte mich um, strauchelte und fiel zwischen die Zweige. Ich rappelte mich auf und wich vor dem Kabel zurück, so schnell ich nur konnte.

Was sollte ich denn nur tun? Ich konnte nicht aufgeben, so kurz vor dem Ziel.

»Hallo?«, rief ich. »Hallo? Ist da jemand?«

Keine Antwort.

Beruhige dich. Wenn etwas passiert wäre, würdest du Menschen hören. Krankenwagen. Polizei.

Ich atmete tief durch.

Dann fiel es mir ein: Ich konnte vom Wald her in die Anlage kommen. Wenn ich Glück hatte, war der neue Waldweg weiter oben hinter dem Spielplatz frei. Ich würde mich von dort durch die Büsche zum Kiesweg vor meinem Garten durchschlagen und von da wieder auf die Straße gelangen. So konnte ich Pauls Garten erreichen, wenn alles gut ging.

Ich lief weiter und fand den Weg. Auch dort lagen Bäume, aber sie waren jung und passierbar. Ich kletterte über die schmalen Stämme und schielte ängstlich nach oben, ob lose Kabel oder Äste über mir hingen. Bald zeigte sich hinter den Büschen die Kleingartenanlage. Ich schob mich durch das Dickicht. Und dann stand ich auf dem Kiesweg, direkt vor meinem Garten am Waldsaum.

Meine Laube. Ich traute mich kaum hinzusehen. Aber sie war heil! In all dem Chaos lag mein Garten weitgehend unberührt. Ein Stuhl lag umgekippt auf dem Rasen. Ein Blumentopf war zerbrochen. Die Schubkarre mit den Blumen war zur Seite gefallen. Ein paar Zweige, Äste. Das war alles. Ich schaute zu Hasenkötters Garten. Auch hier schien nichts verwüstet.

Ich presste die Hände auf mein Herz.

Dann hastete ich weiter, warf links und rechts Blicke über die Hecken in die Gärten. Unsere gesamte Gartenreihe war wie durch ein Wunder nahezu verschont geblieben. Ich erreichte den Aushängekasten und atmete auf: Auch die Straße unterhalb des Parkplatzes war frei. Ich eilte die Fahrbahn hinunter und bog in Pauls Kiesweg ein.

Ich sah sofort, dass der Orkan in diesen Gärten schwer gewütet hatte. Obstbäume lagen gefällt. Dicke Äste versperrten den Weg. Ein Ahorn hatte eine Hecke niedergerissen. Und da, ich schrie auf: Pauls Laube. Ich sah es schon von Weitem. Ein Baum hatte das Dach zermalmt. Die Tür hing schief in den Angeln.

Ich kletterte, stolperte. Das Gartentörchen stand sperrangelweit offen. Ich hastete hindurch – und schreckte zurück. Der Apfelbaum lag über dem Garten und begrub alles unter sich. Und dann sah ich ihn.

Paul.

Reglos saß er auf dem Boden der Veranda, leichenblass, die Augen geschlossen. Blut rann seine Stirn hinunter.

»Paul!«

Ich flog auf ihn zu und hockte mich vor ihm nieder.

Er öffnete die Augen. Himmelblau. Ich schluchzte.

»Anna!«

Er sah mich entgeistert an. Dann packte er mich fest an den Armen.

»Was machst du hier? Geht es dir und den Jungs gut?«

»Uns geht es gut.«

»Ich war so froh, dass ihr abends nie hier seid. Ich bin gleich zu deinem Garten gelaufen. Gott sei Dank!«

Er fuhr sich mit der Hand über die Augen.

»Beweg dich nicht«, flüsterte ich. »Du bist verletzt. Du blutest am Kopf.« Ich streichelte über seinen Arm.

Er tastete über seine Haare und blickte verwirrt auf das Blut an seinen Fingern. »Das ist nichts. Ein Zweig muss mich geritzt haben, als ich über die Bäume geklettert bin. Mir geht es gut.«

Ich atmete auf.

»Aber mein Garten ist zerstört. Schau dich um. Alles ist hin.«

Ich strich ihm über die Wange und konnte nicht aufhören, ihn anzusehen.

»Ich helfe dir, Paul. Ich helfe dir, alles wiederaufzubauen.«

Er ergriff meine Hand und schloss die Augen.

»Wo ist Sabine?«, fragte ich ihn. »Geht es ihr gut?« Meine Stimme klang rau.

Er sah auf. »Ich weiß es nicht. Ich hoffe, ihr ist nichts passiert. Ich habe sie seit Monaten nicht mehr gesehen.«

Da musste ich laut aufschluchzen. Und plötzlich hatte

ich meine Arme um ihn geschlungen und klammerte mich an ihn.

»Ich hatte solche Angst um dich, Paul. Sie sagten, es gäbe Tote in einem Kleingarten.«

»Anna.«

Seine Arme hielten mich fest. Ich drückte meinen Körper an seinen. Er war so warm und roch so gut. Genau so, wie ich es in Erinnerung hatte. Heiße Tränen schossen in meine Augen. Ich hörte ihn murmeln: »Und ich dachte, du kannst mich gar nicht leiden.«

Ich zitterte.

»Ach, Paul. Ich habe dich so vermisst. Es tut mir alles so leid.«

Und dann küsste ich ihn endlich, endlich auf seine schönen, weichen Lippen.

22

Liebe geht durch den Garten

Wir lagen mit geschlossenen Augen in den Liegestühlen. Die Sonne schien warm auf mein Gesicht. Die Vögel zwitscherten. Es wehte ein laues Lüftchen, und ich atmete tief durch.

Ich öffnete die Augen und schaute lächelnd zur Seite. »Ist es nicht schön?«

Martha hielt andächtig ihr Gesicht in die Sonne. »Herrlich. Einfach nur herrlich!« Sie seufzte. »Diese Ruhe.«

Ich schloss wieder die Augen. »Wie ich es mir immer gewünscht habe.«

»Wann, meinst du, sind deine Männer mit dem Essen fertig?« Marthas Stimme klang schläfrig.

»Max? Anton?«, rief ich. »Wann gibt es Essen?«

»Gleich, Mama.«

Anton klang sehr geschäftig.

»Wir sind gleich fertig. Paul macht gerade den Salat. Und wir müssen noch Blumen pflücken.«

Ich hörte ihn mit Max hinter uns an den Beeten tuscheln.

»Bitte pflückt die Blumen, von denen noch viele da sind, ja?«

Hach, meine Kinder. Sie waren so süß. Sie dachten sogar an die Tischdekoration. Sie hatten doch meine Gene.

Ich blickte zu Martha.

»Willst du wirklich nicht zum Essen bleiben?«

»Nein, nein. Gero wartet auf mich. Wir gehen in dieses todschicke neue Restaurant. Ich wollte nur kurz vorbeischauen und sehen, wie es euch geht. Ich bin schon viel länger hier, als ich geplant hatte.«

»Bleib doch noch, Martha«, rief Anton zu uns herüber. »Ich zeige dir dann, wie man das Campingklo bedient. Da muss man nur einen Hebel ziehen. Und wir haben Desinfektionszeug!«

»Oh, danke, Anton!« Martha winkte mit geschlossenen Augen ab. »Das ist lieb von dir. Dieses Vergnügen hebe ich mir für das nächste Mal auf.«

Sie lächelte vor sich hin.

Ich stupste sie in die Seite und grinste. Dann schloss ich wieder die Augen und genoss die Sonne.

»Noch eine Erdbeere, Martha?«

»Ja, bitte.«

Ich griff nach der Schüssel mit den Früchten auf meinem Bauch und reichte sie ihr. Ich hörte sie tasten und dann leise schmatzen.

Sie dämpfte die Stimme. »Jetzt erzähl weiter. Du sagst, er war mit dieser Sabine überhaupt nicht zusammen?«

»Genau.«

»So ein Treuer.«

»Ja.«

»Er war von Anfang an in dich verliebt?«

»Ja.«

Sie fuhr hoch.

»Aber was war dann mit diesem Geknutsche auf dem Kiesweg?«

Wir sahen uns an. Ich gab ihr mit dem Kinn ein Zeichen. Wir steckten die Köpfe zusammen.

»Das war gar kein Geknutsche. Ich habe mich verguckt.«

»Nein!«

»Doch. Er hat sich nur von ihr verabschiedet. Er hat sie umarmt, weil sie so traurig war. Sie hatten vorher eine Aussprache, weißt du?«

»Oh.«

»Sie hat ihm noch auf dem Sommerfest ihre Liebe erklärt. Aber weil sie so betrunken war, hat er nicht mit ihr darüber sprechen wollen. Aber er hat sie am nächsten Tag zum Frühstück eingeladen.«

»Ach.«

»Und dann hat er ihr gesagt, dass es ihm leidtue, aber er sei nun einmal in mich verliebt. Auch wenn ich ihn nicht haben wolle.«

»Das ist ja so romantisch!«

»Ja. Du sagst es.« Ich nickte. »Und dann hat er sich auf dem Kiesweg von ihr verabschiedet. Und genau das habe ich gesehen.«

Martha schüttelte den Kopf und lehnte sich in ihrem Liegestuhl zurück.

»Was für eine Geschichte! Paul hat also gar nicht mit ihr die Nacht verbracht. Wie man sich täuschen kann. Unfassbar! Wenn es nicht Paul wäre, ich würde es nicht glauben.«

»Eben.«

Sie schaute mich prüfend an.

»Aber du glaubst ihm?«

»Ja. Natürlich.«

Ich schloss die Augen und hielt mein Gesicht in die Sonne. Ich hörte ihren Liegestuhl knatschen.

Wir schwiegen.

»Weißt du was, Martha«, sagte ich nach einer Weile und

faltete die Hände über meinem Bauch. »Es ist ja auch egal. Hauptsache, sie sitzt mir jetzt nicht mehr vor der Nase.«

Wir kicherten. Martha hob die Stimme und sprach mit theatralischer Geste:

»Und dann kam der Sturm, und du, Anna, Heldin des Waldes, hast dich durch das Holz gekämpft und dir den schönen Paul geschnappt.«

Ich musste lachen.

Sie beugte sich verschwörerisch vor.

»Sag mal, und seitdem hast du diese Sabine nicht mehr gesehen?«

»So gut wie nie. Nur ab und zu ist sie kurz in der Laube und verschwindet gleich wieder.«

In Marthas Augen sah ich es blitzen.

»Vielleicht hat sie ihre Kaffeemaschine verschleppt und kocht jetzt in einer anderen Laube Caffè Latte für einen Nachbarn.«

Ich grinste. Aber nur kurz. »Mach keine Witze. Die arme Frau!«

Martha blickte streng.

»Was heißt hier arme Frau? Wegen der hast du so gelitten.«

»Ach, ich weiß nicht. So kann man das nicht sagen. Sie tut mir jetzt leid.«

»Anna, du bist viel zu großherzig. Sieh es doch mal so.« Sie hob den Zeigefinger. »Sie war mit Paul in einer Schicksalsgemeinschaft. Sie ist vermutlich schwer traumatisiert durch ihren Exverlobten, diesen Mistkerl, der sie mit Pauls Verlobter betrogen hat und nach Spanien abgehauen ist. Was könnte da besser für sie sein, als wenn sie erst einmal ein wenig zur Ruhe kommt? Sie kann jetzt gründlich nachdenken. Sie hat nun die Chance, zu sich selbst zu finden.

Bevor sie sich wieder auf einen neuen Menschen einlässt. Oder ihre Gartennachbarinnen terrorisiert. Oder hier halb nackt im Bikini im Garten rumspringt.«

Ich musste wieder lachen.

»So ist es doch!« Martha blickte mich ungerührt an. »Man weiß doch nie, wozu etwas gut ist! Mach dir keinen Kopf! Besser ein Ende mit Schrecken als ein Schrecken ohne Ende.«

Sie hob die Augenbrauen.

»Und überhaupt – wer von uns wird schon so lieb zum Abschied umarmt? Sie kann sich gar nicht beklagen.«

So hatte ich das noch gar nicht gesehen. Vielleicht hatte sie recht.

Martha lehnte sich zufrieden zurück, schloss die Augen und hielt lächelnd ihr Gesicht in die Sonne.

»Weißt du was, Anni, du solltest zum Andenken an eure Geschichte ein Bild malen. Du, der Paul, die Natur und der Sturm.«

Ich lächelte.

»Paul hat schon ein Bild gemalt.«

»Nein! Wirklich? Er kann auch noch malen?«

Ich dachte an das Porträt. Ich mochte es sehr, aber das lag nicht an Pauls künstlerischen Fähigkeiten. Er hatte uns in inniger Umarmung vor einem gefällten Baum gemalt. Dick umrandete Augen, viel Haar und große Farbkleckse.

»Sein Bild ist ausdrucksstark.«

»Das musst du mir zeigen. Es ist so süß, dass er dich gemalt hat. Das erzähle ich gleich dem Gero. Vielleicht schenke ich ihm auch mal einen Wasserfarbkasten.«

Wir kicherten und machten es uns wieder in unseren Liegestühlen gemütlich. Ich dachte kurz daran, ihr von Max' Bildern zu erzählen. Er malte jetzt Monster im Wald.

Aber vielleicht würde Martha die Entwicklung nicht so zu schätzen wissen wie ich.

Meine Freundin nahm sich noch eine Erdbeere.

»Hach, dieser Sturm!« Sie schob die Beere in den Mund, kaute und schluckte. »Das war schlimm. Wie gut, dass wenigstens bei euch keiner verletzt wurde. Was passiert denn nun mit Pauls Laube? Werden seine schönen Liegestühle nun für immer hierbleiben?«

»Nein, das ist nur vorübergehend, bis das Dach gemacht ist und er seinen Garten wieder nutzen kann. Pauls Laube ist Gott sei Dank nicht so schwer beschädigt, wie es aussah. Das wird schon wieder. Wir halten hier ja zusammen, weißt du? Letzte Woche haben wir mit Herrn Kossig, den Hasenkötters und Ödül schon den Apfelbaum zersägt. Es macht übrigens richtig Spaß zu häckseln. Das hätte ich gar nicht gedacht. Paul hat einen von den neuen Leisehäckslern. Willst du es auch mal ausprobieren? Ruckzuck sind die Äste klein.«

»Hm. Jaja.«

Marthas Stimme klang gänzlich uninteressiert.

Ein Schatten fiel auf uns. Ich legte meine Hand vor die Augen. Anton stand vor uns und hielt einen prächtigen blauen Strauß in der Hand. Einen überaus prächtigen blauen Strauß … Max stand am Gartentörchen und wartete ungeduldig.

»Wir müssen noch mal kurz zu Lene.«

Ich starrte auf seine Blumen. Und fuhr hoch. »Was habt ihr denn da gepflückt? Ist das etwa meine Hortensie?«

»Wieso?« Anton guckte verwundert. »Du hast doch davon noch ganz viele.«

Ich drehte mich um und schnappte nach Luft. Meine schöne Hortensie. Sie war zur Hälfte gerupft.

»Aber Anton!«, rief ich. »Diese Hortensie darf man nicht schneiden. Da wachsen im nächsten Jahr keine Blüten mehr nach.«

»Ups!« Er wandte sich an Max. Der zuckte mit den Schultern.

»Und wo wollt ihr jetzt damit hin?«

»Zu Pippi und Langstrumpf. Diese Blumen sehen so lecker aus! Die mögen das bestimmt.«

»O Gott! Hortensien sind doch giftig! Die Kaninchen dürfen das auf keinen Fall fressen.«

Ich ließ mich entkräftet in den Liegestuhl sinken.

»Geht mal jetzt lieber!«, hörte ich Martha mit unterdrücktem Lachen sagen. »Ich glaube, eure Mutter muss erst einmal durchatmen.«

Sie zögerten keine Sekunde. Ich hörte sie auf dem Kiesweg rennen.

»So weit die Idylle.«

Martha schmunzelte. »So, Anni. Ich muss jetzt wirklich gehen. Sonst wird der Gero noch sauer.«

Wir standen auf. Paul kam aus der Laube. Er hielt eine Salatschüssel in der Hand und lächelte uns zu. Da war er, mein liebster Paul. Mir wurde warm ums Herz.

»Das Essen ist fertig.« Er hielt die Schüssel hoch. »Martha, hast du Lust auf frischen Salat aus dem Garten?«

»Danke dir, Paul, aber ich muss jetzt los. Das nächste Mal gerne.«

Wir gingen den Gartenweg bis zur Hecke hinunter. Ich öffnete das Gartentörchen. Sie musterte mich lächelnd.

»Du hast die Haare schön, Anni.«

Ich strich über meine Frisur. »Danke. Ich lasse sie wieder wachsen.«

Wir sahen uns bedeutungsvoll an.

»Du suchst eine neue Frisörin?«

»Ja.«

»Tja«, sagte Martha, »nicht jeder ist ein Paul oder ein Gero. Man muss den Trüffel suchen.«

Sie winkte zur Laube.

»Tschüss, Paul!«

Er hob grüßend die Hand.

Sie nahm mich in die Arme.

»Ich freue mich so für dich. Für euch. Du hast alles richtig gemacht.«

Ich drückte sie fest. Und dann sah ich ihr hinterher, wie sie mit wiegenden Schritten den Weg entlangging.

Da stand ich an meiner Anna-Hecke. Der Wind streichelte sanft meine Wange. Der Flieder duftete. Vögel sangen, Bienen surrten. Irgendwo entfernt setzte dröhnend ein Rasenmäher ein.

Ich sollte mich auch bald an den Strom anschließen lassen.

»Anna, kommst du?«

Vor meiner Laube saß Paul auf der Veranda und winkte. Und ich lief so schnell ich konnte meinem Glück entgegen.

— Ende —